U0521499

雅
理

他是 18 世纪的社会贤达，19 世纪的政党巨头，20 世纪的民众领袖，却为何在 21 世纪成为煽动政客？他们贩卖危机扩展权力，突破宪法损伤民权，危险的总统令美国宪制陷入前所未有的危机，未来，还有未来吗？

THE DECLINE AND FALL OF THE AMERICAN REPUBLIC

美利坚共和的衰落

〔美〕
布鲁斯·阿克曼 著

BRUCE ACKERMAN

田 雷 译

中国科学技术出版社
·北 京·

献给苏珊

并致敬无尽岁月

目录

导言　胜利论　1

第一部分　最危险的分支
第一章　极端主义的总统　17
第二章　政治化的军队　54

第二部分　正当性问题
第三章　三种危机　93
第四章　总统宪政　118

第三部分　重建
第五章　政治的启蒙　169
第六章　法治的复位　198

结论　居安思危　249
致谢　258
索引　261

导言
胜利论

美国宪法思想正处在胜利论者的时代。有关建国之父们的英雄传说主宰着美国人的心灵，正是他们组建了一部启蒙时代的机器，经过来自联邦最高法院的适度微调而成功地进入了21世纪。既然这一基本的机制已经通过了两个世纪之久的时间检验——为什么不会在第三个世纪内继续呢？

这一假设基本上是美国主要宪法学者的一种共识。虽然许多学者批评斯卡利亚大法官和托马斯大法官的极端祖先崇拜，但他们基本上都致力于用其他的英雄来填补由此导致的空缺。司法能动主义者歌颂沃伦法院的神来之笔；司法最小主义者发现了自制法官的审慎美德；人民宪政主义者找到了群众运动的创造性。这些都是不同的主题，但它们共同构成了一种胜利主义的主旋律：我们一定是做了正确的事；唯一的问题是，我们到底做对了什么事？

法律根源于生活。当代辩论中的参与者所亲历的都是美国在海内外的不断上升期。一路走来，我们曾经有过失败，但是上升的基本轨迹是不会错的：美国对轴心国和一些共产主义国家的胜利，民权革命及其自由市场体制的成功，凡此种种都将这个国家带到世界历史舞台的中心——无论是在经济意义上，还是在军事和道德意义上。正因为如此，美国法律人对于这一非凡成就的记录并无异议，他们的分歧在于究竟是何种神奇的宪法公式解释了这种成就。[1]

事情并非从来如此。在美国历史的多数时段内，宪法思想表现出了一种对于费城成就的合理怀疑主义。在美国内战前的长期酝酿阶段，美国人对建国的遗产存在着普遍的焦虑，在原初宪法设计的失败引发一场浴血战争之前，也曾出现过许多重新定义宪法意义的绝望努力。

伟大的重建修正案也未能维持宪法热情。当重建修正案未能实现它们对种族平等的承诺时，新一代的思想家发起了一波范围广泛的批判。从伍德罗·威尔逊（Woodrow Wilson）到詹姆斯·布拉德利·塞耶*，再到奥利弗·温德尔·霍姆斯（Oliver Wendell Holmes），这些进步人士在很多事情上都有分歧，但他们在一件大事上存在共识：建国者在设计他们的宪法机器时运用了机械化的制约和平衡，这是一项严重的错误。达尔文而非牛顿才是这个时代的科学英雄，进步的宪法学者运用达尔文来攻击建国宪法的基本前提。在他们看来，写入几条宪法修正案，附加操作这一陈旧的启蒙时代机器的新说明书，不可能修补建国者的错误。只有通过社会力

---

* 詹姆斯·布拉德利·塞耶（James Bradley Thayer）是19世纪末美国著名的宪法学家，他的理论可见于1893年发表于《哈佛法律评论》的经典论文《美国宪法学说的起源与范围》（The Origin and Scope of the American Doctrine of Constitutional Law），主张只有国会立法存在超越合理怀疑的明显错误时，法院才可以宣布法律违宪，可以说是20世纪司法节制理论的起点。——译者注

量为了生存、繁荣和支配的进化斗争，真正的宪法变革才可能出现。重建修正案的悲剧命运可以说是这一更大真相的一个例子：进化论的斗争完胜了机械学的制约平衡。

更新一代的"耙粪"运动强化了进步主义的批判，他们由查尔斯·比尔德（Charles Beard）领导。比尔德主张建国者不仅在概念上是混乱的，而且在物质利益上也意在创制一部机器，以碾碎群众对社会正义的要求。在20世纪30年代，这一系列的宪政诊断定义了新政宪政的内容，也让它成功地攻击了陈旧的自由放任政体。当美利坚民族投身于同极权主义的全面战争时，它自己其时正身陷最高法院填塞危机所留下的断瓦残垣中。只有傻瓜才会自信地预言，美国的宪法传统将在未来的数十年中主宰世界。[2]

胜利论在法律舞台上可以说是姗姗来迟。罗斯福新政成功地让古典宪法形式表达出新的积极主义的美国政治理念，同时也催生了这种胜利论；沃伦法院在民权革命中的胜利强化了这种胜利论；最终，里根年代的新原旨主义则巩固了这种胜利论。

但是，没有什么可以永垂不朽，即便是美国世纪也不可能没有尽头。向前看，我并不认为美国人可以承担起下一代人的胜利论调。现有宪法体制的病理已经非常危险，难以回避。我们不可能将我们的批判限于细枝末节。我们必须追问，我们所继承的政府传统是否出现了严重的错误——非常严重的错误。

对我而言，这是一个尴尬的时刻。如同绝大多数学者，我自开始研究美国宪法之时起就是一位胜利论者。我自己的叙事书写了一种与众不同的英雄：不是建国之父，不是沃伦法院，而是普通的美国人，从建国到重建，从新政到民权革命，以至未来，正是他（她）们在美国宪法史中塑造、重塑着美国的根本承诺。[3]

事实证明，我的理论主张引发了争议，但辩论的疑云不应当掩饰我学术研究的胜利论特质。如果说绝大多数学者都将"人民主权"理念视为一种政治迷思，我则致力于确证：在美国历史的关键转折点上，我们人民事实上确曾向政府发出新的前进命令。为了证明我的论点，我已经提供了有关宪法时刻的翔实叙述，即在建国、重建、新政以及民权革命的过程中，美国人如何重新定义了他们的宪法身份。

一个反复出现的主题就是总统。我所修正的宪法史强调总统在表达和巩固人民的根本变革要求时的中心角色。在不同的历史时期，总统所扮演的具体角色是不同的。但是，假若没有历史中的伟大总统的创造性介入，人民主权在过去两个世纪内不可能一直是美国宪法传统中的源头动力。

这就导致了我目前的尴尬。我的论证正在发生一次悲剧转向。总统制在历史内的胜利铺平了通向一种黯淡未来的道路。总统曾经维持了人民主权的生机传统，但眼下有可能成为人民主权的主要毁灭者。只是因为我们都称他为"总统"，我们不应该假定奥巴马总统所出掌的仍是乔治·华盛顿甚至理查德·尼克松的那个职位。在本书的第一部分，我将指出在政治和沟通、官僚和军事组织内的一系列发展，它们将执法分支改造成对我们宪法传统的严重威胁。

本书第二部分将由演进中的权力动力学转向变革中的正当性理念——而本部分再一次指向了令人不安的发展。我的讨论呈现出古典悲剧的形式：这并不是说总统制的一个面向是向好的力量，另一面向则是邪恶的力量。总统职位所具有的某些特质曾经使得总统成为民众声音的平台，就好比亚伯拉罕·林肯或富兰克林·罗斯福，但也正是这些同样的特质，在不同的条件下，却正在导致总统一职在未来世纪内成为煽动性民粹主义和目无法纪的制度。

我们此前难道对于这一判断闻所未闻？一代人之前，阿瑟·施莱辛格（Arthur Schlesinger）曾在其《帝王总统》（*The Imperial Presidency*）一书中敲响了警钟[4]——然而，尽管自此后存在无数熊市预言家的警告，共和还是得以一路蹒跚前行。无可否认，我们曾经面临过危机，但是任何时间内的任何国家都无法避免这一问题。在过去半个世纪内，总统职位上曾经爆发过三次严重的不法事件——水门事件、伊朗人质门事件和反恐战争——当然还包括大量程度更轻的违法事件。但是，我们在某种程度上都得以从这些事件中全身而退，而且我们做得要比许多国家更好。因此，让我们不要夸大其词，只需清谈我们即将发生的衰落。

更重要的是，如果我们看看当下，奥巴马在总统职位上的表现不是帝王式的。即便总统的政党在国会两院内均有牢固的多数地位，奥巴马总统还是很难让其具有优先级的议案通过国会。而在中期选举后，它几乎不可避免地导致国会内总统政党的席位相当程度的下降，奥巴马将遇到更大的困难。当怀疑的国会一次又一次地埋葬总统的主要议案，一种截然不同的病理诊断必将走向前台：难道我们的头号问题不是国会对总统议程的阻挠吗？

至少，总统有动机超越国会的地方主义，在我们的国家面对21世纪的紧急问题时，总统代表国家全体而发言。真正的危险来自国会山：它对特殊利益团体的迎合，它对意识形态的无休止操控，将在未来数十年内摧毁我们解决集体问题的能力。假如共和制存在任何衰落的严肃可能，它的根源是这一"统治的危机"（crisis of governability）——这是由放任自流的国会大亨而非总统煽动家所造成的一种危机。

当总统和国会发生冲突时，每一次具体的僵局都会产生它自己相反相成的对立：在总统批评者看来，总统的危机话语看起来只是对国会否决总统之无节制要求的过度反应。取决于该时刻的政治，我们每一个人都会发现自己在这一辩论中转换着立场——有时候为总统欢呼，有时候为国会喝彩。但是，当白宫的议案在国会山遭到不断拦截时，"统治危机"的话语激化将强化下述看法，即超强的总统领导权提供了决断行动的唯一现实路径。简言之，危机话语让我们有可能愿意接受总统的单边主义，如果我们的国家要面对并且解决21世纪的挑战，那么这是必须支付的不幸。

在阐释脱轨总统的危险时，我并不是要赋予国会一种自由通行证。我们都知道，参议院的议事搁延*是一种丑闻，需要改革（我在本书最后一部分将提出改革措施）。但是，总统职位代表着更严重的威胁：假如说施莱辛格在敲响警钟时是一位先知，自《帝王总统》出版后的40年内，总统已经演变成为一个危险得多的制度——而且，这些危险的趋势在未来数十年中有可能加速演化。总而言之，这是我的命题。

在论证我的命题时，我将关注制度，而不是个体。例如，柳淳**是否应该因其写作的臭名昭著的"酷刑备忘录"而受刑事处罚，这不是我要研讨的问题。我要讨论的是使得此类备忘录成为可能的制度环境。首先，为什么一位未经考验的、有着人所皆知的极端立场的年轻学院人士，会被选中出任如此重要的职位？其次，柳淳的工作在结构构成上是否要求他在得出结论前考虑两方的论证？抑或是创造了逆向的

---

* 议事搁延（filibuster）是美国参议院内的一种程序规则，其允许单个或者多个参议员就他们所选择的议题，进行任意时间的演说，以阻止相关议案的表决（因此也有人将"filibuster"形象地音译为"费力把事拖"）；如要终止议员的演说，参议院规章要求五分之三的参议员的表决，也就是100位参议员中的60位。因为议事搁延规则的存在，总统的动议如要通过参议院，经常需要60位参议员的认同，而不是简单的多数决。——译者注

** 柳淳（John Yoo），美籍韩裔，保守主义宪法学者在新生代的代表人物，早年毕业于耶鲁法学院，在担任最高法院托马斯大法官助理后，任教于伯克利加州大学法学院。2001年至2003年，柳淳任职于司法部法律意见办公室，起草了一系列有关总统权力的备忘录，主张在阿富汗战争中被抓获的关塔那摩囚犯并不是《日内瓦公约》所保护的战俘，执法分支有权施以"酷刑"审讯。柳淳发表了多种论述总统战争和外交权力的著作，最有代表性的是2010年的新著《危机与命令：从华盛顿到小布什的执法权历史》(Crisis and Command: A History of Executive Power from George Washington to George W. Bush)。——译者注

激励，总统想听什么，就告诉总统什么？

面对来自各方人士对其工作的法律批评，柳淳组织了一场为他自己辩护的公关活动。但是，我们不应该让这些公关活动压制了对"酷刑备忘录"所暴露问题的严肃诊断。没有结构性的改革，现代总统的制度动力系统将鼓励未来的柳淳们在危机时刻继续扮演法律辩护士的角色。

我的制度方法具有4种不同的特质。它是系统性的、历史主义的、动力学的、互动性的。让我对以上4点做出说明。

系统性（systematic）：现代总统是一种制度，而不仅是一个人。为了理解总统制的运作，我们必须将总统制度分解为一系列的功能元素。首先，总统候选人的选择存在着相关的机制。一旦获得胜利的候选人来到白宫，他将继续同更广大的公众进行交流，并且运用人数众多的白宫官员来控制庞大的官僚系统，其中包括数以千计甚至更多的政治任命者。作为总司令，总统还将面对参谋长联席会议和其他主要将军以及五角大楼的文职领导人。在总统参与所有这些系统时，总统还要努力通过法律或者其他形式的修辞术，让总统的权力运作得到正当化。

历史主义（historicist）：当我们审视以上各个功能系统时，较之于仅仅40年前尼克松执掌白宫时，这些功能系统呈现出了危及宪政根基的更大危险。为了将我的命题放在纵深的视角内，我将从建国时代开始，思考总统制在过去数世纪内是如何演化的。这会让我们更好地理解过去数十年内制度转型的独特性。

动力学（dynamic）：我的兴趣不在于就历史论历史。经由透视晚近的制度动力，我们可以发现，如果不加制约，前述动力如何可能加速度演化，并且在未来制造更加严重的总统病理。理性的人们可能会不同意我所预期的黑暗场景的可能性——而且，他们无疑将提出我未能想到的不同场景。

其实这反而更好。如果我们要掌握自己的宪法命运，创造出回应最可能发生的总统滥权形式的新制约平衡，这一前瞻性的病理诊断是绝对必需的。

互动性（interactive）：但是，正是因为问题的最后一个特质，预设未来变得尤其困难。仅仅聚焦于一种特定的功能系统，尚不足以窥见总统滥权的未来轮廓。我们必须思考系统相互之间如何互动，以评估宪法秩序所面对的总体危险。

很可能，在一个功能系统内的一种变化将会中和其他系统所造成的危险，因此，在执法权的总体观内所呈现的病理可能小于单个功能系统内的问题。也有可能，这些系统会相互强化，由此导致总统所具有的危险远远大于单功能系统内的问题。

我已经走向这一更灰暗的观念，这将让我去挑战法学的乐观主义前提。我的论证从政治科学家和历史学家那里得到了更大的支持，后者经常提出对现代总统制的更严苛的批判。但是，他们通常未能尝试一种系统性的方法，而只是满足于研讨问题的一个或两个面向。例如，自从塞缪尔·亨廷顿（Samuel Huntington）在 1957 年完成著作《军人与国家》（*The Soldier and the State*）后，大宪政系统内现代军官的角色再也没有得到重量级的系统讨论。正如我们将会看到的，自亨廷顿成书以来，文官-军队关系已经发生了重要的——并且是麻烦的——变化，同时学界也有丰富的专业文献来描述这些变化。但是，无论如何，你所读到的将是第一次这样的现代讨论，考察这些转变与现代总统政府系统中其他变动发生的交互作用。而在总统研究的其他专业领域内，同样需要此类综合性的努力。

在我的结论篇"居安思危"中，我将再一次思考自施莱辛格《帝王总统》以来制度变迁的程度，思考这些变革对未来而言意味着什么。到那时，你将可以更好地对我暗淡预言的价值给出自己的判断。但是，目前，就让我简单地预报一下我在水晶球内发现的结论。

我预测：①总统提名制度的演变将选出越来越多超凡魅力型的黑马候选人，他们通过左翼或者右翼的极端纲领动员积极分子的支持，从而得到职位；②所有总统，无论是走极端路线还是持主流立场，都要指望媒体顾问设计出主攻特定族群之公众的政治文宣信息，最终制造出经常主导公共辩论的非理性政治；③总统将更多地通过白宫内的效忠官员进行统治，发布总统府官员将强加给联邦官僚机构的执法令，即便它们会与国会授权发生冲突；④总统将面对一支越来越政治化的军队，他们之间的互动方式将极大地扩张总统在全国范围内将其命令付诸实效的有效权力；⑤总统将扩展运用紧急权力，以实现他们单边行动的正当性；⑥在民调结果支持决断行为时，主张"来自人民的授命"以规避或无视国会的制定法；⑦总统将调遣执法分支内的精英律师起草高品质的法律意见书，为总统最公然的夺权行为提供合宪性辩护。在联邦最高法院进行审查的数月乃至数年之前，这些意见书将公开地为总统行为提供橡皮图章式的背书——而且它们将在更大的法律共同体内制造出激烈的辩论。既然法律职业已陷入分裂，同时总统的媒体机器也在为总统夺权制造支持声浪，联邦最高法院将发现它应当进行一种策略性的回收，总统因此将国会取而代之，并且运用他的官僚组织和军事权威来建立起一种新的法律与秩序体制。

以上是美利坚共和（Republic）衰落的内在机制——我将通过一些引导性的对比阐明共和这个词。首先，共和的衰落可以容纳美利坚帝国（empire）的延续——帝国一词在这里是指美国作为世界霸权的地位。虽然美国在相对经济和军事力量上很可能正在衰落，但这并不是我的题目。我所处理的是共和的未来，并不是共和作为一个超级大国的未来。

同样，我的题目是我们的政治制度的衰落，而非我们的道德状态的堕落。这并不是先知耶利米在预言美国最终将堕入一种自私、放纵和懈怠的邪恶状态。正相反，我对于20世纪的伟大道德运动持有一份积极的态度。我们已经成功地将一个白人的国度改造成一个更具包容性的国家。今天的美国人偏执性在降低，同时教育程度在提高——盼望着21世纪的技术突破转化为人类自由增长的新前沿。总而言之，我并不认为自己是一位悲观失望论者：虽然我们是自利和自以为是的，但美国已经在20世纪实现了道德进步，而且我们有能力继续向前进。

但是，前提是我们的制度不会失控脱轨。这并不要求一种更高道德标准的大跃进，而只需一种宪法现实的检验。我们必须让自己摆脱这种自我安慰的理念，即我们的英雄祖先已经为我们完成了最困难的工作。我们必须直面真实世界的宪法，正视它走入灾难性衰落的可能——并且在为时未晚之前开始行动。

最终，共和的死亡并不必然意味着民主（democracy）的终结。即便总统权力破坏了我们的宪法传统，总统还可以继续是一种民选的职位——虽然军方在我们将考察的一些场景会成为皇冠背后的实际掌权者。我关注的是我们的共和价值传统的存续——最主要的是，因为白宫转变为魅力型的极端路线和官僚践踏法律的平台，由此必将导致危险。

共和可能以许多不同的方式走向衰落。我在前文中的叙述指向了7种不同的因素，它们相互之间的作用可以酝酿出一系列的具体场景，有可能摧毁制约平衡的宪制。每一种场景本身都值得具体讨论。但是，我将集中阐释那些在我看来最可能发生的场景。有些批评者可能认为我的选择走入了歧途——他们认为我所强调的一些场景并不重要，同时发展了我所忽视的其他场景。这些批评有助于阐明其中牵涉的利害关系，但它们不应当让我们偏移关键的议题：所有场景的总体可能性如果加总起来，是否要求我们为了预防正在迫近的危险而进行严肃的改革努力？

我认为改革是不可避免的，但是没有持续性的讨论，改革不可能发生。我将在本书的最后一部分提出范围广泛的改革项目，希望可以开启辩论。考虑到问题有着多个层面的起因，我们不应该寻找一种万能药，奢望可以一劳永逸地治愈总统制的所有病理。

甚至，更愚蠢的回应是激进的物理疗法——不顾一切地降低危险，不加分辨地阉割总统权力。虽然白宫已然成为一种对共和的严重威胁，但总统还继续是美国人民不可缺少的论坛，表达着人民对于他们集体未来的最深切希望。在未来很长一段时期内，我们将不得不与我们的悲剧英雄生活在一起。我的目的并不是要让总统成为废人，而是设计出一系列危机控制的机制，以制约总统制的最危险趋向。

知易行难。为了让辩论继续下去，我将逐个分析前述的7种因素，思考可以合理地降低风险，同时又不会不适当地破坏总统权之积极方面的措施。在我所提议的改革措施中，有一些是对非理性政治的威胁的回应；还有一些是要解决由白宫内的效忠官员所导引的总统违法事件；另外有一些改革则建议一部新的军人伦理的职业法典，以期制约美国军官正在发生的政治化过程；同时，还有一些改革致力于纠正错误的制度激励，正是它们把白宫律师改造成总统夺权的辩护士。

这些建议案在规格上各不相同——有些改革很小，有些则不小——但是，即便是总括在一起，它们也不会是一剂包医百病的药方。现代总统制的病理走向已经深入骨髓，不可能出现一种万能药。尽管如此，一系列的局部修复可能在未来数十年内带来真正的区别。

不过，我在开始时要将对解决方案的寻求放在一边。我的首要任务是要挑战宪法胜利论对心灵的统治，激起对于我们现有体制之严重脆弱性的更为一般性的反思。在我们思考严肃的改革之前，我们必须认识到我们已经遇到了严重的困难。

我们认识到了吗？

注释

1. 人群中唯一的偶像破坏者是桑福德·列文森（Sanford Levinson）。他在2006年发表了《我们的不民主宪法》（*Our Undemocratic Constitution*, 2006），该书从一个不同的视角重启了对基本问题的讨论。列文森教授关注的是宪法文本以及文本如何推行了有违民主原则的制度实践。在列文森看来，这些不正当的内容是"镌刻入"美国宪法之内的，因此唯有根本性的正式修正案才可以将美国带入现代时代。我的方法是历史主义的，不是文本主义的。它的关注在于，历史上发生的制度变迁是怎样将总统改造为21世纪的一种危险职位。这一诊断为更为现实的改革纲领做好了准备，其并不要求根据宪法第五条的正式修正案条文。
2. 关于这些历史主题的更详尽阐释，参见我在哈佛法学院的霍姆斯讲座，"Holmes Lectures: The Living Constitution", 120 *Harvard Law Review* 1727, 1793—1802（2007）。
3. See Bruce Ackerman, *We the People: Foundations* (1991); Bruce Ackerman and David Golove, *Is NAFTA Constitutional?* (1996); Bruce Ackerman, *We the People: Transformations* (1998); Bruce Ackerman, *The Failure of the Founding Fathers* (2005).
4. See Arthur Schlesinger Jr., *The Imperial Presidency* (1973).

第一部分

最危险的分支

第一章
极端主义的总统

美国宪法研究已经成为对联邦最高法院的研究。但是,这无法告诉我们,建国宪法设计与当代现实在哪一方面发生了最大的偏离。正如汉密尔顿的预言,联邦最高法院已经成了"最不危险"的分支,"即便是寻求本机构判决的效力",法院也必须寻求总统的支持。[1] 制宪者们的错误之处在于未能预言谁是我们的最危险分支。

建国者们认为国会将是最危险的分支,因此他们费尽心力去制约来自国会方面的危险——最主要的举措就是将立法机关分为众议院和参议院,并让两院彼此制约和平衡。[2] 但在两个世纪的进程中,最危险的分支已经变为总统——这就要求我们对思考和实践进行根本性的改造,这是一种可能来得太晚,但终究会到来的检修。

我并不想苛责制宪者。他们对国会的忧虑在 1787 年是完全合理的。他们之所以成为启蒙时代的圣人,得以超越他们在历史中的地位,原因在于我们的造神运动。在此,我们的工作要用今人的认知去检验制宪者的作品,理解建国者的宪法结构在运转之时如何成为对原初意图的嘲弄。

首先看总统和政党。对于现代美国人来说,定期的政党竞争乃是民主的定义性特征:如果同一个政党掌握权力达七十年之久,墨西哥就是一个例子,我们可以认定这不是一个民主的政体。

这并不是建国者们思考问题的方式。在 18 世纪启蒙时代的绅士们看来,"政党"(party)和"派系"(faction)是同义词。派系是邪恶的,而联邦宪法的目标正是要创设出一种体制,在这一体制内,那些具有公共精神的士绅们可以战胜小派系主义者的政治伎俩而赢得职位。

这就是选举团的原初用意。选举团赋予各州的本地要人选择总统的权利,经由此,建国者希望避免重蹈罗马共和堕入民粹煽动政治和帝王专政的覆辙。[3]

但是,建国者的愿景却被在 18 世纪 90 年代兴起的准现代政党体制击碎。联邦党人和民主共和党人就美国民主的未来展开斗争,总统职位成了托马斯·杰斐逊的平台,杰斐逊由此主张来自人民的授命,进行一场根本性的革命性改革。这正是制宪者们所致力于防止的那种煽动政治。[4]

对于建国者来说,还有更糟糕的。在 19 世纪的历史进程中,正是杰斐逊的先例塑造了对宪法的理解。每一代人都通过政党体制向总统职位注入新的平民主义意义——安德鲁·杰克逊的民主党、亚伯拉罕·林肯的共和党、威廉·詹宁斯·布莱恩的平民民主党都将总统职位作为一种激进转型的引擎。杰克逊和林肯获得了成功,布莱恩归于失败,但无论成败,这一反复出现的模型赋予总统以一种新的宪法意义：美国人开始认定，总统具有以我们人民的名义主张根本性变革的民主正当性。

与此同时，19世纪的政党约束了总统的平民主义驱动力。当时的总统候选人尚未创设他们自己的竞选组织。[5] 他们都是遥不可及的人物，必须依靠地方性的政党报纸向普通读者传达政党的资讯，同时依靠地区性的政党工作者在选举日内发送选票。[6]

事情在19世纪结束时开始发生变化，其时赫斯特与其他报业大亨夺取了政党领导人对于主要沟通手段的直接控制。伍德罗·威尔逊做出了关键的突破。威尔逊亲自向国会的联席会议发表国情咨文——因为这一做法很容易让人想到英王的议会演说，托马斯·杰斐逊曾经否决了此惯例——此举将国情咨文变为一种新闻事件。威尔逊总统还开始举办媒体组织参与的新闻发布会——这使得他可以越过国会内的政治领袖而直接向全国发表言论。[7] 此后，富兰克林·罗斯福的炉边谈话将总统的声音传至美国的千家万户。[8]

这就开启了政党体制的另一次大革命——也正是这次革命催生了我们当下形势的危险。关键时刻是1968年悲剧性的民主党大会，* 这次会议让政党职业人士声名狼藉，因此导致了现在的体制，即在绝大多数州内由普通选民直接选举

---

* 民主党1968年大会于当年8月底在芝加哥市举行，由于时任总统的林登·约翰逊宣布不谋求连任，该次会议的目的是选出民主党的总统竞选人。当年4月4日，马丁·路德·金遇刺身亡；6月5日，罗伯特·肯尼迪遇刺身亡；会议期间发生了示威者和芝加哥警方以及伊利诺伊州国民自卫队的大规模冲突。——译者注

所在政党的总统候选人。[9]

这一变革从政党体制内切除了一项关键性的制约元素。在政党大佬们进行候选人选择时,他们关注的是那些有可能在本州赢得中间选民支持的候选人。[10] 即便是在意识形态狂热和群众动员的时刻,职业人士也会将提名交给那些对政治中心具有最大吸引力的人物——党内温和的林肯,而不是极端的西华德。

这一新体制使得平衡趋向极端主义的方向——远离总统大选时的中间选民,而走向政党初选或者预选会议内的中间选民。候选人甚至会游移至更远的左翼或右翼,以鼓动积极分子在初选竞争中出来投票。鉴于初选的低投票率,动员本党的大本营选民经常是在选举中得胜的一种诀窍。而选民大众的渐趋两极化也增强了这一走向极端主义的趋势——左翼或者右翼积极分子在动员起来后,已经由两翼包围了相对消极的中间选民。[11]

没有必要进行夸张。当政党大佬们不再集会于烟雾缭绕的房间内,一个更为分散的政治团体还是可以发挥一种节制功能的。运作一场全国范围内的初选活动需要巨量的资源,这给精英人士以很多权力,正是他们为一场有效的竞赛提供了必需的金钱、组织和志愿者资源。既然初选赛季被压缩为(至多)数月,那些在起跑线上就具有有效竞选之必需资本的候选人便具有一种决定性的优势。正因此,有抱负的参选者要在此前的整年内竞取财政和组织支持的承诺。在这一"看不见的初选"过程中,精英们可能扮演着一种把关者的角色，有助于政治的温和节制。[12]

先看否定性的把关。在这一场景内，政治精英们努力在资源上控制极端的候选人，他们认为这些人将在11月领导本党走向一败涂地。相比之下，肯定性的把关更有抱负：精英们致力于将他们的资源输送给唯一的最佳候选人，在官方的初选开始之前，他们的"头马"就具有了超越对手的决定性优势。

肯定性的把关虽然目标远大，但实际上还是会经常出现。在近期的总统选举中，罗伯特·多尔和乔治·布什分别在1996年和2000年从看不见的初选中脱颖而出，取得了压倒性的领先地位，阿尔·戈尔在2000年亦是如此。[13]

但作为一种一般性的规律，新的把关者将难以维持这种高度的协调。把关者带着各不相同的资源和利益来到谈判桌前。他们有些是全职的政治家，有些是活跃团体的领导人，还有一些来自工会和教会团体——每一位都能够许诺不同的组织资源，具体取决于不同候选人的意识形态和过往记录，它们对不同候选人具有不同的价值。财政上的捐款者也各有不同：有些是有钱的意识形态狂热者；有些则是生意人，他们并不关心某一位候选人的立场，而是希望在该候选人胜出后买到有利的政策。说得婉转些，这些多元并且无组织的把关者无法保证将他们的资源集中在唯一的领先者身上，甚至难以保证在资源上限制那些为许多人所反对的候选者。

近期的经验确证了这一点：约翰·克里和希拉里·克林顿分别是2004年和2008年"看不见的初选"中的胜利者，

但面对反叛的候选人,克里只是勉强胜出,希拉里则败北。共和党的守门者则在 2008 年完全崩溃:尽管在"看不见的初选"中遭到了来自传统共和党金主的事实抵制,约翰·麦凯恩仍然赢得了胜利。

这些反叛者突破的一个关键是互联网。霍华德·迪安是第一位用互联网筹款以进行实质性竞选的候选人。到第一场初选开始时,迪安已经筹集了超过 4100 万美元,半数来自互联网。[14] 4 年之后,奥巴马仅在 2008 年 1 月份这一个月内就从网上筹集到 2800 万美元——超过迪安在整个竞选期内的互联网筹资总额。到了 2 月底,奥巴马从超过 100 万美国人那里得到了捐助。[15] 麦凯恩之所以在初选中得到胜利,也要归功于他在互联网上获得的更小规模的成功。[16]

但金钱并不是全部,互联网还正在以其他方式弱化着传统精英的权力。[17] 2008 年,在由 MoveOn.org 站点组织的一次"虚拟初选"中,全国范围内共有 30 万的自由派活跃分子参与了投票——超出民主党在新罕布什尔州和艾奥瓦州的头两场初选的投票人数。[18] 当网络选举表明巴拉克·奥巴马以 70 比 30 的优势战胜希拉里·克林顿时,[19] 他们抹杀了希拉里此前一年因在"看不见的初选"中获胜而取得的头马优势。

互联网还拉平了游戏的场域,因为网络可以动员起有效的第一线组织。总统候选人需要一支联络初选参与者的志愿者大军,他们传统上依靠政党组织——也包括工会、大学俱乐部、社会和宗教团体——完成这一工作。这就让这些组织的领导成了重要的把关者。

但 MoveOn.org 的故事再一次地表明我们正在进入一个新时代。就在民主党候选人面临着"超级星期二"的大考前（这一天将有 22 个州举行政党会议和初选），这一自由派的网站宣布了它的网络选举结果。[20] 自此，该组织正式支持奥巴马，鼓励其 320 万互联网成员（在超级星期二举行初选的州内有 170 万成员）支持奥巴马的竞选。由此获得的回应可以说是势不可挡，导致希拉里·克林顿谴责 MoveOn.org 要对她的糟糕表现负责。[21] 如果说到目前为止，左翼积极分子更娴熟地利用互联网来打破旧有政治建制的控制，右翼积极分子必定将在未来迎头赶上。

这一正在形成的体制还改变了可能站出来参选总统的候选人结构。它鼓励了具有超凡魅力的圈外人挑战久经考验的成功政客。在职的州长和参议员具有责任重大的日常工作，这使得他们难以为了获得提名而在长达数月的时间内走上街头。相比之下，那些在前次选举中失利的州长和参议员可以将初选竞选视为调整其政治生涯的机会。那些媒体宠儿也可能决定浑水摸鱼——虽然胜出的概率微乎其微，但是从一次显贵的失败中得到的名声可能会在将来推动他们的事业。

还有更糟的，当成功的政治家离开他们的岗位，飞赴关键的初选州，他们必须与其对手进行"辩论"，后者将以激动人心的政治俏皮话谴责腐败的华盛顿政客。在民主党左翼和共和党右翼动员起来的活跃分子那里，超凡魅力起作用，碎片化的政治宣传起作用，但政治经验却很少起作用。有一些候选人可能抵制住诱惑，坚持中间派的纲领——但是，初选中的投票者可能在大选中才回报这些人。

不过，他们也很有可能不这么做。当选民在总统大选日走向投票站时，他们通常运用政党标签去鉴别相互竞争的候选人，民主党因此在政治谱系上被置放在共和党的左边。但是，这一关键的信号在初选时并不存在，许多投票者只是凭借非常贫乏的信息而在候选项中选出一位最爱。吸引他们的可能是候选人令人愉悦的举动和几段政治俏皮话，却未能认识到其极左翼或极右翼的立场。在这种竞赛中，胜利很有可能归属于"潜伏的极端分子"——竞选者既可以吸引温和的本党人士，又懂得在互联网上用尖锐的信息冲击政治活跃分子。[22]

一旦有反叛候选人从群雄之中脱颖而出，他将产生巨大的动量，初选初期的胜利将带来潮水般涌来的竞选捐款，获得更多的公共宣传。到了这时，哪些州是初选日程内的下一批州，将在很大程度上决定初选的进展。如果这些州的投票者正好尤其无法抵抗反叛候选人的意识形态诉求，他的动量就将增加。

当有落后的竞争者开始退出竞赛，另一种机会因素也加入进来。每一位领先者的相对立场将取决于留下来的竞争对手。在一场由三位候选人组成的初选竞争中，如果两位竞争对手分裂了温和区的选票，那么那位有吸引力的极端分子将获得极大的优势。即便他在中途退出，未能出线，他的对手们也有强大的激励游移至民主党的左翼或共和党的右翼，以重新拾起退出者的选票。到了初选赛季结束时，胜利者就要主张民众已经授权他在竞选中鼓吹的极端立场。但是，在一个有着1.3亿选民的国家内，数百万名动员起来的活跃分子算不得什么。[23]

因此，两位胜出的候选人可能回摆至政治中心，以求在秋季的大选中得到更有效率的竞争位置。但问题仍然在于，他们应当或多或少地忠诚于此前的意识形态，正是这种意识形态为他们赢得了总统选票上的一席之地。或者是，一旦他们入主白宫，他们就可能恢复强烈的政治派性。

大体上说，自罗斯福以来的总统都遵循着最后一种模式。[24] 他们都是作为党人进行统治的，根据具体情况，试图说服中间选民向左翼或者右翼游移。此类说服努力并不是非常成功，但是更中间路线的策略却包含着更大的风险——很有可能让总统政党的活跃分子在战地偃旗息鼓。假如活跃分子按兵不动的话，总统就将失去其政党为赢得下一次选举所必需的能量和资源。随着互联网的兴起，这一两极化的驱动力只可能变得越来越强，而且正如我们所看到的，总统将有越来越多的工具来战胜那些对其极端路线议案的抵抗。

放在这一背景内，奥巴马总统的胜利包含着混杂的信息。他是一位从未经历考验的建制外人士，奥巴马通过在伊拉克战争这一竞选主题上走到建制候选人的左翼，击败了建制候选人希拉里·克林顿。在奥巴马和约翰·麦凯恩的大选竞争中，奥巴马又回到政治中心，而我们每一个人都无法判断他下一步将走向何处。奥巴马沉着而雄辩的口才以及他的常春藤背景，可以完美地调和左翼和中心相互冲突的修辞要求。一方面，奥巴马的沉静举止象征着民权革命的胜利，左翼的积极分子将这场胜利视为他们近期主要的成就；另一方面，奥巴马理性主义的常春藤人格有助于让中间人士相信，他有能力进行平衡判断。

未来的建制外候选人会发现，他们更难设计出象征性的诉求，既可以动员初选中的积极分子，又可以维持中间选民的广泛支持。当反叛者回顾奥巴马接受民主党提名的胜利演说时，让他们印象深刻的可能不是奥巴马在演讲中说了些什么，而是奥巴马在哪里进行的演讲：他并不是向民主党代表大会发表演讲，而是用电视转播了他在丹佛足球场75 000名狂热政党分子前进行的演说。[25] 这是一种我们不需要的克里斯玛型的狂热政治。但在下一个世纪，同样的大剧院场景将以越来越频繁的频率出现。

预言未来是一件棘手的工作。当一位意识形态的偏执者得到一党的提名，另外一边可以推出一位可接受的中间人士，后者可以在总统大选中获得胜利。但是，很有可能两大党在同一时间均被极端路线者所征服。[26] 或者，中间路线的竞选者来自一个因某种经济或者军事失败而陷入泥淖的政党，因此极端路线的竞选者可以借力打力。只有一件事看起来是确定的：如果我们不拘泥于具体场景的预言，在接下来的50年或者100年中，更多的总统将运用极端的意识形态进行统治。

一旦成功入主白宫,总统将求助于他的政治顾问来引导他的政策路线。区别于从前的政党老板,政治顾问并不会想到去竞选公职。他们甚至不是由意识形态驱动的那类人。很多顾问游走在多位政治候选人之间——甚至是不同政党之间——向出价最高者提供他们的服务。总统对他们的信任体现了社会科学在我们民族生活中越来越高的权威。正如我们一样,总统相信这些魔法师可以科学地运用民意调查和小组调查,可以设计出新闻的故事情节、片段化的政治宣传话语以及戏剧性的图景,最终可以有效地塑造普通选民的认知,借以维持总统的民众支持度。

这中间存在着大量的伪科学、纯粹的能力不及格,混合了政治顾问在极大的时间压力之下完成的实际工作。[27] 但是,诸如此类的疑虑并不会困扰总统。别忘记,他的政治顾问已经运用漂亮的数据和科学主义的竞选口号,帮助他成功地入主白宫;如果政治顾问让他走了这么远,他们必定提供了正确的服务!

白宫对民意调查的兴趣始于罗斯福总统,但是,民调只是在理查德·尼克松治下才变为白宫一项主要的当务之急。[28] 尼克松的办公室主任 H. R. 哈德曼就曾是一位在市场营销方面具有长期经验的广告主管,因此尼克松曾要求他组织一项民意调查工作,从而"接触到""普通的美国人"。[29] 由于初选体制的胜利,媒体顾问的统治力获得了更进一步的动量。

吉米·卡特之所以可以在民主党初选过程中由政治上的默默无闻之人跃升为总统候选人，他的民调专家帕特·卡戴尔可以说功不可没。而在卡特出掌白宫后，卡戴尔自然就成为总统核心圈子的成员之一。[30] 到了 21 世纪，民调魔法师在白宫内的特权地位已经无法动摇——没有总统曾经想过，他的执政可以没有民调专家的日常建议。

不同的总统会以不同的方式运用他们的民调师。一方面，他们可能将民调数据用作民意的一面镜子，努力调整自己的立场以符合随时变化的数据。如果比尔·克林顿的顾问迪克·莫里斯值得信任，那么他的老板实践的就是这一镜像策略（mirroring strategy）：

> 对于比尔·克林顿来说，积极的民调数据并不只是工具——它们是辩护、肯定和嘉许——而消极的民调结果则是一种学习过程，他的自我形象被否定的痛苦在这时要求深刻的内省……他运用民调所调整的不只是他在一个议题上的思考，而是他的理论体系，让它可以尽可能地与这个国家的体系得以同步。[31]

当总统采取这一镜像策略时，民调在运作时就是一种对极端路线的制约——连续不断地拉动总统回到主流。

小布什在共和党全国大会上接受提名的演说中否定了克林顿的例子："伟大的决断在做出时必须要慎重，必须要确信,但并不必须要民调。"[32] 当小布什"以克林顿之道反施克林顿之身",设立了白宫策略议案办公室时,[33] 小布什并没有有计划地忙于镜像策略。他经常应用该办公室设计出叙述和片段化的政治宣传,以提高那些表达出他本人之信念的立场的支持度。[34] 这一操控策略(manipulative strategy)激励了极端主义。

即便是媒体操控者在单个案例中未能取得成功,上述判断仍然是真实的。[35] 在关键的决断时刻,没有总统可以知道他的操控策略将会如何。问题在于总统是否具有足够的信心,让他的媒体魔法师放手一试。由此看来,媒体操控者日渐骄纵的自信心令人忧心忡忡。

在此可以考虑乔治·拉科夫的杰出作品,这位语言学领域内的学术巨擘最近变成自由派的公共意见领袖。在《纽约时报》畅销书《不要去想那只大象》[36] 中,拉科夫批评他的进步主义战友们放手让保守派设计塑造当下民意的主导叙事和口号。拉科夫向他们保证,新兴的认知语言科学可以成为他们的工具,让他们在保守派自己的游戏内击败保守派。

就当下而言,我们不需要考虑拉科夫是否在过度推销他的新派非理性科学。[37] 关键问题在于自由派的建制人士相信拉科夫的保证。霍华德·迪安、乔治·索罗斯以及许多主要的自由派人士的推荐都可以见于拉科夫的畅销书。罗伯特·赖克教授给出了一个尤其具有启示性的推荐语:"只是我们这一边有理性尚且不够。拉科夫告诉我们应当如何反击右翼的煽动政治。在这个小布什言说的新奥威尔时代,拉科夫写出了我们的必读之书。"[38]

赖克教授是不是在建议,进步主义者应当以"左翼的煽动政治"反击"右翼的煽动政治"?

这就是舆论的大气候,它鼓励未来的总统,无论是左翼还是右翼,都要去推销他们的极端主义理念,相信他们的媒体魔法师可以拿出维持民众支持所需的片段化的政治宣传和叙事。

❧

就在煽动政治成为一种科学的同时,煽动政治的主要制度约束却正在瓦解。在 20 世纪的进程内,大城市的报纸握有可供养大量严肃新闻从业者的财政资源,这些新闻业者的职责就是质询政府的新闻故事情节。批判反应的可能性制约着白宫,让它不至于太放肆地进行过分的媒体操控和扭曲——尤其是在新闻电视网通常是借用报纸的故事情节之后。这些电视节目经常会提供肤浅得多的报道:"电视上的一个大新闻可能有 2 分钟的时间或者约 400 个字。《洛杉矶时报》对同一则大新闻的报道很容易到达 2000 字。"[39] 尽管如此,电视新闻还是巩固了职业记者在制约和平衡上的权力。

但是,这些记者守门人在近数十年内均在走下坡路。从 1980 年至 2000 年,收看电视新闻网的家庭比例已经下降了一半——由大约 40% 到 20%。无论报纸还是电视,都在减少它们对公共议题的报道:在 20 世纪 80 年代初,四分之三的头版报道和电视新闻网关注的是政府和政治;但到了 20 世纪90年代末，这一比例已经下落至大约60%。[40]在很大程度上，这一逃避公共事务的转变是对有线电视内全新闻频道之出现的回应，后者将全国政治瘾君子的关注转移至CNN和Fox。随着兴致盎然的观众放弃了电视新闻网内的新闻，主要的广播公司转变了它们的报道重点，强调它们余下观众的"私人生活"事务——并因此减少了许多美国人据以进行决策的政治信息的流量。[41]

这就制造了总统得以绕过主流媒体的一种新缺口。里根、老布什和克林顿总统已经开始放弃面向全体公众的努力，转向了市场营销式的运作，"目标对准他们的政党大本营……（并且）将大众分裂为可选择的子集合"。[42]而既然互联网正在摧毁职业新闻业的经济基础，前述的趋势将会加速。

这一转变的速度是惊人的——报纸记者、电视新闻网分析员的总体人数从2000年的66 000人下降至2009年的52 000人，在华盛顿新闻从业大军中则有毁灭性的减员。[43]这还只是开始。职业新闻业的生存已经处在危机之中。我们正在失去一支由严肃的新闻记者组成的活跃军团，他们的工作是去挖掘事实，并且以一种相对不偏不倚的方式报道故事的两面。

这些新闻理念在19世纪并不存在，在那时，政党组织的通讯主导着政治辩论。只是当技术的变化先后让报纸和电视有可能摆脱政党的控制，创造出一种独立新闻报道的空间后，上述理念才走上历史舞台。真实世界内的新闻业远未实现它所声称的理念——但这并不意味着我们可以没有它们。

职业的新闻记者团体为博客空间提供了关键的聚焦点。[44] 他们生产出一系列基于事实的对公共事件的报道,从而为数百万计的博友提供了动态民主辩论的素材。但是,如果严肃新闻业的经济基础崩溃,博客将蜕变为一场后现代的噩梦——数百万博友在网上滔滔不绝,但却没有对事实的起码关注。

业余爱好者无法承担起对国家和国际事务的严肃报道。此类报道要求大量的训练、大量的人脉和大量的经费。它还要求报道者是为广泛的读者群而写作,同时又要维持他们的长期信用度。现代报纸创造了正确的激励,但是如果没有一种适用于新技术的相应商业模式,它将分崩离析。[45]

那又如何?怀疑者可能会说:别忘记,美国民主正是成长于一个政党报纸统治的19世纪,为什么它会败在一个充斥着后现代博客空间的21世纪呢?

原因在于,21世纪的总统是一个比他19世纪的先辈危险得多的"物种"。随着职业新闻业的瓦解,白宫将以科学校准的信息填补这一新闻缺口,以推动不同的小听众团体所关注的焦点议题。[46] 在真实或者想象出来的危机时刻,此举的诱惑力将是难以抗拒的,媒体魔法师在这时会借助 YouTube 和 Twitter 制造出诉求信息的瀑流,呼吁民众支持白宫内的大无畏领袖。职业新闻业也很难免除这种散播恐惧的运动,但是它在制约和平衡上的功能将会被怀念。[47]

这一黑暗场景中存在着不止一处的反讽。当代美国人的受教育程度超过历史上任何时期的美国人。1940年，美国白人男性在校平均读书时间是9.5年；黑人男性的平均数则是5.7年。半个世纪后，白人是13.3年，而黑人则是12.2年。[48]同时，现代美国人的工作环境也更奖励工作者以合理方式操作符号的能力。但是，他们的政治环境却比过去更不理性，更依赖情绪性的片段政治宣传，并且总是在走向一种媒体的人格崇拜。

这些发展和总统制的基本特征以令人不安的方式发生了相互间的强化。最根本地说，无论国会内的总统政党如何评价总统，总统都会继续稳坐白宫。如果总统将国家带入错误的方向，国会成员没有权力以不信任投票将总统拉下马。直至近期，总统制的基本点都因为将总统和国会领导权联系在一起的其他纽带而得到缓和——其中包括总统再次得到提名需要国会成员的支持、国会成员控制着地方性的政党组织、国会成员可以接近来自基层的民意，等等。

但是，这些纽带现在看来已经被大大弱化。历史上的最重要遗产是由林肯和罗斯福的先例所留下的英雄领袖迷思。每一位总统都希望接近甚至超越这些巨人，都有冲动运用他的媒体顾问提升他的超凡魅力，达到罗斯福那样的高度。

总统制的另一个基本面向也加剧了这一英雄冲动，但它更难以认定，因为它要求我们注意到"一条不会叫的狗"。不妨思考议会制在选举日尘埃落定后会发生什么：选民们不仅知道谁获得了胜利，他们还知道谁将为失利者代言。当新的议会开始运转后，反对党领袖与首相将在议会前座相对而立——在国家电视广播上针锋相对地对抗首相的主张。

美国不是这样。在美国，失利的总统候选人不会得到任何官方职位，只能留在庙堂之外，由此产生了许多病理。首先看势均力敌的大选，比如导致布什诉戈尔（Bush v. Gore）的2000年总统大选。在接到联邦最高法院的裁决后，戈尔只有两个选择。他或者领导起一场建制外的反对运动，谴责新总统对正当性的主张，或者只能静悄悄地离开政治的舞台，任由他的对手炫耀着本方的胜利：否决了《京都议定书》与民主党政治纲领中的其他主要政纲。戈尔在维持宪政体制时表现出的克制并没有获得他应得的奖励。

我的目的不是要表扬戈尔，而是谴责制造戈尔困局的体制。麦迪逊曾经告诉我们，一种健康的宪法秩序在生存问题上不能取决于个别人的公共德性。但迄今为止，每当总统大选产生一个有争议的结果时，我们现有的宪政体制确实取决于单个人——失利的候选人——的自我节制。但失败者选择建制外的反对运动，通过他的媒体顾问动员起他在初选竞争中曾经鼓动的数百万积极分子，这种场景的发生只是一个时间问题。

墨西哥在2006年重演的"布什诉戈尔"实际上就出现过类似的场景——洛佩斯·奥布雷德拒绝接受最高选举法庭将总统职位授予对手的判决的正当性。[49] 此次超宪法反对的冒险案例并未帮助洛佩斯·奥布雷德，也没有让他的政党受益。但是，这一结果并不足以保证未来不会出现此类黑暗场景；尽管存在着宪法崩溃的危险，总统和反对派总统还是加入了竞取民众支持的超凡魅力升级战。

这一问题在常规情形下并不会如此戏剧化，因为失利者总是会以相当的劣势落败，胜利者的胜利则无可置疑——奥巴马的当选就是其中一例。约翰·麦凯恩以非常优雅的方式承认了失败，回到了自己作为亚利桑那州一位普通参议员的身份，留下了处在一种失序状态的反对党——国会和各州的政党首领竞取着政治关注度，同时由奥巴马总统主宰着政治舞台。随着时间向前走，国会领导人将不得不与总统提名的主要竞争者分享政治聚光灯——后者将以极端主义的诉求迎合他们的政治大本营。

更糟的是，正是因为媒体的革命，诸如格伦·贝克（Glenn Beck）和拉什·林博（Rush Limbaugh）此类的评论员也将以共和党发言人的身份提出政治主张，即便这些人完全不受选举计算的制约。

在这一背景下，这世界上的空谈家有时将取得优势。他们的极端资讯可以抓住眼球，同时他们也擅长传达此类资讯——否则，他们不可能占据着收视率的榜首位置。相比之下，国会和各州的反对领导人具有决策的责任，甚至总统候选人也不可能总是放纵自己发表不负责任的立场声明。反对党的"领导权"由国会转移至空谈者，这一变化又反作用于总统领导权的主导模式——来自空谈者的极端媒体攻击导致了总统的反攻击，白宫的宣传机器制造出片段化政治宣传的浪潮，主张我们的大无畏领袖所具有的平民权威。在危机时刻，这一过热的环境将鼓动总统主张决断行动的固有权力，压倒或者罔顾在国会和法院内的各方反对者提出的反对意见。

如果总统是通过极端主义的诉求吸引初选中的积极分子而赢得职位的，这一动力就已经是开足马力；但是，在危机时期，即便是那些以中间路线进行竞选的候选人也有走上这一道路的强烈激励。

不要忘记，小布什是作为一位主流的温和路线者当选为总统的，他的竞选纲领让他无法与同样温和的阿尔·戈尔区别开来。再问你自己，假如 2000 年的胜利者是以共和党右翼的自豪代表进行竞选的，过去的十年将会走向何方。

❧

行文至此，我一直在论述，总统如何由 18 世纪的社会贤达转变为 19 世纪的政党巨头，再转变为 20 世纪的民众领袖，最后成为 21 世纪的煽动政客，他们主张超宪法的权力，以控制威胁共和的危机。

但是，现代总统不仅主导着政治系统，他还指挥着一支庞大的官僚机器：这个机器是会抵制，还是会促进总统的煽动政治？

美国的制宪者根本不可能想到这一问题，更不必说去解决这个问题。在他们的理念中，行政就如同政治一样，将是一种绅士们的游戏。主要的工作被置于本地方社会贤达之手，由他们充当关税的征收员、合众国的检控官以及其他此类职务。由专业官员组成的官僚军团开始在美国政府内担当重要的角色，还要再经过一个世纪的时间。

建国者们所认可的唯一专业技能是法律类的——因此，他们让法官独立于政治，这是在约翰·洛克的基础上迈出的巨大的一步。在洛克看来，司法机关只不过是执法分支的一部分，并不应该被视为政府的一个独立分支。[50]美国的建国者对此持不同意见——基于他们在殖民地时期的经验，建国者采纳了强有力的措施以保护法官免于政治压力。但他们最远也只能看到这么远。他们并不担忧，他们的体制将会运转于一个由总统控制着庞大联邦官僚体系的世界内——这一前景完全超出了18世纪思想的视界。但是我们确实有理由担忧——因为建国者的体制已经对美国的现代官僚国家产生了恶劣的影响，极大地增加了在未来世纪内脱轨总统的危险。

首先看基本问题。现代官僚政治已经成为总统和国会争夺政治支配地位的核心战场之一。两方面都在这一斗争过程中展示了他们自己的独门武器。国会委员会运用它们的预算权力，如果行政机构不服从主要参议员和众议员给出的指令，它们就将进行财政报复。[51]总统的反击武器则是他的人事任命权。总统不可能指望终身制的公务员站出来对抗国会的恐吓。假如总统希望维持其政策背后的官僚能量，他必须将政治任命官员安置在关键职位上——并且借用政治官员的忠诚去避开国会对白宫议案的抵制。

前述的要求已经以不同方式得到了自我展示。第一，总统有了越来越多的政治任命官员，由此获得了将官僚体系殖民化的权利。要求参议院批准的高级职位的数目已经从肯尼迪政府时期的196个，增加至克林顿政府时期的786个，再到小布什政府时的1141个。[52] 总统还可以单方面任命很多关键的职位，总体上看，总统有权做出3000位政治官员的任命。[53] 再没有成熟的民主国家允许其首席执法官任命一支政治效忠者的大军，后者在职位上可以基于总统的议程否决职业公务员的判断。

第二，现代总统的身边总是围绕着超级效忠者的白宫官员——近年来人数已经超过了500人。[54] 这些为数众多的官员在推动总统权力的进一步集中化时扮演了关键的角色。这是一种现代的发展。只是到了1939年，罗斯福总统才获得了提名6位"总统助手"作为他的办公人员的权利。直到那时，总统还是通过他的内阁进行统治，只是有时候调用内阁某部借给他的临时性顾问。但经历了两代人的时间，白宫官员已经变成了一个权力大本营。白宫"沙皇"有时候要比内阁阁员更有权力。

在过去数十年中，总统已经为他们的白宫官员提供了新的工具，让庞大的官僚机构屈从于白宫的意志。这些集权化技术的构建可以说是从尼克松到奥巴马的两党共建工程，但是罗纳德·里根在其中实现了关键性的突破。[55] 里根首开先例地签发总统令，要求联邦官僚机关服从他偏好的规制哲学：在里根那里就是经济上的成本收益分析。里根的命令要求执法分支内的所有机构，在发布主要的规制议案之前，均要向白宫内的特定办公室提交一份规制分析报告。

国会的制定法从未授权这一步骤。正相反，国会通常是将规制的全部职责授予特定的规制机构或者内阁部门，而没有明文给予总统干预的权利。尽管如此，里根总统还是改造了他的信息和规制事务办公室（OIRA）[56]——在华盛顿圈子内被称为"Oh, Ira"——使之成为整个执法分支的最高规制者。

里根和其后的老布什都将信息和规制事务办公室当作其主要政治运动的关键要素，用以反对由罗斯福新政和"伟大社会"奠定的大政府哲学。半个世纪以来的立法已经将积极政府的原则写入治理法律中——甚至一个由共和党领导的官僚机构经常相信自己有进行大规模干预的法律职责。但是，规制机构目前面临着信息和规制事务办公室内的一个最终障碍，后者经常性地否决它们的提议——因此，白宫利用成本收益分析来破坏法治的企图引发了广泛的抗议。

这些抗议未能阻止里根-布什的白宫继续进行集权化的审查，但是当民主党于1992年重新入主白宫时，信息和规制事务办公室的前途确实罩上了一层阴云。既然规制政府的拥护者重新回到决策的职位，我们有理由期待他们要求克林顿总统取消信息和规制事务办公室，解放政府各部以完成它们的制定法授权。

所有这一切均未发生。克林顿总统不仅保留了信息和规制事务办公室，而且将集权工程推向了新的高度。在克林顿总统看来，信息和规制事务办公室的问题在于它的反规制偏见：它可以因政府部门的议案成本太高而将它们否决，但是它不能将规制者推往积极的新方向。既然克林顿是一位积极政府的真诚信徒,他很快行动起来弥补这一缺陷。

36　　克林顿的白宫官员开始签发名为"总统指示"的文件,以启动官僚机构内的规制过程。这些指示并没有让官僚机构在深度研究相关议题后,再设计它自己的规制项目。白宫官员经常告诉官僚机构,总统希望规制措施看起来是什么样子(至少是以抽象性的语言),同时给出一个具体的时间期限,在此之前必须拿出规制措施,提交信息和规制事务办公室做进一步的审查。最重要的是,克林顿通常亲自面对新闻记者,高调地宣布他由上至下的规制议案。

每当官僚机构拿出一个具体的规制提案时,克林顿就会重复这一"沽名钓誉"的仪式。在得到信息和规制事务办公室的批准后,行政机构的首脑留在了阴影内,而总统却在聚光灯下向公众宣布他最新的动议。

国会从来没有明文授权这一最新的夺权。但是,这一事实并没有导致对克林顿之大跃进的普遍法律谴责。恰恰相反,它激发了自由派的法律学者发展出精巧的理论,以期填补这一制定法上的空隙。

最值得注意的贡献来自艾琳娜·卡根(Elena Kagan)一篇一百页左右的论文《总统府行政》。卡根曾是克林顿任期内的白宫官员,在设计克林顿方案时扮演过重要的角色。随后,她在《哈佛法律评论》上为克林顿的改革进行辩护。该文完成于她就职哈佛法学院院长前夕,文章对克林顿突破的合法性和智慧进行了有力的辩护。[57]

卡根并不只是总统权力的又一位法律辩护士。她完全承认集权化会招致新的危险。如果说白宫官员都是聪明人，那么他们现在意图引导的行政机构官员都是经验丰富的职业人士，后者长期以来都在努力理解他们所要规制的复杂现实。近期的权力转移必然会改变政策决策的平衡，由行政机构的专家知识模式走向落实总统"命令"的政治化模式。卡根也承认，总统行政带来了一种新的危险："不守法——在解释制定法时，总统要比独立的行政机构官员更倾向于挑战法律的极限。"[58]

在克林顿于 1994 年中期选举将国会让给共和党之后，这一动力变得尤其显著。既然克林顿不可能继续奢望重大的立法成就，他

>开始发现，如要实现他的国内政策目标，行政很可能是最最关键的手段——原因部分在于行政或许是唯一可用的手段……在总统那里，官僚化可以说是多多益善。在一次又一次的活动中，在一次又一次的演讲中，克林顿主张他对行政行为的所有权，将行政行为作为他的价值和决策的产物呈现给公众。在公众看来，克林顿公开地成为"执法权力"的行使者，并且在这一角色定位上成为规制行为的根源。因此，在克林顿的执政时期，"公共总统"开始摆脱纯粹的"修辞总统"角色，而成为"行政的总统"。[59]

卡根指出，当官僚机构努力完成总统的指令时，克林顿总统的要求就产生了反复出现的不守法事件。虽然如此，卡根还是得出结论，总统所独具的民主正当性将重于超凡魅力型的不守法危险。如果总统要完成美国人在其职位上寄托的厚望，那么他就是要能够克服官僚制的惰性和有限视野，后者构成了总统实现其选举授命的障碍。[60]

卡根的论文将不守法的风险处理成总统集权所要支付的可接受代价，在建构两党精英有关执法特权的共识时，该文扮演着一种关键角色。[61] 接下来，小布什和奥巴马都继续克林顿政府所展示的集权化道路，可以说是顺理成章之事。[62]

我希望挑战这一华盛顿圈子内的共识。[63] 本章所展示的大框架让我们得以瞥见一种更黑暗的可能性：通过建构一种新形式的总统行政，政治中间派——如克林顿和奥巴马——正在将我们带向一种悲剧性的未来，到那时，极端主义的总统将主宰官僚机构的舞台。尤其是在面对国会的反对时，他们将运用白宫官员向官僚机构发出行动命令，以执行他们的克里斯玛型想象。在制造出一种总统指令的稳定体制后，白宫内的效忠官员将不再尊重由行政机构所提供的对事实的专家评估，或者对法律的传统理解。白宫官员将号召整个执法分支加入执行人民对总统的授命的激情事业。而且，总统的这些指令将受到热情的欢迎——因为官僚机构处在总统政治任命者的控制下，而后者是基于他们的政党忠诚获得其现有职位的。

但这真的是我们想要的吗？

❧

我一直在努力将美国人从他们的宪政美梦中唤醒,他们总是在预设,过去只是一段序曲,我们可以继续将总统置于宪法的控制之下。21世纪的总统是一种区别于其先行者的不同制度。我们不应再假设建国者们告诉了我们所要知道的一切,而应该承认,现代的总统制产生了三种特有的危险。

第一种危险是极端主义,我对此词的定义是根据总统和中间选民之间的距离:总统的立场是否接近主流美国人所持有的立场,或者是他们追随着左翼或右翼?如果是后一种情形,总统就算是一位极端主义者,而无须考虑其政治立场的实体内容。这是一种结构性的极端主义,因为它并不是主张左翼或者右翼人士在他们对主流价值的批判上是实体错误的。事实上,一代人的"极端主义者"经常会发起在道德意义上有说服力的批判,最终改造了现状。

但是在美国,仅是正确的还不够。在你可以让政治体制接受你的观念之前,你必须说服你的公民同胞,你是正确的,而这正是民主的要义所在。所以,即便总统的政治理念在道德意义上是有说服力的,我们仍有理由要求总统得到国会的支持。他不应该被允许通过总统令就领导这个国家进行大跃进。

尤其是总统自以为是的运动事实上可能是在驱策美国越过障碍,堕入道德的深渊。别忘记,总统对左翼或者右翼极端主义者的吸引力无法确保总统的伦理见解。它只能保证,当总统突破制度路障将美国人民引领至许诺的天堂时，总统的追随者将发出阵阵的掌声。现代的初选体制将这一极端主义的场景变成为一种非常真实的可能。

这还强化了第二种主要危险：无理性的政治。一旦总统需要指望他们的媒体魔法师，运用片段化的政治宣传将他们送到白宫，他们就自然而然地选择相信这些人近乎神奇的能力。但是，即便是一位温和政见者取得了总统职位，媒体操控也将成为21世纪政治根深蒂固的一部分。总统不可能甘做旁观者，任由他的对手通过放纵的片段化宣传运作将他逼入死角——尤其是美国的体制给予总统在媒体战中压倒其对手的权力。因此，我们有理由相信，无理性的政治将成为由各式总统——中间主义者和极端主义者——所可能利用的特有的恶。

同样的判断也适用于我们的第三种危险：总统单边主义。从美利坚共和开始，联邦宪法就给予总统在和其他分支互动时的"先手权"优势。乔治·华盛顿的单边行动能力并不逊色于巴拉克·奥巴马，同时却将危机控制的负担交给国会或联邦最高法院——或者是通过一部制定法，或者是宣布总统行为违法或违宪。但是，在一个官僚制的世界内，白宫官员可以创造出一旦运转起来就极难反转的根本性变革，由此总统的先手优势就有了非同寻常的意义。

极端主义·无理性·单边主义。在21世纪的进程中，这些要素将以不同的方式产生互动，制造出各种各样的模式。有时候，只有一种或者两种元素在政治上是突出的，但最坏的病理将会涉及全部三种要素。在这些场景内，一位极端主义的总统将利用媒体操控者为他量身订制政治宣传和形象，压倒国会和其他地方的政治对手制造出的不和谐声音。与此同时，总统的效忠者将联邦官僚机构的权力集中在总统之手，以总统的命令取代法治。在这些条件下，国会和法院都可能会变得软绵无力，而如果它们做出反对，制度化的总统可能变成一种威权主义接管的跳板。[64]

这一残酷的预判建基于结构而不是人性，它使得我们得以超越对于当下政治的下意识反应。例如，对许多人来说，奥巴马总统的当选足以驱散任何有关宪政体制的严肃质疑：再见了，帝王总统；欢迎你，美国第一位黑人总统以及美利坚民族进行宪法再造的非凡能力！

这一胜利的时刻已经过去，继之而起的是无处不在的不确定。尽管奥巴马在他任职的最初两年取得了一些主要的立法胜利，但奥巴马的焦躁追随者要求更为坚定的领导权——这让人回想起他在竞选中的勇敢言语。但是，当奥巴马缺少国会内的票数时，他如何能够满足追随者的要求呢？

奥巴马可能是有超凡魅力的，但他并不是一位极端主义者：他不太可能践踏国会的权力，即便是诸如议事搁延此类站不住脚的权力。但是，下一位造反派总统可能并不具备同样的宪法节制力。他可能坚持实现他自己主张的民众授命，即便这样做将会激发起一种深层的宪法危机。而且，只要总统在参议院内有足够的本党支持者，弹劾的可能性并不足以充当一种有意义的威慑。

接下来会发生什么？

这一最初的概论尚不能给出答案。如果不在分析框架内纳入军队，我们不可能窥见我们的整体困境。正如下一章所示，这将让我们的故事更复杂，但却未能减少它的黑暗面。

注释

1. See Alexander Hamilton, "Federalist 78", Jacob Cooke, ed., *The Federalist*, 522-523 (1961).
2. See James Madison, "Federalist 48", in Cooke, supra n. 1, at 332–338 (1961); Gordon Wood, *The Creation of the American Republic*, 553–562 (1969).
3. See James Ceaser, *Presidential Selection* (1979); Ralph Ketcham, *Presidents Above Party* (1984).
4. See Bruce Ackerman, *The Failure of the Founding Fathers* (2005).
5. 麦金利和布莱恩在 1896 年的竞选开启了以候选人为中心的竞选组织的序幕。参见 Matthew Crenson and Benjamin Ginsberg, *Presidential Power: Unchecked and Unbalanced*, 114—120 (2007)，该书还讨论了此后两代人时间内的发展，第 123—170 页。
6. See Jeffrey Tulis, *The Rhetorical Presidency* (1987).
7. 麦金利在白宫内设立了一个特派记者站，西奥多·罗斯福则更进一步，向新闻业者提供秘密的记者招待会。但是，正是威尔逊总统走向了公众，他非常自觉地将总统职位改造为一个独一无二的民众论坛。参见 Crenson and Ginsburg，同注 5，第 139 页。
8. 当富兰克林·罗斯福将他的国情咨文演说由下午转移至晚上，以求得到最多的收音机听众时，共和党的媒体谴责这一"总统与国会的堕落"，可参见"Press Agrees the Roosevelt Message Was Political, Varies Widely in Opinion", *New York Times* 33 (January 5, 1933)。
9. 早在 1968 年之前，政党职业人士的控制权就面临着严重的挑战。参见 Howard Reiter, *Selecting the President: The Nominating Process in Transition* (1985)。但是，自 1968 年出现的改革不可逆转地摧毁了旧的体制。参见 Larry Bartels, *Presidential Primaries and Dynamics of Public Choice*, 19

（1988）。还可参见 Byron Shafer, *Quiet Revolution*（1983），该书提供了有关旧体制衰亡的详尽描述。

10. 我想，我应该为注释的阅读者提供我最爱的政治科学的华丽篇章："当胜利的味道已经冲昏头脑时，在追求候选人提名和资金支持的政治家那里，文化、意识形态和人口地理的制约将在他的心灵中渐行渐远。"参见 Reiter，同注9，第85页。

11. See Alan Abramowitz, *The Disappearing Center*（2010）; Joseph Bafumi and Robert Shapiro, "A New Partisan Voter", 71 *J. Pol.* 1（2009）.

12. 约翰·扎勒教授以及他的杰出助手团队最近发表了一本关于"看不见的初选"的好书，参见 Marty Cohen, David Krol, Hans Noel, and John Zaller, *The Party Decides*: *Presidential Nominations Before and After Reform*（2008），该书还包括一个极好的文献综评。

13. 扎勒教授和他的团队还进一步指出，在1980年至2000年，精英的把关者在9次提名竞争中成功判断了8次（参见前引书，第7章）。但他们也承认，他们的判断是有争议的，而我则质疑他们对一些案例的处理。我并不认为这里有必要提供一种基于单个案例的批判，因为他们承认2004年、2008年的初选选举未能支持他们对精英控制的主张（同前引书，第230、338页），而且在互联网时代，反叛候选人将变得越来越重要（同前引书，第337页）。

在强调极端主义的风险时，我是在复兴在20世纪70年代由主要政治科学家所表达的一种古老主题，在那里，新的初选体制使得乔治·麦戈文在1972年赢得了民主党的提名，接下来在1976年让罗纳德·里根发起了对现任总统杰拉德·福特的严肃挑战。参见 Norman Nie, Sidney Verba, and John Petrocik, *The Changing American Voter*, Chap. 17（enlarged ed. 1979）。

14. See Matthew Hindman, *The Myth of Internet Democracy*, Chap. 2（2009）. 我关于迪安竞选的数字取自于亨德曼在第29页的精彩讨论。

15. 同前注引书，第36—37页。

16. 在超级星期二初选的预备期内，麦凯恩筹集到超出其主要对手米特·罗姆尼近一倍的资金——麦凯恩资金的四分之一来自200美元以下的小额捐款。参见 www. cfinst. org/pr/prRelease. aspx？ReleaseID＝183。

17. 当扎克·埃克斯利在2004年首先在 MoveOn. org 上组织起一次"虚拟初选"时，他的目标很显然是挑战"巨额捐款者所驱动的金钱初选"。

Ari Melber, "The Virtual Primary", *The Nation* (July 12, 2007), at www.thenation.com/doc/20070730/melber.

18. "Internet Organizing Moves On Innovation", NetAction website, www.netaction.org/notes/notes93.html. MoveOn 采取了精致的步骤, 以确保其民调程序的真实性。参见 www.moveon.org/pac/primary/report.html。

19. "MoveOn Endorsement Throws Progressive Weight Behind Barack Obama", MoveOn.org (Feb. 1, 2008), at moveon.org/press/pr/obamaendorsementrelease.html.

20. 参见"MoveOn Endorsement", 同注 19。

21. 希拉里尤其强调 MoveOn 在那些通过政党会议选择代表的州内的作用。参见 Perry Bacon Jr., "Clinton Blames MoveOn for Caucus Losses", *Washington Post* (April 19, 2008), at blog.washingtonpost.com/44/2008/04/19/cliton_blames_moveon_for_ cauc.html。

　　霍华德·迪安在 2004 年的竞选也运用了网络, 此举让 7.5 万名积极分子在本地家庭内组织起面对面的"迪安见面会"。而且, 其中有 96%的参与者愿意为将来的竞选承担志愿工作——即便超过一半的人此前从未参与过类似的活动。参见 Hindman, 同注 14, 第 31 页。

22. 感谢西瑟·格肯 (Heather Gerken) 为我指出了这一点。

23. 我的讨论乃是基于拉里·巴特尔斯提供的更为复杂的分析, 见前注 9 引书。巴尔特斯的经验论著只处理了在新体制下举行的最初几次选举, 但是我期待着更多的政治科学家可以在近期剖析最近两次选举中的动量候选人。

24. See B. Dan Wood, *The Myth of Presidential Representation* (2009).

25. 在奥巴马之前, 仅有约翰·肯尼迪打破惯例在洛杉矶纪念大剧场内面向人山人海发表了他的提名演说。David Broder, "One Degree of Separation Between Obama's Speech and JFK's", *Washington Post*, A30 (Aug. 29, 2008).

26. 假如两大党同时被极端路线分子所征服, 那么百万富翁型的中间主义者就有了竞争的机会——比如罗斯·佩罗或者迈克尔·布鲁姆伯格, 这增加了将在第三章脚注 20 里所讨论的那一类选举团危机的概率。

27. 关于内部人士的爆料, 参见 David Moore, *The Opinion Makers* (2008)。

28. 杜鲁门和艾森豪威尔都没有继承罗斯福对民意调查的兴趣。杜鲁门尤其看不起民调:"民意调查并不代表事实, 只不过是推断, 而我总是将我的信心放置在已知的事实上……一个跟着民意调查随波逐流的人……并不是代表着全国福祉的人。"Harry Truman, 2 *Memoirs* 177, 196 (1956). 但是,这些日子早已一去不复返了。参见 Seymour Sudman, "The Presidents and the Polls", 46 *Pub. Opin. Quart.* 300 (1982)。

29. See Robert Eisinger, *The Evolution of Presidential Polling*, 2—3 (2003).

30. 同前注,第4—5页。

31. Dick Morris, *Behind the Oval Office: Winning the Presidency in the Nineties*, 11 (1997). 莫里斯是在他和克林顿分道扬镳后写下正文文字的,因此他的报道不能全信——但是可能也不能不信? 关于克林顿动机的一种不同观点,参见 Lawrence Jacobs and Robert Shapiro, *Politicians Don't Pander* (2000)。

32. "George W. Bush Acceptance Speech", 2000 Republican National Convention, at www.usatoday.com/news/conv/118.htm.

33. 参见 Kathryn Tenpas and Stephen Hess, "Bush's A Team: Just Like Clinton's, But More So", *Washington Post*, 5 (January 27, 2002). 小布什的民调工作交给了共和党的全国委员会,但前者受到白宫的策略议案办公室的密切监督,后者是卡尔·罗夫的主意。参见 Kathryn Tenpas, "Words vs. Deeds: President George W. Bush and Polling", Brookings Institution (2003) at www.brookings.edu/articles/2003/summer_elections_tenpas.aspx.

34. 安德鲁·卡德是小布什的办公室主任,并不掩饰他的操控运作模式,他曾经告诉记者,"如果一项政策失败了,这可能并不是因为政策本身有错误……而是存在着有缺陷的营销"。Bill McAllister, "Bush Polls Apart from Clinton in Use of Marketing", *Denver Post*, A-14 (June 17, 2001). 我相信卡德的话,虽然有些人更加怀疑。Compare Tenpas, supra n.33, with Diane Heith, *Polling to Govern: Public Opinion and Presidential Leadership*, 141 (2003). 关于操控媒体策略的更广泛意义,参见 Jacobs and Shapiro, 同注13。

35. 总统对民意之诉求的影响力至今仍是一件高度争议的事项。Compare Samuel Kernell, *Going Public* (3d ed., 1997) with George C. Edwards, *On Deaf Ears: The Limits of the Bully Pulpit* (2003). 在对外政策方面,总统影响力的证据更强——参见 James Meernik and Michael Ault, "Public Opinion and Support for U.S. Presidents' Foreign Policies", 29 *Am. Pol.*

Res. 352（2001）——虽然在国内政策方面同样存在着一定的支持。参见 Canes‑Wrone, *Who Leads Whom*? *Presidents*, *Policy*, *and the Public*, Chap. 3,（2006）。

Canes‑Wrone 的分析模型定义了总统进行强公众诉求的条件，从而推动了这一辩论。我希望未来可以有学者扩展这些模型，分析总统采取单边行为以绕开国会的"衰落"场景。关于这一可能性的进一步讨论，见下注 64。

36. George Lakoff, *Don't Think of an Elephant*! *Know Your Values and Frame the Debate*（2004）. 拉科夫接下来又推出了 *Communicating Our American Values and Vision*（2006）。

37. 拉科夫主张他的立场代表着一种"新启蒙"，认为古典的启蒙理念是老旧/过时的。参见 *Communicating Our American Values*, 13—14。就我所知，有些关键群体同意他，但我反对。参见 Bruce Ackerman, *Social Justice in the Liberal State*（1980）。

38. 拉科夫著作的推荐者还包括诺贝尔奖获得者乔治·阿克洛夫（George Akerloff）、赛拉俱乐部执行主任卡尔·波普（Carl Pope）以及《赫法顿邮报》的出版者阿里安娜·霍夫顿（Ariana Huffington）。

39. Leonard Downie Jr. and Robert Kaiser, *News about the News*: *American Journalism in Peril*, 125（2002）.

40. 参见 Jeffrey Cohen, *The Presidency in the Era of 24‑Hour News*, 142（图表 7.1）（2008）（论述了电视新闻网观众的下降幅度）；同上，第 65—66 页（关于硬新闻的衰落）。

41. 在 2008 年总统大选的 10 月前夕，700 万观众收看了黄金时间的有线台新闻。在其他月份，大约 400 万的观众选择了有线台。相比之下，大约 2300 万观众在 2008 年收看了黄金时段的电视新闻网——远低于 1980 年的 5200 万。这一大幅度的下降抵消了有线台新闻观众的增长。参见"The State of the News Media: An Annual Report on American Journalism", Pew Project for Excellence in Journalism（2009）；"Cable TV", at www.stateofthemedia.org/2009/narrative_cabletv_audience.php?cat＝1；"Network TV", at www.stateofthemedia.org/2009/narrative_networktv_audience.php?media＝6&cat＝2#NetAud1。

42. 参见 Cohen, 同前注 40, 第 203 页。科恩还指出，报纸读者在 1980 年至 2000 年由 70%下降至 60%，同前注，第 144 页（表格 7.3）。（因为互联网革命，这还只是开启了下一个10年的直线下降。）科恩还有说服力地展示出，旧体制的衰落是如何破坏了总统领导权的传统理论。但是他并没有充分关注我在此所强调的场景。

43. 我关于新闻业工作流失的报告是基于劳工统计局的数字，它在2004年改变了统计的概念分类。在这之前，它将报纸记者和在广播新闻内工作的记者归类为同一个团体；而它在近期将"广播新闻分析者"和"记者和通讯记者"分别处理。我自己将两个范畴的2009年的数据加在一起，从而可以和2000年的报告进行比较。比较劳工统计局2000年的数据（www. bls. gov/oes/2000/oes273020. htm）和2009年的数据（www. bls. gov/oes/current/oes273022. htm 与 www. bls. gov/oes/2009/may/oes273021. htm）。

　　由劳工统计局提供的硬性数据可能低估了工作流失的程度。根据Paper Cuts这一记者网站，报纸工业在2008年减少了超过15 992份工作，在2009年减少了14 845份工作。参见 graphicdesignr. net/papercuts。这些数字是基于自报的，因此比不上劳工统计局的数字；尽管如此，它们是负面征兆。关于一个定性的评估，参见 Leonard Downie Jr. and Michael Schudson, "The Reconstruction of American Journalism", *Columbia Journalism Review* (Oct. 19, 2009) （"大多数大型报纸"已经取消了海外的通讯记者以及它们驻在华盛顿的大批记者），at www. cjr. org/reconstruction/the_reconstruction_of_american. php? page=all。

44. See Alex Jones, *Losing the News*, 3—27 (2009).

45. 我并不是要浪漫化在"黄金时代"的大众传媒。一个深刻的批判，参见 Robert McChesney and John Nichols, *The Death and Life of American Journalism*, Chap. 1 (2010)。

46. 一本近期的著作，合著者是一位主要的顾问，就在为这些可能性欢呼，参见 Mark Penn and E. Kinney Zalesne, *Microtrends*: *The Small Forces Behind Tomorrow's Big Changes* (2007)。

47. 同类的关注，参见 James Ceaser, "Demagoguery, Statesmanship, and Presidential Politics", in Joseph Bessette and Jeffrey Tulis, eds., *The Constitutional Presidency*, 247 (2009)。

48. Neil Smelser, William Julius Wilson, and Faith Mitchell, eds., *American Becoming*: *Radical Trends and Their Consequences*, Vol. 2, *Commission on Behavioral and Social Sciences and Education*, 57 (Table 4.3) (2001). 这

些数字来自 1990 年；今天美国人的受教育程度更高。

49. See John Ackerman, "The 2006 Elections: Democratization and Social Protest", in Andrew Selee and Jacqueline Peschard, eds., *Mexico's Democratic Challenges* 92 (2010).

50. See M. J. C. Vile, *Constitutionalism and the Separation of Powers*, 67 (1967).

51. See, e. g., Mathew McCubbins, Roger Noll, and Barry Weingast, "Structure and Process, Politics and Policy: Administrative Arrangements and the Political Control of Agencies", 75 *Va. L. Rev.* 431 (1989).

52. See Anne Joseph O'Connell, "Vacant Offices: Delays in Staffing Top Agency Positions", 82 *S. Cal. L. Rev.* 913, 926 (2009).

53. David Lewis, *The Politics of Presidential Appointments: Political Control and Bureaucratic Performance*, 56 (2008). O'Connell, supra n. 52, at 935.

54. 白宫内的超级效忠分子人数"超过500"，这只是一个安全的说法。最近一次可用的统计分析来自 2005 年："白宫办公官员"有 411 人、国家安全委员会有 61 人、国内政策组有 27 人、经济顾问委员会有 24 人、科学和技术办公室有 30 人——总计有 553 人。白宫还有大约 200 位一流的支持人员。参见 Harold Stanley and Richard Niemi, *Vital Statistics on American Politics 2007—2008*, Table 6—6: White House Staff and the Executive Office of the President, 1943—2005 (2008)。此外，还有贸易谈判特别代表 210 人，管理与预算办公室（OMB）有 473 人。虽然这些机构由总统的政治效忠者控制，但它们还是包括了更大比例的相对非政治化的职业人士或终身制公务员。然而，正文中已经解释，管理与预算办公室已经在总统集权化的工程中扮演着一个关键角色。

55. 一个良好的回顾，参见 Peter Shane, *Madison's Nightmare*, 146—156 (2009)。

56. 技术上说，信息和规制事务是管理与预算办公室的一部分，也就是总统执法办公室的一部分。

57. See Elena Kagan, "Presidential Administration", 114 *Harv. L. Rev.* 2245 (2001).

58. Id. at 2349.

59. Id. at 2281-2282, 2300.

60. Id. at 2331-2246.

61. 与一元执法论的信徒相比，卡根是一位温和人士，后者相信宪法授予总统全权控制官僚机构。参见 Steven Calabresi and Christopher Yoo，*The Unitary Executive*（2008）。卡根相信，国会可以通过限制总统权力的明文制定法来限制或者否决总统的行政权力。但是，这一承认并没有影响她在绝大多数案件中的结论，在这时并没有国会的明文立法。

62. 就在共和党于2006年丢掉国会控制权后，小布什政府马上收紧了其对官僚机构的控制。第13，422号执法令规定，所有机构必须委派一位总统任命者担任它的规制政策官员，未经他的批准，任何规制提案都不得生效（除非规制机构的首长明确推翻了新设官员的否决）（72 *Fed. Reg.* 2763［Jan. 23，2007］）。因为信息和规制事务在选择规制政策官员时扮演着重要角色，该动议代表着在总统集权道路上向前进的一大步。但是，奥巴马总统废止了小布什的这一执法令（74 *Fed. Reg.* 6113［Jan. 30，2009］），而继续了克林顿时期向机构发出规制指示的做法。例如，参见 Memorandum for the Administrator of the Environmental Protection Agency（74 *Fed. Reg.* 4905［Jan. 26，2009］），at www. whitehouse. gov/the_press_office/Presidential_Memorandum_EPA_Waiver/。

63. 我的讨论吸收了批评集权化总统行政的学术文献。参见 Peter Shane，*Madison's Nightmare*（2009）；Peter Strauss，"Overseer or 'The Decider'：The President in Administrative Law"，75 *Geo. Wash. L. Rev.* 695（2007）；Lisa Bressman and Michael Vandenbergh，"Inside the Administrative State：A Critical Look at the Practice of Presidential Control"，105 *Mich. L. Rev.* 47（2006）。

64. 当代政治科学正在理解总统单边主义的重要意义。威廉·霍维尔教授已经发展出一般性的框架，分析总统"先手"优势的实践意义。在"理性选择"的学术传统内，霍维尔模拟了总统如何利用他在国会内政治盟友的能力，破坏一种有效的立法回应，从而实现他的理想政策。他还分析了法院不愿意与执法权进行全面的对抗。参见 William Howell，*Power Without Persuasion*（2003）。他的应用性研究集中在国会可以在何种程度上制约现代时期总统对军事力量的运用。参见 William Howell and John Pevehouse，*While Dangers Gather*（2007）。由这些研究所代表的模拟努力应当在一系列的"衰落"场景内证明是有用的，尤其是关系到由 Canes-Wrone 所建构的那种模型，前注35。

第二章
政治化的军队

我们18世纪的宪法是为一个贤人共和国而起草的。它预设选举团将由大土地所有者、商人和律师所组成,他们将筛选掉哗众取宠的煽动政客,选出由乔治·华盛顿作为先例所设定的久经考验的政治家。而首席执法官还要与参议院内同为建制派人士的议员进行协商,然后任命次级的社会贤达作为法官、外交官员以及海关官员,承担起联邦政府当时非常有限的任务。

当托马斯·杰斐逊于1802年在白宫安顿下来时,驻扎在华盛顿特区的执法当局仅由132名各个层级的联邦官员组成(其中一位是杰斐逊的私人秘书,他是总统的全部工作人员)。在这个国家的首都之外,"执法分支"共包括2875位文职官员,其中大约2300位是征税人员和邮政官员。[1]

美国宪法现在统治着一个非常不同的世界——政党初选已经取代了选举团,使得极端路线的候选人可以动员起真诚的信徒;总统通过政治顾问操纵着民意;三权分立已经将权力集中在白宫,并且让一个庞大官僚体系的运作政治化。这三项因素已经将总统一职改造成为建国者不可能认识的东西。它目前是一个庞大而复杂的制度，运转起来已经成为超凡魅力的极端主义和官僚不守法的发射台。我们现在开始考察在政府的军事问题上一种相似，但有区别的转变。

总统作为总司令的职务也是为一个贤人共和国所设计的。建国者们希望，控制文官政府的那个团体在危机时刻也可以指挥军队。因为有大西洋，欧洲的大国不可能轻易地发动认真的攻击，而提前为攻击进行预备防卫在成本上太昂贵。例如在 1802 年，陆军、海军和海军陆战队总人数为 6500 人——这还是在欧洲处于全面战争时期的情形，当时英国和法国都在放肆地威胁美国的利益。[2] 如果入侵事件确实发生，建国者们希望地方上的贤达集结起公民民兵，代表人民进行一场反击战，就像华盛顿和他的军队在美国革命中所做的那样。[3]

所有这些在今天看来都很奇怪。在 21 世纪的高科技战场上，我们需要一支职业化的军事部队指挥战争。但是，当建国者在 1787 年起草美国宪法时，职业主义并不是一项真实世界内的选择。迈向现代军队的第一次严肃改革要在 20 年后才出现——普鲁士人惨败于拿破仑之手，因此开始批量生产受训于战争科学的军官。但即便在欧洲开始认真对待军事教育后，美国仍然远远落在后面。西点（军校）在最初数十年主要是一所培养土木工程师的学校；[4] 只是到了美国内战后，军事学院才开始集中于军事策略的训练。[5]

尽管发生了这一根本的转型，建国时的一种焦虑在今天仍然存在。我们继续保持着对于文官统治原则（civilian control）的深层宪法承诺：在有关战争与和平的大议题上，职业军人应该听命于民主选举出的政治家。

但是，如果没有将原则变成可操作的现实的持续性努力，原则就可能变为陈词滥调。这就是在过去半个世纪内文官统治原则的命运。职业军人的崛起提出了许多特有的问题，但最后一位面对它们的伟大宪法思想家却是塞缪尔·亨廷顿。他在1957年的著作《军人与国家》仍在塑造着专业领域内的学者思考，[6] 但是在法律和政治学内思考一般性宪法议题的学者那里，这本书却被遗忘。这些学者闭目无视演进中的制度现实，而后者已经开始危及文官统治原则的未来。

在亨廷顿发表这本书时，美国正处在一种文官-军队关系新时期的开端。从乔治·华盛顿到德怀特·艾森豪威尔，战争中的胜利会将凯旋的将军送入白宫，但和平时期却是另外一回事。军事官员仍旧处在政治的边缘，因为这个国家不同意在一个庞大的军事建制上投入巨资。美国人在内心深处不信任一种常备军，因此主要把他们的安全建立在地缘政治之上。虽然陆军上将和海军上将在具体议题上游说国会，美国的核心政治却存在于别处——关税、银行、奴隶制、民粹主义和经济危机。

美国内战标志着一个转折点。美国现在具有数百万的武装力量，而军官在战争时期与和平时期均扮演着一种核心的角色。为了回应美国作为一个超级大国的崛起，杜鲁门政府构建了文官统治的新根据。国防部作为一种具有强烈文职气质的新机构，被叠加在原有的军种各部之上，而白宫内的国家安全委员会则给予总统以新的制度资源，以应对军方不断提出的要求。

亨廷顿悲观地看待这些实验的未来。他并不认为它们可以制约军队正在上升的政治权力，同时他指出，我们自身正在遇到一种新问题。将军们不仅会在战场上赢得辉煌胜利后主宰政治舞台，他们将长期性地进行干预，破坏文官统治的核心原则。但是，亨廷顿的写作出现在这一新时代的最初阶段。问题在于他的悲观预言是否已经得到验证。

我的回答是肯定的。20 世纪 80 年代标志着一个转折点：里根时代发生了参谋长联席会议主席政治权力的扩张，五角大楼和国家安全委员会内的文官有效控制的腐蚀，以及资深军官转变为共和党的党派力量。这些发展目前已经得到牢固确立，因此它们要求我们重新思考根本的问题。

传统的宪法思想根源于孟德斯鸠，他将权力分为三种——而且仅仅是三种——立法、执法与司法。但是，在现代状况下，"执法"权力在当代生活中所制造出的体制危机并非来自一个单一的根源。在文官这一方，危险来自超凡魅力的极端主义和官僚的不守法；但在军队这一方，危险来自一个越来越政治化的军官群体。当一位超凡魅力的总统遇到一支政治化的军队时，许多不同的事情可能发生。我们必须思考一些场景，其中每一种都要给予独立的关注。

但是，我可能把话说得太早了。我应该从亨廷顿给我的教导开始——这种教导是真实的，但也是有限的。阐释我们两人之间的分歧是无意义的。我在本章的目标要以亨廷顿的一些关键见解为基础,但也要基于我自己的目的改造它们。因此,以下论述的文责不在亨廷顿,而在于我本人——虽然我也应当坦率承认他时常存在的影响力。

我将区分两种形式的文官统治。[7] 参与式控制(participatory control)代表着建国者的策略。根据这一方法,平民通过加入军队进行短期服役,然后重返民事生活,由此实现对军队的控制。

参与式控制并没有完全过时。直至越南战争扼杀了征兵制,普通士兵基本上由服短期兵役的普通民众所组成——而这在维持军事力量行动的民主问责制时具有一种关键作用。虽然可能性并不大,平民征兵制在未来还是有可能重新归位。[8] 但是就军官阶层而言,开弓就再没有回头路,而亨廷顿曾经正确地坚持认为,这一永久的转型要求一种不同的策略去维持文官统治。

我在此将这一策略称为监管式控制(supervisory control)。根据这一方法,美国人依靠民主选出的领袖来控制军队官员的行动。虽然政治家应当就政治目标的军事可行性与将军们进行磋商,但大决策的作出是文官的职责。当一种监管式的体制得到牢固确立时,军事官员不可能运用技术专业知识,以排挤身处决策地位的民主选举出的政治家。关键的问题在于,美国宪法是否包括一种有效的监管体制所要求的制度资源。

亨廷顿否认了这一点。亨廷顿并未否认美国在最初的150年基本上成功地控制住了军队官员,但是他将这一成绩归功于非制度性的因素。最重要的是，对于主要的商业阶级而言，大西洋已经让庞大的军事开支成为一种无意义的奢侈投资，他们拒绝买单。但是，既然美国现在已经成为一个超级大国，亨廷顿不相信美国宪法还可能胜任这一任务。亨廷顿认定的病根在于建国宪法在总统和国会之间的分权，由此制造了分支之间的激烈竞争，结果就是不以意志为转移地导致军事官员的政治化。

我们已经在一种不同的语境内遇到过该问题的一种版本。前一章曾重点考察文职官僚系统的政治化，并且将其根源定位于分支之间的竞争。为了避免国会对总统议程的侵蚀，现代总统推动了上层官僚系统的政治化。总统担心公务员将顺从国会大佬们的特殊要求，不惜牺牲白宫的政策来追求本团体的目标。因此，总统就在官僚体系的高层用政治效忠者置换了公务员，通过他们保护总统的议程免受国会的侵蚀。

这一"置换策略"在军方不可能走通。虽然总统经常将不称职的效忠者安置于文官系统的最高级职位，但他们无法在事关军方时成功地重施故技。如果总统作为总司令提名一位效忠于他的文官担任参谋长联席会议主席，总统将会陷入抗议声的包围之中。假如军队将会变得政治化，权力分立必定是以一种不同的方式进行运转的——而在这里可以引入亨廷顿的论述。

亨廷顿认为，众议院、参议院和总统之间的竞争产生了军方在大小事务上进行自我扩权的诱因。众所周知的是，军方总是在为他们的武装经费寻求政治支持，他们在国会内组织起政治联盟，击退来自白宫与五角大楼高层官员预算削减的周期性挑战。

但是，我将聚焦于军方在高层政治中的角色，而不是军队为高科技武器争取更多经费的无休止努力。亨廷顿相信，白宫和国会大佬之间的不间断竞争，为最高级军官变为一种独立的政治力量提供了无穷尽的机会——随着分支之间竞取着权力，让高级军官得以利用不同方向的政治力的平衡。

当然，军方统帅部可能会拒绝这一结构性的政治游戏邀约。军人的职业法典也指令军官在热门政治议题上严格自我节制——在有争议的事项上要以最四平八稳的措辞发言，直至问题由控制众议院、参议院和总统的政党竞争所解决。但是，当亨廷顿在20世纪50年代早期环顾四周时，前述场景看起来并不太可能。

不过，由于里根时代的结构性转型，军方统帅部的政治化现在已经是美国政治的一种主要事实。

※

首先是1986年的《戈德华特–尼古拉斯法案》(*Goldwater-Nichols Act*)。在该法案通过前，参谋长联席会议在面对其文职老板时还没有能力形成统一阵线。它只是一个各军种间激烈对抗的论坛，每一位参谋长都在积极推动本军种的独特利益和武器系统。主席只是提交联席会议所形成的共识意见。[9] 因为联席会议内经常发生僵局，会议主席无权"强制要求形成决议,(或者)将他自己的意见作为替代提交给文职当局"。[10] 参联会主席的报告基本上是在用模糊的政策建议来掩盖尖锐的意见分歧,因此导致总统们都在抱怨军方意见的品质。[11]

《戈德华特-尼古拉斯法案》改变了这一切——它将军方拧成一股统一的力量,为了实现军方自己的政治愿景,可以在总统和国会之间进行分权游戏。以上并不是该制定法的核心目的,它主要考虑的是功能性而不是宪法性的要求。[12] 当军方未能成功解救出身陷伊朗的人质,此后又在格林纳达的军事入侵中陷入僵局时,各军种之间的竞争看起来正在破坏着即便是小型的军事行动。[13]

国会则回应以一种根本性的重组。它要求单个部队服从战区司令的每一次"统一作战指令"。[14] 如果军官希望成为将军或者海军将领,他们必须在此类统一指挥部内服役,以此获取一种更为广泛的视野。久而久之,这一组织上的变革将彻底改造新一代军官的态度——对于一支特定部队的效忠将不会再在晋升时有所收益。[15]

《戈德华特-尼古拉斯法案》还改造了参联会主席的角色。他不再是一位军种间竞争的调停者,而是军方在国家安全委员会会议内的"首席"发言人。[16] 科林·鲍威尔(Colin Powell)很快抓住了这一新机会。[17] 作为老布什治下的参联会主席,鲍威尔将参谋长联席会议视为一种纯粹的咨询机构:"在提交任何政策建议之前,我没有必要在参谋长之间举行一次表决。我甚至不需要和他们进行磋商,虽然不这么做将会是愚蠢的举动。"[18] 在一支阵容强大的参谋团体的支持下,[19]鲍威尔已经有能力向国家安全委员会内的文官们设计出关键的军事战略选择,而且他还运用这一权力拉拢了他的鹰派国防部长迪克·切尼,并且为老布什总统对苏联衰亡的灵活回应提供了军方的认同。鲍威尔接下来执行了他的鲍威尔学说,[20] 鼓吹在第一次伊拉克战争的预备阶段形成压倒性的军事优势。当伊拉克战场内的完胜回报了他的政策后,鲍威尔成了第一位"名人"参联会主席。

如果是在美国历史的更早时期,诺曼·施瓦茨科普夫(Norman Schwartzkopf),这位在伊拉克凯旋的战地司令,原本可以将他击败萨达姆的快速胜利转变为辉煌政治生涯的本金——走上那条由乔治·华盛顿、安德鲁·杰克逊和德怀特·艾森豪威尔所走过的道路。但是,却是科林·鲍威尔这位典型的只说不做的将军主宰着媒体报道,获取了经久不衰的政治影响力,这还是美国历史上头一次。[21]

在1992年的总统竞选期间,这位胜利的官僚战士开始就其职责问题告诫比尔·克林顿。首先是在《纽约时报》发表一篇评论文章,反对美国在波斯尼亚的干预。[22] 紧接着又是一篇《外交事务》杂志的文章,阐释了他的普遍战略观:"作为合众国武装力量的参谋长联席会议主席,我分享着保卫美国安全的责任。共同承担这一责任的不仅有我,还有作为总司令的总统、国防部长以及美国武装力量内每一位杰出分子——他们都是志愿兵。"[23]

在这一不寻常的开场白中,鲍威尔是在主张其在最高三驾马车中的成员资格，他要和文职的总统、国防部长"分享职责"。而在有关同性恋军人的"不要问，也不要说"（Don't ask, don't tell）问题上，* 鲍威尔的公开介入同样耐人寻味，因为它们涉及的是一种远离军事战略问题的公共道德议题。[24]"名人"主席的出现正在给文官统治原则提出一大挑战，而因为社会公众未能给出否定性的回应，问题由此变得更严重。

比尔·克林顿注意到了这一点。当鲍威尔在1996年有可能成为共和党提名的总统竞选对手时，克林顿抛出国务卿一职作为橄榄枝，希望可以招安鲍威尔。鲍威尔拒绝了这一邀请（先后两次），[25] 但是在决定鲍威尔的继任者时，克林顿认识到鲍威尔职位的性质已经发生改变。传统上看，总统会选择参谋长联席会议的一位现任成员，将其晋升为会议主席。但克林顿却将目光转向别处，希望可以搜寻到一位可能给他更可靠政治支持的主席。在被克林顿任命为参谋长联席会议主席时，约翰·沙利卡什维利将军（John Shalikashvili）只是一位战区司令首长。在被晋升为军方最高级职位后，他极有效地协助克林顿在海地和波斯尼亚的军事行动上获取了公众支持。[26]

沙利卡什维利是一位非常有能力的军官。但是，他的任

---

* "不要问，也不要说"是美国适用于服役军队的同性恋者的官方政策，该政策要求军队中的同性恋者必须掩饰自己的同性恋身份，禁止同性恋军人"表现出参与同性恋行为的倾向或意图"，因为这将"造成对道德、良序和纪律的不可接受的风险"。但这一歧视同性恋者的政策已于2011年9月20日正式废止。——译者注

命是在告知更年轻的军官,在一个名人主席的世界内,总统在选择参谋长联席会议主席时不仅关注职业能力,也关注政治。[27]

小布什的时代也悖论式地推进了军队统帅部的政治化。小布什政府在开始之初就特别重申文官统治,但其却终结于一位在混乱中撤退的总统,而他对总统作为总司令的权威的辩护,事实上更进一步地推动着军方的政治化。

唐纳德·拉姆斯菲尔德的政治起落是上述故事中更声名狼藉的一半。早在"9·11"事件前,拉姆斯菲尔德就积极地主张文官的领导权,建议参谋长联席会议重新思考冷战的遗产,并且解决 21 世纪战争的挑战。鉴于这一任务的困难性,拉姆斯菲尔德当时正在取得真正的进展。自从罗伯特·麦纳马拉(Robert McNamara)的光辉岁月之后,五角大楼还从来没有看到过诸如此类的举动。[28]

拉姆斯菲尔德还成功地在第二次伊拉克战争的预备阶段推行了他的战略理论——三权分立要运转,但文官统治要维持。当参议院的一次听证会向陆军参谋长新关将军(Eric Ken Shinseki)提供了公共讲坛时,新关将军在讲坛上告诫这个国家,成功占领伊拉克将要求"数十万计的"军队。[29] 拉姆斯菲尔德的反应则是在新关剩余的任期内让他蒙羞——甚至拒绝参加他的退休典礼。[30]

这就导致了这一前文提到的悖论。现在回过头看,新关的反对行为已经成为这出道德剧的一部分,而在这出剧目内,支持文官统治原则的拉姆斯菲尔德被塑造为最大的反面角色，职业军人成了英雄。就好比麦纳马拉在越南的失败，拉姆斯菲尔德在伊拉克的失败，也会在未来长时间内挫败修补文官统治的更进一步努力——开启未来军方人物主导政治舞台的道路。

这正是在小布什最后的岁月中所发生的故事。面对选民对伊拉克战争越来越激烈的反对，小布什总统在2006年选举时将国会的控制权输给了民主党。与此同时，在伊拉克研究小组内，有一个由两党要人组成的团队强烈要求在伊拉克转向，即认可了分阶段撤离以及根本性的外交动议。[31]

小布什对于这些压力的反应是炒掉了拉姆斯菲尔德，但这只不过是转移总统批评者注意力的一种姿态。为了在这场军事赌博中孤注一掷，小布什将更多的军队送入伊拉克，而不是分阶段撤军。但是到了最后，小布什必须要说服国会拨出额外的款项，用以支持他面向未来的"增兵"。当他的民调支持率下降到30%时，[32] 总统如何可能从一届民主党的国会处得到支持呢？

大卫·皮特雷乌斯（David Petraeus）是小布什在伊拉克的新任指挥将军，他成了总统的主要政治武器。故事的高潮发生在2007年9月11日。正当这个民族沉浸在袭击双子塔和五角大楼的记忆中时，总统的将军作为这一时刻的铁骨英雄出现在电视上，恳求国会认可"增兵"乃是在"反恐战争"中走向最终胜利的关键一步。[33] 事实上，就问题的实质而言，这是一位陆军将军在发号施令——对于一位曾经庆祝通过"一元执法"（unitary executive）实现最高控制的总统来说，这是一种尤其苦涩的药剂。

总统并不是无意中选择了皮特雷乌斯。在2004年小布什总统的第二次竞选期间，这位将军曾经在《华盛顿邮报》发表评论文章，强烈支持总统的伊拉克政策，此举曾经为总统排忧解难。[34] 在2006年中期选举后，小布什当即选择了皮特雷乌斯，这是在挑选一位早已展示忠心的指挥官。而皮特雷乌斯在2007年扮演了救总统于危难之中的关键角色，既强化了军方的政治权威，又已经准备好给奥巴马政府一个下马威：阿富汗战争。

在决定这场冲突的未来时，奥巴马有着比小布什更为稳固的政治地位。奥巴马在民意调查中表现良好，在政治舞台上仍然维持着一种令人难以抗拒的气质。因此，奥巴马并不像他的跛鸭前任那样如此需要军方。虽然如此，五角大楼很快启动了一次公共行动，向奥巴马施压以采纳本方给出的战略。

麦克·马伦是参谋长联席会议的主席，他早在总统竞选期间就公开反对奥巴马在伊拉克战争上的立场。[35] 2009年9月初，马伦有了一个在阿富汗问题上向奥巴马施压的公开机会。在参议院就他的参联会主席第二任期举行的听证会上，马伦积极地论证了一种长期的投入。[36] 大约同时，大卫·皮特雷乌斯在接受《华盛顿邮报》的访谈时，也在论证一种"资源充分、综合性的反游击战运动"。[37]

将军们支持由阿富汗战地司令斯坦利·麦克里斯特将军提出的一项机密报告，其警告说，除非美国的兵力投入增长

40 000 名——由 60 000 名增至 100 000 名士兵，否则阿富汗战场就会出现"任务失败"。[38] 为了招徕更进一步的支持，马伦接下来传召五大电视网的总编进行了一次背景说明会，告诉他们"麦克里斯特计划必须被完整采纳，包括一个 5 至 8 年的武装力量投入，甚至可能更长，否则美国就面临着失败"。[39]

在奥巴马从 9 月 13 日开始一系列高级别战略会议后，五角大楼升级了它的压力运动：9 月 17 日，五角大楼将麦克里斯特的报告泄露给新闻界，而白宫怀疑参谋长联席会议正是消息源。[40] 随后，麦克里斯特跟着上演了一出抗命秀。在伦敦的一场记者招待会上，麦克里斯特被问到，他是否支持由副总统拜登所倡导的一种作战计划，该计划主要运用无人驾驶飞机和特种部队，而不是大批量的增兵。他的回应是："简单地说，答案是不。"这一举动已经近乎公然的反抗，而奥巴马也即刻传召他进行了一次私人的训斥。[41]

但是，总统将他真正的怒火保留给了马伦和国防部长盖茨。奥巴马将他们传召至椭圆办公室，谴责五角大楼的行动是"不尊重程序的"，他在"此时此地"必须知道，国防部长和参联会主席是否可以忠实地执行总统的每一项命令。[42] 此举最终得到了他们的关注，盖茨很快发表了一个公开演说，强调将军们应当"坦诚，但私下地"给总统建议，此乃"命令"。[43] 公开的施压行动最终画上了句号。

至于马伦，他自称总统的强硬反应让他深感"懊悔"，尤其是他从来都自视为文官统治原则的支持者。[44] 很可能他

第二章　政治化的军队

确有理由感到惊讶。虽然他（在竞选期间）在伊拉克问题上和（决策前夕）在阿富汗问题上都在向奥巴马施压，但马伦确实也具有相对中立的参谋长的声誉。[45] 但是，这只能表明这一职位已经变得多么过度政治化。

我们尚且无法确定这一最近的不幸事件究竟意味着什么。尽管奥巴马强硬地处理了对其权威的公开挑战，军方还是成功地得到了很多他们想要的：总统最终确实认可了麦克里斯特所要求的增兵，军队人数由 30 000 名增至 40 000 名。[46] 即便如此，军方也并没有得到想要的一切。特别是，总统拒绝做出马伦一直以来所游说的"5 至 8 年的计划"。奥巴马坚持认为，"增兵"将是暂时性的，而且军队将从 2011 年 7 月开始撤离阿富汗——以便为下一次总统大选留下充足的时间。[47]

我们将见证总统是否会履行这一诺言。最乐观地看，前述事件给我们留下了一个模棱两可的先例：奥巴马对阿富汗战争的升级到底意味着什么？它说明即便是一位深孚众望的总统也要屈服于军方？或者此案例乃是一位强势总统叫停了军方逼宫的行动——然后再运用他自己的最佳判断制定出了一个理智的中间路线？

或者是两者兼而有之？

无论答案为何，它都不会影响到我的基本命题：自从 1986 年的《戈德华特–尼古拉斯法案》通过以来，由科林·鲍威尔及其继任者历年累计起来的案例，很有可能在未来某一位总统执政期发生裂变。本文称其为"科林·鲍威尔场景":在此场景内,参谋长联席会议的一位名人主席或者一位著名的战区司令,发动了一场公关运动,让他的"总司令"服从军方的主导意见。但在下一次事件发生时,总统和参联会主席之间不断升级的冲突可能会无法控制,进而引发一场宪法危机。

军方政治权力的提升还存在着第二种动力。在第二次世界大战后的那代人创设国防部和国家安全委员会时,他们希望文职官员可以由此实现对庞大的新军事建制的坚定领导。[48] 但是,过去这代人看到的却是这一承诺被严重腐蚀——关键的"文官"职位被退役军官日益殖民化,但后者的基本价值却来自他们成功的军事生涯。

里根政府再一次标志着一个转折点。在 1980 年之前,参议院批准任命了 42 位陆军、海军和空军部长,他们中间几乎所有人于名于实均是文职官员。只有一位具有 15 年的军方服役经历,同时仅有 17% 的人的军队服役期在 5 年;而自 1980 年后,参议院批准了 27 位部长的任命,其中近四分之一有过 15 年的军方服役经历,44% 的人曾经服役 5 年。[49] 目前,只有国防部长与署理部长还确实是文职官员。[50]

军方的殖民化目前正蔓延至白宫。国家安全委员会只不过是逐步地将自己转变为一家权力实体,其中大转型发生在 1960 年。在这一年,约翰·肯尼迪任命麦克乔治·邦迪(McGeorge Bundy)为国家安全顾问,从而彻底改造了国家安全顾问的工作。邦迪和他的前任们一样是文职出身：在哈佛大学有了一笔光辉的职业记录后，邦迪被任命担任这一职位。[51] 但是，他极大地提升了这一职位的重要性，成了总统团队内的一位关键成员。邦迪的成功为其后一系列学院派领导人铺平了道路——沃尔特·罗斯托、亨利·基辛格、兹比格涅夫·布热津斯基——在约翰逊、尼克松和卡特总统的任期内，他们经常让总统的国务卿黯然失色。文官统治规则的唯一例外是布伦特·斯考特罗夫特：当亨利·基辛格作为国务卿主导国家安全领域时，斯考特罗夫特担任杰拉德·福特的国家安全顾问。

事情在里根治下发生了变化。在三年之内经历两任平庸的文职国家安全顾问后，里根希望由重量级的詹姆斯·贝克来振兴这一职位，但在他的提议激起官僚系统的反对时，里根收回了成命。接下来，里根做出了向军方的致命转向——先后选择了罗伯特·"巴德"·麦克法兰上校、约翰·波因德克斯特海军副司令出任国家安全顾问。[52]

结果就酿成了伊朗门的灾难。用伊沃·达尔德和 I. M. 戴斯特勒的话来说："假如总统坚持到底，任命贝克担任他的国家安全委员会顾问，那么就不可能出现此后三年间作为国家安全委员会之标志的雕虫小技和公然违法。贝克深谙总统的政治环境和外交政策的行为，而且精明干练，不可能让如此的行动方案得以通过。里根后来承认他未能任命贝克是其执政的一个'转折点'——但是这一认知来得太晚了。"[53]

即便里根最终承认了他的错误，他也并没有修复错误，将国家安全委员会顾问的职位交还给文官控制。恰恰相反，里根在其任期行将结束之际任命科林·鲍威尔担任国家安全顾问，而老布什总统则继之以布伦特·斯考特罗夫特，这位退役中将此前曾经在福特政府中担任此职。无论是鲍威尔，还是斯考特罗夫特，都不可能提供邦迪、基辛格或者布热津斯基的智识洞察力，但他们在职位上的良好表现却足以遮掩由麦克法兰和波因德克斯特留下的灾难性先例，使得这一职位在未来有可能进一步被军方殖民化。[54] 最值得注意的是，当巴拉克·奥巴马提名海军陆战队前任司令詹姆斯·琼斯出任其国家安全委员会顾问时，没有人曾严肃地质疑奥巴马人选的适当性。区别于国防部长，国家安全委员会顾问已经不再是一个为文官统治所特别保留的职位。[55]

"9·11"事件或许有助于解释近期内军方殖民化的多个案例。中央情报局即是一例，其主任职位越来越多地由文职外来者所担任，从而希望为中情局的运转带来一种大视野。[56] 但是，正因为近期的情报失败，中情局已经失去了它作为牵头机构的地位。现如今，中情局主任已经不再在椭圆办公室给总统进行他的每日简报。这一工作交给了新的国家情报主任，由他来负责协调庞杂的监视工作。迄今为止共有三任国家情报主任：第一任是一位文官，接下来的两任都是近期退役的上将。[57]

国防部也在流行同样的模式。国防部近期的一件大事就是决定设立国防部情报防务次长——在国防部的职位序列内，新职位仅位居文职次长之后。[58] 但只有第一位任职者是一位文官，在他之后就是一位退役的三星将军。如果这一军方化的转向继续下去，情报次长的工作就不可能由文官控制，以制约由国防部的国防情报处或者国家安全处进行的巨量情报工作——这两个处都由现役的三星上将进行领导。情报次长将会以与其下属相同的职业主义来理解这个世界。

当情报次长离开五角大楼，前往总统的新国家情报主任处进行交流时，对话将在同一脉络内继续进行——只要国家情报主任是一位军方人员，这就是一位退役三星将军和另一位退役三星将军之间的谈话。[59] 而且，如果他们联合起来给总统建议，总统当然会希望听取他的四星国家安全顾问的意见。[60]

文官统治原则正在失去它的社会现实基础：资深军官与（退役的）资深军官定期就关键政策事务进行对话。这些日常性的讨论让传统理念成为一纸空文，即军方人士在大议题上应当服从"文职官员"，他们的建议应当仅限于军事手段与政治目标之间的工具关系。这一原则的要义在于让现役军官与其监管者发生日常的沟通，后者更有能力认定由民主政治过程所形成的价值。现存的趋向危及这一根本的要义。

五角大楼指挥系统中的另一项近期变化也是如此。自20世纪80年代开始，退役军官开始担任现役军官的"资深导师"，帮助他们策划战略、监督军事演习，并且就重大的军方事务给出建议。这一体制鼓励最高层的军官在事陷困局时求助于资深军方政治家的建议——目前大约有160位"导师"。[61] 如果这一趋势继续下去，现役将军只能有更少的机会和五角大楼内真正的文职建立起牢固的个人联系。但是,他们将经常性地期待着具有政治见识的导师们的建议,两者之间也分享着共同的人生经验。那么,假如发生下一次文官-军方关系的危机,现役军官将会转向哪一方呢?

退役军官不仅指导着现役的高层军官,他们还充当着现役军官面对普通公众时的非官方大使。从前的将军现已成为新闻秀中的固定评论员——他们在电视上是作为独立分析家而露面的,虽然有些人是五角大楼立场的喉舌。[62]

更大的恶兆是,退役军官组织了反对唐纳德·拉姆斯菲尔德的"将军造反",这为小布什总统在2006年选举后将其解职铺平了道路。在退役将军领导此次对文官领导权的攻击时,他们明确表示是在为很多现役的同事代言。[63]

将军们对拉姆斯菲尔德政策的抱怨很可能有其道理,但是下一次"造反"可能是公然的错误判断。即便如此,它的领导者还是可以将2006年起义的成功援引为一次先例,证成他们对文官权威的鲁莽攻击的正当性。[64] 而且,造反运动的公信度还会因一种普遍的信念得到进一步的提升,这就是当罗伯特·麦克纳马拉在越南战争期间出掌五角大楼时,参谋长联席会议未能进行积极抵制。[65] 这种故事的讲法将越南和伊拉克的主要责任归咎于傲慢无知的文职官员,由此证成未来更具侵略性的军方角色的正当性。

❦

我一直在关注制度动力机制：权力分立是如何将军队推向政治的；《戈德华特–尼古拉斯法案》如何使"名人"将军成为军方代言人，从而为军方设置了一个新的政治讲坛；五角大楼文官统治的社会基础是如何被侵蚀的；资深将军如何越来越多地向退役的军方领导——而不是文职官员——寻求实践建议的引导。

但是，现在让我们从决策领域转至有关军官的更具一般性的思考，在这里同样存在一种深远的转变。在 20 世纪之初，严格的政党中立是军人的职业规范。绝大多数军官甚至拒绝投票，因为此举要求他们在思考如何投下秘密选票之时将自己认定为政党成员。直至第二次世界大战，偶像级的人物，如奥马尔·布拉德利，还继续认定，军人投票是不适当的。[66]

但是，变化也已经是可感知的。就在全面战争期间，联邦政府采取了特别行动，以便让数以百万计的公民士兵们可以投下缺席选票，而资深军官也慢慢地开始参与投票：在 1944 年的选举中，美国有 25% 的上校和将军参加了投票。"二战"结束后，政治参与继续增长，但这并没有立刻导致强烈的政党认同。虽然军官中共和党的人数要多于民主党，但大多数军官仍然超脱于政治纷争。直至 1976 年，55% 的高级军官（少校以及更高级别的官员）仍然自我认同为独立人士。别忘记，两大党在反对共产主义的斗争上分享着强势国防的共同信念。而且，只要这一两党间的共识不被破坏，军方将以相当超脱的立场审视在其他议题上的政党分裂。

越南战争标志着一次决定性的变化。当有民主党领袖挑战这一冷战共识后，政党政治在当时开始威胁到关键的军事利益，而许多军官开始放弃他们的超脱立场。随着罗纳德·里根的崛起，最高级军官中共和党的比例由1976年的33%上升至1984年的53%。到了1996年，67%的资深军官是共和党人，同时只有7%是民主党人——这一基本的模式持续至2004年。[67]虽然存在着常规性的短时段波动，[68]我们可以将目光转向下一代，以更好地感知未来：军事学院内的学员是如何思考的?

最好的数据来自西点军校，但该数据确实无法令人振奋。在2004年大选前夕进行的一次调查表明，61%的学员是共和党，12%是民主党，余下的为独立人士。[69]近一半的西点学员表示："作为西点军校的一位学员，我们有压力要去认同一个特定的政党。"虽然共和党的学员倾向于尽可能地弱化这一压力，但其他学员有不同意见。三分之二的非共和党学员确认了压力的存在，而那些（在这一秘密调查）敢于承认自己为民主党的极少数群体中，有五分之四的人认为压力是存在的。[70]

❦

越来越普遍的政党认同给文官统治的根基施加了显而易见的压力。但是，当下的军官们对基本原则并没有坚定的把握。研究表明,"大多数现役军官相信,资深军官应该'坚持要求'文职官员接受他们的观点";[71] 65%的资深军官认为,他们可以走向公众,推销他们"相信符合美国最佳利益"的军事政策;[72] 57%的资深军官主张,"在战争期间,文职的政府领导人应当让军方接管指挥战争"。[73] 相比之下,只有29%的资深军官相信,高级别的文官而不是高层军官"应该在动用何种类型的军事力量上具有最终的发言权"。[74]

另有一些基本原则看起来得到了更多的支持:89%的受访军官相信,"军方不应该公开批评政府文官分支内的资深成员",[75] 而92%的受访者承认,高级文职官员"应该在是否动用军事力量上具有最终的发言权"。[76] 好消息还有,只有35%的受访军官认为,他们可以自由地表达他们的政治观念,"就像任何其他公民一样"[77]——这一比例尚未构成大多数,但终究是一个相当高的数字。[78]

当调查考虑到文官精英和普通大众对同类议题的回应时,反而出现了更多的坏消息。它们表明,即便是文官都并不坚持文官的控制权。事实上,他们经常比军方还更加亲军方。[79]

我并不是主张尽信这些开拓性的研究。这一类型的研究还非常稀缺,而且我也相信,假如总统可以在一次危机时刻强有力地坚持传统原则,这些原则将得到多得多的支持——尤其是在文职官员这一方。

即便如此,这些发现也应当成为对军方的警告标志,对军事教育者而言尤其如此。所有的研究都在指出,军事院校和战争学院的课程体系几乎完全忽略了文官统治的核心意义。而且，授课者也没有给未来的军官们安排密集的案例研究和演习，以期让他们理解文官统治原则在真实世界内的意义。[80]

一代人以前，在一个军官尚未变得过度政治化的时期，伟大的学者莫里斯·贾诺维茨就在谴责这一教育上的失败。[81] 新一代的学者已经继承了他先知般的警告。但是，军事教育上的改革却乏善可陈——有一些姿态性的改进，但也仅此而已。[82]

❦

我们面对着新的宪法现实——一方面是极端主义的总统，在很大程度上拥有发起单边行动的制度能力；另一方面是政治化的军事统帅部，已经在很大程度上夺取了定义国家辩论和决策话语的权威角色。

在定义来自最危险的分支的危险时，以上两种发展要求一种新的复杂性。我们不能再未经反思就推定，总统就是"总司令"。我们必须思考如下场景：军事指挥部将扮演一种独立的政治角色——有时危险地扩张了一位极端主义总统的权力，有时会将"总司令"变成一位傀儡。

在我们可以实事求是地评估这些危险之前，我们必须将它们放在更大的语境内。假如面对军方对总统权威的公然挑战，我们有理由期待总统进行反击，而且总统将具有许多可供利用的工具以动员起在他身后的公众的支持。总统反击的可能性本身就将成为一种强有力的威慑，将一些最黑暗的场景发生的可能性降到近乎为零。

但是，其他病理仍然具有真实的可能性——我将在接下来的章节中讲述它们。

注释

1. See James Young, *The Washington Community*, 29–31, (Tables 1 and 2) (1966).
2. 同上（Table 1）。
3. See Richard Kohn, "The Constitution and National Security: The Intent of the Framers", in Richard Kohn, ed., *The United States Military Under the Constitution of the United States*, 1789–1989, 61 (1991).
4. 参见 Robert Wettemann Jr., "A Part or Apart? The Alleged Isolation of Antebellum U.S. Army Officers", 7 *Amer. Nineteenth Cent. Hist.* 193 (2006)（纠正了亨廷顿的一些历史主张，并且强调了陆军在共和国早期的土木工程项目中的职能）。
5. Samuel Huntington, *The Soldier and the State*, Chap. 9 (1957).
6. See Suzanne Nielsen and Don Snider, eds., *American Civil-Military Relations* (2009).
7. 我沿用了亨廷顿对两种形式的文官控制的区分——他称之为"主观的"和"客观的"——但是我运用了不同的名称，以强调在我们定义中的不同。参与式控制是亨廷顿的主观式控制理念的一种特别情形，亨氏对主观式控制的广义定义如下："主观式的军队控制是通过军队的文职化而取得它的目标。"参见 Huntington, 同注5, 第83页。

   我的监管式控制理念是"亨廷顿式的"，这表现为关注职业军官的角色，但它有别于亨氏的客观式控制的理念。在定义这一概念时，亨廷顿主张，政治家应当具体指示运用军事力量的目标，而军队官员应当定义手段，而且他相信这两种任务可以做出明确的区分。这一两分法让亨廷顿认定，假如民选的政治家侵入了军方在工具理性上的专有领域，他们就违反了亨氏的客观性控制原则:"客观性文官控制的本质在于承认军方的自治职业主义"。同上注。

大多数当代学者相信,亨廷顿在提出这一手段与目的之间的简单两分法时是错误的。参见 Nielsen and Snider,同注 6,第 291—292 页。我同意这种看法,而且我的方法也不会放任这一存在问题的前提。我关注的是亨廷顿问题的一个方面:只有在军方拒绝服从文官领导者的命令时,才会发生对监管式控制的违反。

回到现实,我的定义意味着,麦克纳马拉或拉姆斯菲尔德并未因管理军队而违反监管式控制的原则。我并不认同他们在越南或者伊拉克战略的智慧,但是监管式控制的原则并不能确保文官可以明智地作为。它所说的只是文官在进行关键性战略决策时应当介入至何种程度,这是文官,而非军官决策的事项。亨廷顿是否采取一个不同的立场,这是一项值得提出的问题。但如果确实如此,我们就存在着根本的不同。

我和亨廷顿还在许多其他问题上有着不同意见,但在这个脚注之外,我只需给出一种一般性的告示:沉默并不意味着同意;我只同意那些在正文中明确认同的亨廷顿命题。

8. Elaine Scarry, *Who Defended the Country*? 33 (2003).

9. See 50 U. S. C. 211 (1947). Peter J. Roman and David Tarr, "The Joint Chiefs of Staff: From Service Parochialism to Jointness", 113 *Pol. Sci. Quar.* 91, 94 (1998).

10. 同上。

11. "曾经,第二次世界大战后所有的总统都指控参联会未能完成它在政策过程中的职责。"同上,第 96 页。当不同意见难以调和之时,参联会可以向国防部长和国家安全委员会发出"分裂"文件。但是这很少发生,因为它将邀请文官领导做出那些本应留给军方的政策决策。同上,第 94 页。

12. See Charles J. Dunlap Jr., "Welcome to the Junta: The Erosion of Civilian Control of the U. S. Military", 12 *Wake For. L. Rev.* 341, 351-353 (1994).

13. 参见 Roman and Tarr,同注 9,第 98 页。

14. 1947 年的《国家安全法案》创设了战区总司令的职位。参见 50 U. S. C. §15 (1947)。[按唐纳德·拉姆斯菲尔德的提议,这些司令员的官方头衔目前为司令员们(CINCs),因为拉姆斯菲尔德(正确地)相信,只有总统才能承担起总司令的头衔。参见 Dana Priest, *The*

Mission: *Waging War and Keeping Peace with America's Military* 29 (2004)。]

但在《戈德华特-尼古拉斯法案》通过之前,司令员们策划和执行联合作业的努力无法抵御如下因素,"区域性的部队文化,晋升规章阻止军官在联合职位上服役,指令系统限制了司令员对本部队的权力;命令管理的执行-代理体制的遗产"。Roman and Tarr,同注9,第95页。《戈德华特-尼古拉斯法案》从根本上改造了这一体制,国防部长和总统自此在命令链上高于战区司令员,从而可以设计出独立于部队战区利益的战略。

《戈德华特-尼古拉斯法案》还将参联会主席排除在命令链之外。但是,它包括了一个附则,允许总统"通过参联会主席传送在总统、国防部长与统一和特别战斗指令的司令员之间的意见交换"。50 U. S. C. 163(1986)。这在实践中成了规则,大大地强化了参联会主席和司令员们的地位,支付代价的则是文职部长和单个部队的军方司令。

15. 参见Roman and Tarr,同注9,第101—104页。

16. 此前,国会立法曾经指定参联会全部成员——而不是主席——担任国家安全委员会的主要军事顾问。比较50 U. S. C. 211(1947)与50 U. S. C. 151(1986)。《戈德华特-尼古拉斯法案》确实授权单个部队首长可以以书面意见反对参联会主席,同时向文官领导提交其异议意见书。但是,此类举动事实上并未发生,因为它们将意味着在军队科层中的极端失序。

17. 海军上将威廉·科罗是《戈德华特-尼古拉斯法案》通过后的第一任参联会主席,他只是渐进地执行这一立法,这让鲍威尔有机会全面利用该立法。

18. Bradley Graham, *By His Own Rules*, 239 (2009).

19. 由于新的晋升体制,在参联会内的服役变成了最有能力、最具雄心的军官的"勋章",而它此前曾经"充斥着行将退役的军官,或者以参联会内的一位海军将官的话来说,'病弱、残疾和懒惰的家伙'"。Roman and Tarr,同注9,第94页。

20. 在担任国防部长卡斯珀·温内伯的军事助理时,鲍威尔第一次发展出他的学说,温内伯在1984年的一次演说中阐释了这一学说。Caspar W. Weinberger, "The Uses of Military Power", National Press Club, Washington, DC, Nov. 28, 1984, in Weinberger, *Fighting for Peace: Seven Critical Years in the Pentagon*, 433−445 (1990). 鲍威尔在形成该新战略中的角

色是"自麦克阿瑟和杜鲁门冲突以来最公然的军方侵入决策"。Richard Kohn,"Out of Control: The Crisis in Civil-Military Relations", 35 *The National Interest* 1, 12(Spring 1994).

21. 鲍威尔甚至成功地阻止施瓦茨科普夫"亲赴华盛顿陈述他自己的攻击计划"。Kohn,同注 20,第 7 页。

22. Colin Powell, "Why Generals Get Nervous", *New York Times* A35 (October 8, 1992).

23. Colin Powell, "U. S. Forces: Challenges Ahead", *Foreign Affairs* 32 (Winter 1992/1993).

24. 1992 年 2 月,鲍威尔利用众议院的一次听证主张,"如果企图将同性恋者融入目前的军队结构,将有损良好的秩序与纪律"。Joseph E. Persico and Colin L. Powell, *My American Journey*, 546—547 (2003).

25. 克林顿第一次招安鲍威尔发生在大选日之前,同上,第 561 页;他在 1994 年 12 月进行了第二次招安努力,当时国务卿沃伦·克里斯托弗告诉克林顿,他希望辞职。同前,第 602—603 页。

26. 鲍威尔曾经抵制干预海地的努力,但是沙里卡什维利已经准备好认同一次入侵方案。Robert Worth, "Clinton's Warriors: The Interventionist", 15 *World Pol. J.* 43, 46 (1998). 有了新的参联会主席的帮助,克林顿在 1996 年的《国家安全战略》中修正了鲍威尔学说,批准了在事关"重要的"国家利益情形内的干预。The White House, "A National Security Strategy Engagement and Enlargement" (February 1996), at www.fas.org/spp/military/docops/national/1996stra.htm. 鲍威尔学说仅授权为了保护美国的"关键利益"的干预。参见 Weinberger,同注 20。

27. 沙里卡什维利最初在五角大楼内遭到抵制,五角大楼的许多官员惯于叫他"全球警察"。参见 Worth,同注 26,第 45 页。但是,克林顿的回应是将服从其干预主义路线的新军官任命至参谋长联席会议:查理斯·克鲁拉克是新的海军陆战队参谋长,他"是一位非传统军事任务的热情支持者,可能更甚于沙里卡什维利"。同前注,第 46—47 页。新的海军参谋长杰伊·约翰逊也热衷于人道主义的使命。同前。

克林顿任命至参联会的许多官员在小布什政府早期仍然在任,这导致了在军方与国防部长拉姆斯菲尔德之间的巨大紧张关系。参见 Graham,同注 18,第 205—207 页。

28. Graham, 673.

29. 在参议院作证时，新关将军最初尊重官方的估计。当莱文参议员进一步逼问时，新关中止了他的保留意见，主张"数十万计的士兵很可能是一个必要的数字"。Department of Defense Authorization for Appropriations for Fiscal Year 2004, Hearings before the Committee on Armed Services, U. S. Senate, 108th Congress, S. 1050. Pt. 1. 108, 241（2003）.

戴蒙·科利塔指出，新关可以通过不破坏有效的文官控制权的方法告知国会他的意见。参见 Damon Coletta,"Courage in the Service of Virtue: The Case of General Shinseki's Testimony Before the Iraq War", 34 *Armed Forces & Soc.* 109, 116（2007）。在布拉德利·格拉汉姆看来，新关"讨厌拉姆斯菲尔德对待下属时的严酷和粗鲁，还有其所认为的无知，以及时常难以忍受的对军方领导人权力的侵犯"。参见 Graham，同注18，第253页。

在新关将军那里，他有时拒绝任何破坏文官领导权的意图，指出他只不过是致力于让拉姆斯菲尔德在战后伊拉克保持政策选择的开放性。Graham，第412页。另一些时候，新关采取了一种不同的路线，他告诉大卫·格根，"一旦参议员向他提出该问题，荣誉、职业主义和勇气这些核心价值让他没有选择，只能走上强硬的道路"。Graham，第115页。

30. 同上，第477页。

31. See James A. Baker III et al., *The Iraq Study Group Report*: *The Way Forward-A New Approach*（2006）.

32. See www. pollingreport. com/BushJob. htm.

33. 皮特雷乌斯在2007年9月10日至11日在国会作证，在这时"增兵"仅仅运转了3个月。他警告道："我们军力的过早下降很可能造成摧毁性的后果。"他还支持政府的主张："伊拉克目前是反恐战争的中心舞台。""Iraq Benchmarks", Hearings before the Committee on Armed Services, U. S. Senate, 110th Congress 110, 165, 172（2007）.

34. See David Petraeus,"Battling for Iraq", *Washington Post* B07（September 26, 2004）.

35. See Zachary A. Goldfarb," Mullen Warns Against Obama's Iraq Troop Plan", *Washington Post*（July 20, 2008），at voices. washingtonpost. com.

36. 麦克里斯特的报告是在9月17日透露给新闻界的，但是马伦已经在两日前的参议院证词内表扬了该报告："听到了麦克里斯特将军的观点并且充分信任他的领导能力，我确实相信，资源充分的反暴动可能意味着更多的军力,毫无疑问也包括更多的时间和更多的投入,以保护阿富汗人民发展出良好的治理。"Nomination of Admiral Michael G. Mullen, USN, for Reappointment to the Grade of Admiral and Reappointment as Chairman of the Joint Chiefs of Staff, Hearings before the Committee on Armed Services, United States Senate, 110th Congress, 1, 8 (Sept. 15, 2009). 马伦在参议院的证词"激怒"了拉姆·伊曼纽尔,奥巴马的铁汉办公室主任,他"让五角大楼知道"他的不悦。参见 Jonathan Alter, *The Promises*, 377 (2010)。

我的叙述是基于奥尔特近期的著作,该书在内部人访谈的基础上讲述了奥巴马总统元年的故事。他对阿富汗事务决策过程的描述看起来非常可信,而且他对事实的呈现方式没有明显的偏见。同上,第 21 章。这本书还与此前的记者叙述相符合。参见 Peter Baker,"How Obama Came to Plan for 'Surge' in Afghanistan", *New York Times* 1 (December 5, 2009)。奥尔特的分析并非盖棺定论,但它是我们此刻可能有的最好著作。

37. 参见 Michael Gerson, "In Afghanistan, No Choice but to Try", *Washington Post* A23 (September 4, 2009)。在格尔森看来,"皮特雷乌斯坚定支持美国驻阿富汗的首席将军斯坦利·麦克里斯特近期倡导的方案"。请注意,在麦克里斯特的机密报告透露给公众的两周前,皮特雷乌斯就在公开地引用该报告。

皮特雷乌斯接下来更进一步否决了麦克里斯特政策的首要替代方案。根据格尔森的叙述,"皮特雷乌斯否认了下述理念,即大黄蜂战机、巡航导弹和美国特种部队的战略在阿富汗是足够的"。请注意,正是这一个政策选择在奥巴马的战略会议内将得到副总统拜登的强力支持。参见 Alter, 同注 36, 第 375 页。

根据奥尔特的看法,马伦和皮特雷乌斯后来试图撇清他们公开声明的政治意义。他们说,他们并未意识到总统正在反思他的阿富汗总体战略。因此他们认为,为早先的政府政策进行辩护是适当的。当他们听到政策反思时,他们闭上了嘴巴。同上,第 377 页。

这看起来并不合理。马伦的参议院作证发生在 9 月 15 日,就在奥巴马在白官举行高端战略系列会议的第一次例会的两日后。同上,第 372 页。而皮特雷乌斯显然是在为麦克里斯特的政策进行论证,同时批判它最重要的竞争对象。他接受了布什总统的首席演讲撰稿人迈克尔·

格森的访谈，此举毫无必要地进一步政治化了他的职位。奥尔特指出，政治老手皮特雷乌斯主张他并不知道格尔森的政治背景，但如果确实如此的话，在他同意接受采访前，他应当核实一下格尔森的履历。同上，第 377 页。

无论如何，即便是在他的报告透露给公众后，麦克里斯特仍继续他的增兵公关活动，直至总统亲自出马叫停。

38. 同上，第 372 页。
39. 同上，第 376 页。
40. 同上。
41. 同上，第 378 页。还可参见 Bruce Ackerman, "A General's Public Pressure", *Washington Post* 13（October 3, 2009）。
42. 同上，第 379 页。
43. 同上，第 380 页。
44. 同上，第 379 页。
45. 尽管马伦自己在总统竞选期间反对奥巴马，但他曾经告诫所有的军方人员在竞选期间不要投身政治。参见 David Ignatius, "The Quiet Wisdom of Apolitical Admiral Mike Mullen", *Washington Post*（December 27, 2009）at www.washingtonpost.com/wpdyn/content/article/2009/12/25/AR2009122501284.html? nav=emailpage。
46. 我之所以认为奥巴马批准了一种"麦克里斯特式的"增兵，是因为奥巴马将它"缩水"了一下：战地司令要求 4 万名士兵，但是总统仅授权了增兵 3 万名美国士兵，同时指出他将努力劝说（不情愿的）欧洲人通过北约派出超过 1 万名的士兵。
47. Alter, 同注 36, 第 392—393 页。
48. See generally Douglas T. Stuart, *Creating the National Security State*（2008）.
49. 根据法律的规定，军队官员必须在退役 6 个月后才可以担任国防部的文职官员，5 U.S.C. 3326（2009），但是这一法律障碍已经不足以制约这一趋势。我的一位优秀研究助手马休·珀尔已经汇集了正文内所引的统计数字。他还进行了另外的统计，确认了走向殖民化的趋势。例如，在里根之前，仅有 10% 的军种部长具有 10 年或者 10 年以上的军事经验。但在里根之后，30% 的更为近期的任命具有以上的服役期。同样在里根之前，仅有 2% 的军种部长曾经就读于四年制的部队学院，在里根后数字则为19%。

数据来源如下：George M. Watson Jr., *Secretaries and Chiefs of Staff of the United States Air Force: Biographical Sketches and Portraits* (2001); United States Center of Military History at www.history.army.mil; U.S. Defense Department at www.defense.gov, www.af.mil/, www.navy.mil/, www.army.mil/; Harry S. Truman Library and Museum at www.trumanlibrary.com; John F. Kennedy Presidential Library at www.jkflibrary.org; Ronald Reagan Presidential Library at www.reagan.utexas.edu; *Washington Post*, "On Politics" Archive at www.washingtonpost.com/wp-srv/politics/govt/admin/admin.htm; *New York Times*, Article Archive at query.nytimes.com/search/sitesearch? srchst = cse; Biographical Directory of the U.S. Congress at bioguide.congress.gov/; and the American Presidency Project at www.presidency.ucsb.edu。

50. 唯一的例外出现得很早：哈里·杜鲁门总统任命了乔治·马歇尔将军担任国防部长。参见 www.defense.gov/specials/secdef_histories/。

51. 虽然国家安全委员会顾问在最初数十年间几乎都由文职官员出任，但立法也从未禁止军官被任命至这一职位。例如，科林·鲍威尔在担任国家安全顾问之时仍然是一位现役将军。

52. 在出任国家安全顾问之时，麦克法兰和波因德克斯特与军方有着不同的关系。麦克法兰曾经在海军陆战队服役超过20年，但已于1979年退役，在1983年得到这份工作之前，他一直担任参议院和白宫内的文职官职。参见 Lou Cannon, *President Reagan: The Role of a Lifetime*, 527 (2000)。海军上将波因德克斯特在海军服役近30年，他在成为国家安全顾问时还是一位现役军人。参见 David Johnson, "Poindexter Found Guilty of 5 Criminal Charges for Iran-Contra Cover-Up", *New York Times* 6 (April 8, 1990)。

53. Ivo Daalder and I. M. Destler, *In the Shadow of the Oval Office*, 148-149 (2009).

54. 在对斯考克罗夫特任期的评估上，我与达尔德教授、德斯特勒教授有着不同的看法。他们将斯考克罗夫特视为一位典型的国家安全顾问，因为他成功地得到了政府内其他主要官员的信任。同上，第315—316页。我不同意这一评估：美国非常需要一位基辛格或者布热津斯基，他们的智识洞察力可以实现老布什总统的一个"新世界秩序"的承诺。在苏东共产主义集团崩溃后,斯考特洛夫特并未能帮助总统建构一个令人信服的大战略,这是官僚体制内的政治手段所不可能弥补的。一般可参见 Mary Sarotte, *1989: The Struggle to Create Post-Cold War Europe* (2010)。

55. 有别于奥巴马,克林顿和小布什总统都依仗文职的国家安全顾问。

56. 中央情报局最初四任的主管均为现役军人,但艾森豪威尔总统在1953年任命艾伦·杜勒斯出任该职,由此开创了新例。在出任此职之前,杜勒斯曾在"二战"期间的情报工作中扮演了关键的角色,而且他还是创建现代中情局的一位核心人物。一般可参见 James Srodes, *Allen Dulles: Master of Spies* (1999)。但是,当杜勒斯离开政府时,他(就好比他的兄弟约翰·福斯特)是萨利文与克罗威尔律所的合伙人,而他担任合伙人的8年则打破了军方的模式。自此之后,只有3位中情局主管是职业军官,其余则来自范围广泛的背景。在中情局网站内(www.cia.gov/library/center-for-the-study-of-intelligence/csi-publications/books-and-monographs/direc-tors-and-deputy-directors-of-central-intelligence/directors-of-central-intelligence.html.)可以找到中情局历任主管的履历。

57. 第一任国家情报主任是约翰·尼格罗邦特,在完成辉煌的外交家生涯后,尼格罗邦特就任此职。参见 www.dni.gov/faq_about.htm。他的继任者是约翰·迈克尔·麦康奈尔,一位有着29年军旅生涯的退役三星中将,和丹尼斯·布莱尔,一位有着34年军队生涯的退役四星上将。

58. Executive Order 13394, "Providing an Order of Succession Within the Department of Defense", 70 Fed. Reg. 247 (December 27, 2005).

59. 国会立法有回归文官控制原则的迹象,法律禁止现役军官同时担任国家情报处主任与首席副职主任。50 U.S.C. §403-3a (2004). 但是这并不会阻止一位现役军官出任一个职位,同时由一位退役军官担任另一个职位。事实上,国会的立法鼓励了军方的出位,其规定"在通常的情形下",这些职位中的一个要由一位现役军官或者曾受训于军事情报工作的其他官员出任。

60. 詹姆斯·琼斯是一位曾在美国海军陆战队服役长达40年的退役四星将军。参见 www.whitehouse.gov/administration/eop/nsc/nsa/。乔纳森·奥尔特曾经这样描述琼斯在奥巴马的阿富汗问题决策过程中的角色:"琼斯起初曾怀疑一种更大的计划,但是最终还是转向部队增兵。他毕竟是一位退役的四星海军陆战队将军,诚如一位参与者所言,'一个永远处于兴奋状态中的伙计'。作为国家安全顾问,他可能不会推崇军方的视角,但他确确实实不可能背弃他的旧同僚。"参见 Alter,同注 36,第 381 页。

国家情报处主任掌握一批高效能的办公人员,他们的主管一直是现役的军官。最初两位办公主管都是有着超过 30 年军龄的中将:罗纳德·博格斯和约翰·金姆斯。参见国家情报处的官网(www.dni.gov/press_releases/20070517_release.pdf; and www.dni.gov/kimmons_bio.htm)。

61. 导师项目在 1980 年代末发源于陆军,其后在 1995 年扩展至联合作战部队,2000 年扩展至空军,2002 年扩展至海军陆战队,2004 年扩展至海军。2009 年,全军共有 158 位资深导师,其中 29 位是全职的国防工业公司的主管,还有许多则与国防工业有着深厚的关系。Tom Vanden Brook, Ken Dilanian, and Ray Locker, "How Some Retired Military Officers Became Well-Paid Consultants", *USA Today* (November 17, 2009), at www.usatoday.com/news/military/2009-11-17-military-mentors_N.htm.

国防部长盖茨近期改革了导师项目,消除了一些形式上最公然的利益冲突。参见 U. S. Department of Defense, "Fact Sheet: Senior Mentors Policy", at www.usatoday.com/news/pdf/mentors_facts.pdf。这一改革可以说迟到许久,但没有直面导师项目对文官控制原则的根本威胁。

62. See David Barstow, "Message Machines-Behind TV Analysts, Pentagon's Hidden Hand", *New York Times* A1 (April 20, 2008).

63. 根据《时代》杂志,"有证据表明,退役军官是在为那些仍在任上的将军们代言。美国前中央司令部首长安东尼·金尼,这位退役的海军陆战队四星上将说过:'我想,许多人都在保持理性之缄默。'"Perry Bacon Jr., "The Revolt of the Generals", *Time* (April 16, 2006).

64. 一般可参见 Richard Kohn, "Tarnished Brass: Is the U. S. Military Profession in Decline?", 171 *World Affairs* 73 (Spring 2009); Kohn,同注 20。

65. 关于在越南战争时期最高司令部的政治被动性的经典批判,参见 H. R. McMaster, *Dereliction of Duty* (1997)。

66. 根据亨廷顿的估算,在 19 世纪末和 20 世纪初,每 500 位士兵中仅有 1 位投票。参见 Huntington,同注 5,第 258 页。还可参见 Jason Dempsey, *Our Army*, 15 (2010) ("资深将军比如奥玛·布拉德利和乔治·马歇尔已经证明,应当避免身着制服投票")。

67. 一个更详细的历史回顾,包括这里讨论的所有资料,参见上注,第一章。登普西的书包括了对近期调查数据的非常有价值的分析,其中有证据表明,在资历最浅的军官和普通士兵中,党派认同更少。但是,这一要点不应当让我们的注意力偏离登普西的判断,他的调查"确实证实了"资深军官内偏向共和党的政治态度。同上,第 101 页。

68. 杰森·登普西指出,2004 年至 2009 年,"在现役陆军军官之中,共和党的认同下降了 14%"。参见上注,第 186 页。但是,登普西这一主张的基础是由《军事时代》杂志所进行的一系列调查,而登普西也承认这一杂志应当"谨慎对待"。同上,第 178 页。还可参见 Ole R. Holsti,"A Widening Gap Between the Military and Civilian Society? Some Evidence 1976—1996", 23 *Intl. Security* 5(1999)。

我要更进一步指出,这些调查并不值得得到严肃关注。它们并不是建基于标准的社会科学技术,只不过代表着由杂志征订者主动提供的观点。更糟糕的是,征订者可以无约束地夸大他们的军衔,以影响调查结果。可以说,这些调查就好比 1936 年由《文学文摘》征订者进行的臭名昭著的调查,它预测兰登将在 1936 年的大选中取得对罗斯福的压倒性胜利。相比之下,登普西的其他分析则是建基于由标准社会科学技术所得出的数据。

69. 在被问到一道后续问题时,独立的军校学员"倾向于"共和党的方向,只是并不存在着相同的一面倒优势。如果将这些有倾向的受访者考虑在内,在所有学员内,75% 是共和党,22% 是民主党。同上,第 166 页。

70. 同上,第 169—170 页。

71. Frank Hoffman, "Bridging the Civil-Military Gap", *Armed Forces Journal* (December 2007), at www.armedforcesjournal.com/2007/12/3144666.

72. 这一调查结果,同时也包括以下将要指出的其他调查发现,均来自由安全研究三角所(TISS)进行的一次大规模调查。这次调查问卷共有 24 页长,包括 81 道问题,其中许多问题由多个组成部分。这次调查数据是特别有价值的,因为它们集中在少校级别以上的高级职业军官。参见 Ole R. Holsti, "Of Chasms and Convergences", in Peter D. Feaver and Richard H. Kohn, *Soldiers and Civilians*:*The Civil-Military Gap and American National Security*, 15, 19—21 (2001)(描述了 TISS 的研究);James A. David, "Attitudes and Opinions Among Senior Military Officers and a U. S. Cross-Section, 1998—1999", in Feaver and Kohn, 同前注(报告了

其他的结果）。它是在1998—1999年进行的，因此急需更新。即便如此，有总比没有要好。关于在这里所记录的特定调查结果，参见上注，第120页。

73. 同上（TISS的调查）。

74. 同上（TISS的调查）。另一项对军官的调查表明，在新闻自由问题上盛行令人不安的观点。这一研究指出，仅有31%的军官相信大众媒体可以适当地发表文论，指出"联邦政府官员和军方领导人在军事作业问题上错误地引导了公众"。Krista E. Wiegand and David L. Paletz, "The Elite Media and the Military-Civilian Culture Gap", 27 *Armed Forces & Society*, 183-184 (2001).

75. Holsti，同注72，第81页。

76. 参见David，同注72，第120页。

77. Holsti，同注72，第81页。

78. 托马斯·里克斯曾经表达过同样的关注，参见Thomas Ricks, "The Widening Gap Between the Military and Society", *Atlantic Monthly* (July 1997), at www.theatlantic.com/past/docs/issues/97jul/milisoc.htm。

79. TISS调查（参见前注72）调查了935位"文职领导"与1000位普通公民。参见Holsti，同注72，第21页。它还发现，文官对基本原则的把握经常要弱于军方领导。例如，88.6%的军方领导同意，"军方成员不应当公开批评政府文职分支内的资深成员"。同意这一观点的文职领导有73.0%，而仅有66.3%的普通民众同意该观点。参见David，同注72，第120页；Holsti，同上，第81页。另外，"军方成员应当被允许公开地表达他们的政治意见，就好像普通公民那样"，同意这一观点的军方领导、文官领导和普通民众的百分比分别为39.7%、61.7%和83.8%。最终，26.8%的军方领导和40.7%的文职领导同意，"军事而不是政治的目标"应当主导着武装力量的运用。同上，第39页。

80. 近期的研究总是在绘制一幅黯淡的图景。Don Snider, Robert F. Priest, and Felisa Lewis, "The Civilian-Military Gap and Professional Military Education at the Pre-Commissioning Level", 27 *Armed Forces & Society* 249, 268 (2001)（军队与文官关系的一些原则看起来分散在课程的不同部分中，但是"即便不是不可能，学员们也很难自觉形成对军官在美国军队-文职关系内的角色的体系化理解"）；Damon Coletta, "Teaching Civil-Military Relations to Military Undergraduates: The Case of the United States Air

Force Academy", 1, 13—14 (2007), at www.allacademic.com ("碎片化的内容只能得到粗略的呈现", 而不是一种对军队-文职关系的"综合性导论"。只有非常少数的学生选择了一门致力于综合理解的选修课程); Kathleen Mahoney Norris, "Civil-Military Relations: Educating US Air Force Officers at the Graduate Level", 1, 19 (2007); Mahoney-Norris (空战学院根本不曾将军队-文职关系纳入更广的课程); Marybeth Ulrich, "The Civil-Military Relations Education of the U. S. Army's Senior Officers", 1, 2—4, 16 (2007), at www.allacademic.com (综合课程在军校内的缺失代表着更大的失败, 这就是未能在关键的军队-文职议题上发展出"普遍的职业"规范)。

81. Morris Janowitz, *The Professional Soldier*, 136 (1971).
82. 最近期的专题研究也得出了相同的结论, 参见 Dempsey, 同注66, 第189页。

第二部分

正当性问题

第三章
三种危机

建国者给我们留下了一种严重的焦虑与一种可能的药方。他们的焦虑是:"掌控全局的不可能总是开明的政治家。"他们的药方是:在三个分支之间划分权力,因此"野心将制约野心"。[1]

历史已经拉开了诊断和药方之间的距离。建国者们认为国会将是最危险的分支,因此将国会一分为二。但是,总统一职目前造成了更大的危险——他具有操纵群众参与极端主义运动的可怕权力,由此主宰着政治舞台。

在这一语境内,建国者的药方只能让病情恶化。费城会议的参与者从来没有想到过,总统将会统领一支庞大的官僚系统和职业化军队。他们无法理解,他们的政体将会把权力集中于白宫官员,将官僚系统和军事统帅部政治化。但即便如此,宪法学者还是在没头脑地拒绝反省当下现实,重复着建国者的口诀。

以上大约是我在本书第一部分内的论述。

但以上还不是最糟糕的。正如政治和组织的动力机制在两个世纪内已经改变,塑造着我们公共生活的正当性原则也在变化——而这种变化使得总统或者军方能够让普通大众相信，他们的夺权实际上是**正当的**（legitimate）。

这些发展正发生在两个相互作用的层面上——政治的和法律的。目前这一章论述的是政治层面，特别关注的是两种正在兴起的公共证成模式——"危机政府"（government by emergency）和"民调政府"（government by public opinion poll）。尤其是在两种模式混合运用时，它们让总统或军方能够创造出新的正当性范式，从而可能说服许多美国人支持违宪的权力主张。

下一章会转向在执法建制内的制度发展，它们将使得总统可以向联邦最高法院的传统角色发起一种强有力的挑战。在过去半个世纪中，两个新机构——法律意见办公室和白宫律师办公室——已经极大地增加了它们的宪法权威。在联合起来以后，它们组成了一支精英的职业团队，产出了具有最高技术品质的法律意见书。事实上，这些办公机构内的许多律师此前都担任过最高法院大法官的法律助理——正因此，他们的意见书在表象上自然具有同样高质量的修辞。这里存在着一项大的区别：这些意见书的结论几乎总是总统可以做他想做的任何事。总统接下来可以发表这些看上去很美的意见书，给他们的夺权披上法律正当性的外衣——这一过程是如此迅速，远在最高法院有机会发表意见之前，执法分支对法律的理解就得以塑造法律职业圈的意见。我将之称为"总统宪政主义"（executive constitutionalism）。

如果总统出牌正确，他可以将政治和法律的正当化混合为一种强有力的组合，这可能让大法官们陷入沉默。当联邦最高法院在数月，甚至数年后最终来到中央舞台，法院可能认为在大议题上作出一个高调判决是不慎重的。到了那时，总统可能已经成功地从公众和职业意见那里赢得了广泛支持——而最高法院不可能指望民众支持打一场宪法反击战。当处于守势之时，大法官们可能认定，明智之举是远离冲突，宣布整件事是一项"政治问题"，允许执法分支成功完成它的权力游戏。69

联邦最高法院在过去曾经面对过类似的决战——而且法院经常决定向前走，命令总统遵守它的指令。但是再一次地，将过去视为序曲是一种错误。危机政府、民调政府以及总统宪政主义正在组合在一起，最终有可能在 21 世纪内导致正当性理念的一次根本转变。如要抵抗这一转变，在一个危急时刻控制总统，我们将需要一个特别勇敢或者特别幸运的联邦最高法院。

❦

让我们从政治层面的正当性问题开始。如要定义这一问题，我们需要勾勒出美国宪法的核心原则，以确立一条历史意义的基线。

我们的宪法传统将所有主要制度以不同的方式追溯至人民主权。权力分立实际上保证了大规模的变化只可能以一种审慎的步伐进行。宪法体制的两个方面都扮演着关键的角色。首先，职位的任期交错——众议院的两年期、总统的四年期、参议院的六年期以及联邦最高法院的终身制——意味着一次选举胜利通常不会导致对所有关键的权力工具的控制。其次，政府的每一个分支均有不同的重新当选的激励——众议院和参议院的关键成员可能会反抗全国性的领导权，以满足他们地方性选民的要求；最高法院的多数大法官可能代表着非常不同于总统的政治和法律理念。这一点同样放慢了大型变革的步伐——经常迫使总统满足于空隙性的胜利，即便总统的雄心壮志是彻底打破传统。[2]

议会政体所产生的模式与之存在着鲜明的对比。经典的英国政体在设计宪法舞台时强调下议院的权威，而且只有下议院可以代表人民——即便普罗大众并不怎么关注议会内的喋喋不休。如果首相和他的政党得到了民众的授权，他们就可以在一次选举胜利后主张一种决定性的人民授权。

相比之下，美国的体制并不承认任何一个特定分支充当人民唯一全权代言人的主张。在通过立法时，众议院代表着人民，但是它的提议经常被参议院否决；参议院同样会主张代表着人民——只是以一种不同的方式。而且，即便是在国会两院取得共识之时，它们的判断有时也会被总统所否决，总统会主张他本人而非国会对人民的需要有更好的理解。再进一步，即便是所有的政治分支实现会师，联邦最高法院也可以说它们都不正确。在这一体制内，新兴的政治运动如果要赢得为我们人民代言的特别权力，需要在选举中的一系列胜利。

即便如此，这并不是不可能实现的。在 18 世纪和 19 世纪，美国人成功地在建国和重建期间重构了宪法的根基；而同样的事还发生在 20 世纪的新政和民权革命时期——这一点我已经在别处做过论述。[3]

别害怕：我并不打算把话再重复一遍。我在此只是想提醒一下，我的作品曾在学术对话中引入一个可能令人误解的概念表述。如仅作只言片语的理解，我的"宪法时刻"（constitutional moment）理论可能导致一种错误印象：美国的传统授权了在一刹那所发生的大转变——无论如何，这正是"时刻"一词的语义含义。

但是，美国人民下定决心则需要长得多的时间。如果说英国选民将一个新的多数党送进下议院，就可以翻手为云，而在美国，一次成功的宪法时刻需要至少 10 年。经此，新兴的运动才可能展示出正当地代表人民所必需的广泛且持久的民众支持。[4]

这一根本的理念目前已经危在旦夕。两种演化中的实践为一种不同的正当性范式提供了基础——根据这一范式，总统在一届任期内就可以主张来自人民的直接授权，以根本性的行动来粉碎宪法原则。

第一种动力在美国传统中具有更深层的根源。长期以来，总统都在主张战争时期的单边行动权力——著名的例子有林肯总统曾在美国内战开始时中止了人身保护令状。而且，战争语言经常性地得到扩展，超越了由战场之内的军事冲突所呈现的范式实例：安德鲁·杰克逊曾经向合众国银行宣战，为了改造美国的财政体制，放任自己以存在法律瑕疵的方式行使执法权力。[5]但是，在最初的一个半世纪内，这只是一种例外而不是常态。[6]战争终会结束，而在战争结束后，政治重返常态。其他的危机则只有更短的半衰期。

时光不再。自从杜鲁门把美国带入在朝鲜的一次"警察行动"后，总统已经得到了未经国会同意而将这个国家带入战争的权力。与此同时，白宫总是为了展示政治上的严肃性而扩展战争的隐喻。反贫穷战争、反犯罪战争、反毒品战争和反恐战争——这一连续不断的擂鼓声让总统延续着作为总司令特有的神秘性，在紧急状态时可以主张单边权力。

这些伪战争具有一个共同点：它们从来都不会结束。这一常在的战争姿态让公众心灵准备好接纳如下命题：在21世纪，总统单边主义永远是一种正当的选择。

在这种缺乏反思的战争话语之外，现代总统已经从国会那里赢得了概括性的法律权力，宣布紧急状态并且采取单边行动以回应各种各样的危机——有些危机是严重的，有一些则是琐碎的。总统总是在积极地运用这些权力。他们反复地签发总统令，以探索总统法定权力的模糊边界——而且经常性地越过了边界。[7]

为控制总统滥权而进行的努力最终归于失败。作为对水门事件的回应，国会通过立法中止了所有现存的紧急状态，同时规定了由国会控制未来紧急状态法令的框架立法。但是这些立法的品质欠佳，而总统还是继续签发紧急状态法令，不存在有效的制约和平衡。[8]75年实践积累下大量的先例，它们为21世纪内总统权力更戏剧化的展现提供了一个基础。[9]

紧急权力的常规化表达了更深层的现实。在联邦宪法起草之时，获悉一场危机需要数周乃至数月的时间，而启动最原始政府机器的运转甚至需要更长的时间。有时，消息传来是如此令人惊恐，以至于要求一种迅速的决策，而总统也将他自己置身于法律的缺口。但是，19世纪生活的常规节奏使得这些紧急行动是不平常的。通常说来，一场"危机"的消息只能渐次到来，而且第一印象经常被证明是误导性的；缓行的回应允许随着消息的展开而进行修正。在这一时间视域内，分支之间的审议看起来经常是完全可行的，即便是在险恶的环境内。

现在已不是这样。电视和互联网在第一时间就传送回突发危机扣人心弦的场景——今天是一次经济灾难，明天又是一次恐怖分子的袭击。就在我们经历着这种社会时间的疯狂加速时，我们也习惯于期待着对于灾难现场报道的迅速纠正行动——这种期待经常受挫于建国时代设定的缓慢且审慎的立法节奏。这些挫折感开始制造出一种普遍的感受，美国特有的立法体制已经无法应对现代的挑战。"制约与平衡"开始看起来成为表述"治理危机"的另一种方式。[10]

相比之下，总统的官僚–军事机器时刻都在整装待发。总统可以不断地运用紧急时刻的修辞证成有疑问的法律行动："法律已经不足以应对当下的危险，而我们不可能坐以待毙。总统已经别无选择，只能行使总统的固有权力。他现在就必须以人民的名义行动起来，以既成事实来面对国会。这就是亚伯拉罕·林肯在内战最初数月内的行为，这就是富兰克林·罗斯福在大萧条期间的行为,而且这也是任何一位伟大总统处于危机时刻时所必须做出的行为。"

这就是所谓的"紧急状态政府",它包括三种特征:①一次危机;②被用来证成存有疑问或者公然违法的执法行为;③后者产生了持续性的法律后果,在最初的"危机"过去后仍长期继续存在。重建因总统干预而被破坏的旧体制的负担就交给了国会或者法院——但这绝非易事。国会必须愿意推翻总统的否决,或者法院必须愿意承担与总统发生面对面对抗的风险。

这种事情曾经发生过,但它们不会经常出现。而这正说明了紧急状态政府乃是对美国宪法的一种根本性威胁:它让下述理念得到正当化,即总统可以在片刻之间实现对现状的革命,而不需要在分权体制标准运作下要求的动员式审议和决策的多年过程。在小布什时代,我们刚刚经受过一次尤其灰暗的紧急状态政府。但是,我的目的并不是要回首晚近的公然滥权和违法行为。我意在主张,它们为理解未来的病理开启了一扇窗口。

布什政府的"反恐战争"发生在水门事件和伊朗门事件之后,它不可能被视为一种例外。它事实上正是总统政府之真相的最近一次案例:"危机就是一种不能浪费的坏消息。"[11]

❧

紧急状态政府早已是我们宪法正当性中一个已经确立的传统。这一判断尚不可适用于第二种大的发展:"民调政府"。我们正在经历着公共理念的一次转变,它现在就发生在我们眼前。

我已经探讨了民意调查如何改造了政治的策略面向,它为总统提供了发动非理性政治的新武器。我现在的讨论要超越民意调查的工具意义,考察它如何重新塑造了民主正当性的理念本身。

我们正身处一种划时代的变化:民意调查在功能意义上正在变为对总统表现进行即时复决的工具,而这很可能是一种危险的发展——它为未来的在职总统进行违宪的权力接管提供了一种新的、特别平民主义的辩护。

如要衡量这一转变的程度,则需回顾一下从建国至富兰克林·罗斯福时代美国人所生活的政治世界。在那个时期,严肃的民意调查并不存在,只有周期举行的选举。一旦一位候选人在选举日取得胜利,他作为一位民主正当的领导人的身份就在 2 年、4 年或者 6 年内得到确立。当然,政治对手会时不时地谴责在职者"脱离了"民意,但这只不过是一种政党意义的修辞——他们没有办法证明他们的观点。他们只有等待,直至下一次选举产生出一些硬性数据。然而直至那时,正当选举出的政治家都是可以获得的最佳民意代表。

在今天,由于一种日常性的民意调查,这一政治常识的基石正在被侵蚀。总统和国会的民主地位现在就好比股票市场上的起起落落。的确,奥巴马赢得了 53% 的选票,但是下一年,他可能上浮或者下探 25 个百分点。普通的美国人已经学会非常认真地对待这些数字:一个具有 80% 支持率的总统要比支持率在 22% 的同一位总统具有更多的民主正当性。

我认为这一观念是错误的。虽然民调有着科学的表象，但是它们具有成堆的方法问题——而且民调也存在着哲学意义上的反对意见。[12] 但我在这里并不是进行纯粹的哲学思辨，更不是说进行科学上的批判。我只是指出一项事实：无论对或错，数十年来的民意调查已经深刻塑造了美国公众的心灵。今天，美国人简单地认定民调可以充当一种私有化的选举体制，它提供了一种对总统民主资格的滚动式复决。为了标识这一点，我将指出，民调目前充当着对总统在选举日所得到的官方正当性的一种民主附录（democratic supplement）。

如果确实如此，那么我们距离一种更黑暗的前景仅有一小步之遥——当这种可能成为现实后，民调不仅是对选举的附录，甚至会替代选举结果成为权威的民主正当依据。为了证明我的论点，我会重新回到在此前章节所宣布的黯淡主题——这一次将更为详尽地建构起一些衰与落的场景。在评估它们的合理性时，请记住军方通常会得到超过 80% 的支持率——相比之下，联邦最高法院通常只得到 50% 多的支持率。[13]

1. 下一次选举团危机

选举日总有扣人心弦的故事。佛罗里达州以及几个其他摇摆州的选举系统突然崩溃。没有人可以断言哪位总统候选人将会胜出。全美国都在无助地看着律师军团们开始争论有争议的返回结果。当不同的州法院下达相互冲突的判决后，诉讼者冲进了联邦最高法院，要求法院尽快做出决议。

但是这一次，最高法院摇头说不。复杂的诉讼提出了太多的问题，难以在短时间内给出答案。布什诉戈尔案遗留下的怨恨挥之不去，且又再次复苏。电视广播和互联网上充斥着愤怒的警告，假如大法官们再一次将一位总统强加给美国人民的话，就必将得到报应——而且，在民主党候选人被问到是否会再一次忍气吞声地接受不利判决时，他并没有做出特别的表态。

联邦最高法院发布了一个简短的意见书，宣布整件事是一项"政治问题"，同时候选人迈出了由联邦宪法所规定的下一步。摇摆诸州将存在争议的选举证明函呈至国会——例如佛罗里达的州务卿证明民主党先生在本州取得胜利，但州长却认为胜利属于共和党先生。[14]

在一月份的第一个星期，所有人的眼睛都转向了华盛顿，以期见证我们的18世纪宪法将如何回应美国的21世纪难题。但实话实说，美国建国者根本未曾想过这一问题，每一次当他们的"体制"面临考验之时——1800年、1824年、1876年和2000年——它都产生了一种铤而走险，有时是超越宪法的回避问题方案。

历史的复杂性是永无止境的，但是就目前而言，它将足以告诉我们一些基本的要点。[15]首先看宪法的文本："参议院主席在众议院和参议院出席时开启所有的证明函件，然后计算选票。"[16]

建国者们独具慧眼地挑中了最糟糕的主持人：参议院主

席是行将离任政府的副总统，经常是此次大选中他所在政党的总统候选人。当然，这就是正好发生在阿尔·戈尔身上的场景。

幸运的是，事实证明戈尔是一位有风度的"运动员"，当他主持国会在一月份的集会时，戈尔宣布小布什为胜利者。但是，这只是因为联邦最高法院已经先期进行干预，解决了这一议题，而戈尔也已经接受了法院判决的正当性。

我们没有理由认为同样的过程会在下一次出现。即便是行将卸任的副总统并没有竞选总统，他也很可能是本党候选人的盟友——当他作为主持官员，着手处理大量有争议的问题时，国会内将回响起不信任的吼声。

而且，议程必定会引起争论。联邦宪法只是设定由参议院主席主持议程，却没有告诉他应当如何解决有争议的选举。宪法文本只是用被动语态指出，"然后计算选票"。更糟的还在于，宪法看起来是将解决争议问题的权力交给了参议院主席，而无需国会的参与：宪法文本规定他将"在众议院和参议院出席时"打开证明函——而不是规定"在众议院和参议院的监督下"。

这些建国时刻的错误早在1800年就制造了大麻烦，美国幸运地从第一次发生重大争议的选举中挣扎出来。托马斯·杰斐逊和约翰·亚当斯是那次选举的竞争对手，但因为杰斐逊是亚当斯的副总统，联邦宪法把他放到了一个尴尬的位置，由他去主持关于自己的选举争议。

杰斐逊未能抵制住诱惑，滥用了他的权力。记录显示，根据联邦宪法内的相关条款，杰斐逊胜利所必需的一些选举人票是违法的。即便如此，杰斐逊还是利用他作为参议院主席的职位，将这些无效的选举人票计入自己的名下。而且，杰斐逊在这一过程中并没有要求众议院和参议院批准他的裁定。在这一愚蠢的选举体制被彻底改变之前，杰斐逊的先例都有可能制造祸端。[17]

四分之三个世纪过后，1876年总统大选争议中的主角们不希望重复前面的危机，因此他们创造了一个完全超越宪法的选举委员会，以解决在海耶斯和蒂尔登之间的竞争。[18] 国会在多年后通过了一部制定法，赋予该委员会在解决未来争议时一种关键的角色。但这部立法不仅在合宪性上有疑问，而且早已废弃失效，因此无法适用于那些在现代选举竞争中很容易出现的问题。[19]

一旦产生选举争议，总统候选人必定会尽可能地利用包括这一缺陷在内的种种制度缺失[20]——在茫然失措的公众面前，参议院主席和他在国会内的反对者将进行无休止的你来我往的斗争。当时钟滴答走向1月20日——新总统的就任日，焦虑的程度将上升至白热化：我们应当如何走出这一乱局呢？[21]

看一下民意调查。假设盖洛普民调、皮尤民调以及其他民调机构都得出同一个结论：共和党先生目前是60%美国选民的选择——无论是在全国范围内，还是在有争议的州内。即便如此，宪法僵局仍将会拖延至新总统的就任日——律师团队一直在提出精巧的法律论证，以支持其政治雇主不断转变的立场。

但大众并没有因此感到愉悦,因此当参谋长联席会议主席以国家安全之名叫停这场闹剧时,我们几乎可以听到大众长叹而出的解脱声。参谋长联席会议主席要求国会让共和党先生就职。数日之内,民调表明主席的干预得到了压倒性的支持——面对着由民调数据表明,同时由(共和党主导的)军方所执行的人民判断,国会屈服了。

这真是发人深省!但至少,文官权威此次流失的代价是美国宪法中最缺乏正当性的部分。选举团长期以来已经失去了美国人的支持——民调数据也是这么告诉我们的。[22]

军人干政永远都不是一个好主意——即便是军方在努力地让宪政系统恢复至常态,让总统、国会和法院彼此之间制约和平衡。尤其是如果军方获得了普遍的欢呼,此次干预将为下一次更可疑的权力主张创造一种危险的先例。

2. 极端主义者的场景

感谢布什诉戈尔案,它使每一个人都认识到我们老旧的建国机器将在 21 世纪内的某一时刻爆炸。但是,我的主要目的之一就是关注现代总统初选体制可能导致的第二种场景。

假设得胜的候选人之所以取得职位,是因为在初选中说服他的选民向华盛顿"发出一种激进变革的信号"。总统主张他在选举日得到来自人民的授命,因此在国会的国情咨文演说中要求国会批准其关键的政策议案。我们或许将会听到，右翼总统主张，美国无法继续容忍数千万计的非法移民生活在我们中间，因此他没有选择，只能以"尽可能审慎的速度"（with all deliberate speed）*将他们拘押或者遣送。或者是左翼的总统将会把银行妖魔化，谴责它们制造了一个大骗局，扼杀了美国的繁荣梦想，因此以人民的名义要求银行即刻国有化。

在经过数月的激烈辩论后，只有一件事是确定的：总统不具有让其革命性动议通过众议院和参议院的票数。

这里就是民调数据发挥作用的地方。白宫通讯办公室内的媒体操控者已经拿出一套熟练的策略——设计出那些足以打动普罗大众心弦的故事情节和片段化宣传，以支撑总统的要求。[23] 至少就这一时刻而言，民调数据显示，在总统身后有65%的选民支持。

相比之下，总统的反对者却正在承受由国会体制所导致的典型组织分裂。不同的委员会主席和政党领导会发起杂乱无章的攻击，而反对派的评论员也引领起一波焦点抨击。各种杂音的交响在这场争取公众支持的战斗中无法帮助国会——民意调查赋予总统高得多的人气指数，事实大抵都是如此。[24]

即便如此，宪政体制还是保持着对总统的制约。如果总

---

*"all deliberate speed"出自1955年的布朗第二案，在该案中，联邦最高法院将解除种族隔离的决策委托给地区法院，要求应当以"尽可能审慎的速度"解除公立学校内的种族隔离。也可参见哈佛法学院黑人教授查尔斯·奥格勒特里（Charles Ogletree）的同名著作《尽可能审慎的速度：布朗诉教育委员会半个世纪以来的反思》（*All Deliberate Speed: Reflections on the First Half-Century of Brown v. Board of Education*）。——译者注

统希望将他的激进方案进行到底，仅赢得一次选举对他而言是不够的。他和他的政党将不得不一次又一次地重回选民中间，在大约十年以内不断地赢得选举，只有这时总统才能推动他的项目通过国会，同时做出足够多的最高法院大法官任命，创造出一个支持其激进方案的司法多数派。

但总统完全不愿意等待下去。他知道，他目前得到的热情支持浪潮不会永远继续下去，而政治运气的峰回路转很可能把他变为一位饱尝苦涩和挫折的政治家。如果他要利用他在当下时刻的支配地位，他必须现在就开始行动："人民已经两次发出了声音：首先是大多数选民选择了我，而现在又有三分之二的选民在一次又一次的民调中支持我。美国人已经厌倦了盲目的议而不决。现在是时候做出决断行动了。"

总统的耐心耗尽了，他通过法令着手实施他的项目——主张这是在一场国家危机迫近之前先发制人的唯一手段。总统的无组织反对者大声嚷嚷着弹劾，但是没有结果：虽然总统的政党在国会内只是少数，但他们在参议院内有足够的票数阻止严肃的弹劾动议。与此同时，总统的白宫官员和官僚系统内的政治任命者迅速行动起来，将总统的命令转变为现实——而在此时，军方也正在观望，等待一个进行干预的时刻。[25]

这一场景挑战了一种基本的两分法。马克斯·韦伯很久之前就教会我们，要区分超凡魅力型的政治权力和理性-官僚型的政治权力。但是，以上场景破坏了这一经典的区分。我所设想的总统正在将两种权力诉求混合为一种可怕的集合——他不仅发出了一位运动领导人的狂热声音,他还有"(伪)科学"的民调数据,"证明"他确实代表着人民。[26]

3. 危机场景

现在让我们想象一场真正的危机——另一次"9·11"事件,另一次经济垮台,只是这一次波及面更广。在这一场景内,极端主义的总统已经没有必要去制造一场宪法危机(当然,极端路线分子也不可能帮上什么忙)。只要危机激起了总统身后的全国性支持,这样就已足够。片刻之间,总统的民调支持率飙升至新的高度——看,总统已经取得了85个百分点。

但是,这时正逢总统的敌人控制着国会,而且他们拒绝屈从——或者至少他们拒绝通过总统的最极端要求。

因此,总统索性选择无视国会内的反对者,着手做他想做的事——反复引用民意调查来展示人民的真实需求。[27]总统的行动可能非常激烈。例如,《华盛顿邮报》在2005年报道,五角大楼已经"破天荒的第一次设计出它的战争计划,以预防和回应恐怖主义分子在美国的袭击,其设想了15种可能的危机场景,预备着在全国范围内的数种同时性打击"。[28]关于此次大规模干预的法律基础,《华盛顿邮报》被告知,"总统根据联邦宪法第2条担任总司令,有权保卫国家,这是派遣地面部队最可能的正当性依据"。[29]

这一法律主张从根本上讲是有问题的。[30]但是法律问题难以阻止一位总统勇敢地提出这种主张。危机政府和民调政府正在汇聚在一起，创造出一种反宪法的浪潮。

这一场景让人想起了卡尔·施米特（Carl Schmitt）的理论，众所周知，他曾经强调指出，紧急状态如何可能为政治领袖提供摧毁一种宪政体制的缺口。但是正如韦伯的例子，民意调查的兴起让施米特的理念有些老旧。

施米特正确地指出，煽动政治家必须设计出他们自己的方法，以正当化他们对宪法形式的背离。最高领袖（Maximum Leader）并非仅仅是在夺权。他召集他的支持者参加群众游行，群众在这时狂热地喊出他们对首长的支持。施米特将之称为"呼喊"（the shout），且以它的存在为荣。根据施米特的理论，"呼喊"表达了政治的真实根基——无中介的权力意志。

说得婉转些，我采纳的是一种有关宪法正当性的不同理论。但是，为了我自己的目标——直面现代美国宪政体的潜在病理，我必定要吸收施米特的理论。从诊断者的角度看，民调数据就代表着一种高技术形式的"呼喊"。[31]

事实已经证明，民调数据表达的是一种大数目的未经反思的回应。当受访者在电话内与调查人对话时，如果告诉调查人，他们事实上并没有认真地思考过调查所提出的政治议题，这可能令人尴尬。受访者并不是说他们"不知道"，而是提供"经验直觉"的答案，由此创造出一种公民能力的幻象。

民意调查在制造出一连串的精确数字时，掩盖了一个残酷的事实——大多数美国人对于政治的无知是令人震惊的。[32]

正如经典的"呼喊",民调数据代表的是政治意志在一个瞬间的抽搐,而不需要仔细将问题想清楚。而且,民调还是一种有效得多的呼喊形式,正是因为它看起来用严格社会科学的理性发现取代了群众歇斯底里的视觉形象。

※

我们还可以想象出更多的危机场景,[33] 但是我以上所言已经足以证明基本的论点。两个世纪以来,美国宪法都在抵制这一理念——一次选举就足以证成治理原则上的革命性变革;同时坚持一种更为审慎的宪法政治,它要延续10年乃至20年,在这之后,一种运动才能取得以人民的名义推行革命性变革的制度权威。但是,现代总统已经变成了主要的加速机器——它不仅能够以惊人的速度推行激进的变革,而且可以说服许多美国人,总统的行为是正当的。

当然,白宫的片段化政治宣传机器不可能说服每一个人。许许多多的美国人将会抗争,组织起来为旧宪法而斗争。接下来将发生什么?

再一次地,军人干政的条件可能已经成熟。但是,在这之前,一种最终的因素凸显出来:联邦最高法院。最高法院能否成为抗争的指路明灯,决然地谴责总统的篡权?或者它将从战地中隐退,宣布整件事是一种"政治问题"?

在很大程度上,最后的结果会取决于司法人员的构成和法律意识形态的偶然因素。但是,一种最终的结构性发展在这里也会发生作用——而且其运转将有利于总统。区别于早期的冲突，联邦最高法院将不再作为宪法正当性的唯一裁决者而出现。法院的垄断已经受到来自执法分支内新兴机构的挑战——可以预见，后者会将看起来权威的法律意见书带入这一阵地，为总统特权进行强有力的辩护。

而且，这些执法分支内的律师们将快速行动起来，早在最高法院得到机会听审在司法科层结构中移交的判例案件之前，他们就已经设定了公共的讨论。即便大法官们在此后决定干预，法官的意见书也只能充当机构间相互交锋的一个回合，而接踵而至的法律论战也会在普通大众中间制造混乱。

与此同时，总统将果断地行动起来，以求形成既成事实——指令他在官僚系统内所任命的官员，服从白宫律师和司法部的法律意见，而不是最高法院的司法意见——这让军方成了一种可能的仲裁者。

这一场景可能看起来耸人听闻，但是正如下一章所示，由总统宪政主义所造成的威胁是一种非常真切的危险。

注释

1. James Madison, "Federalist Ten" and "Federalist Fifty-one", in Jacob Cooke, ed., *The Federalist* 60, 349 (1961).
2. 虽然联邦最高法院并不是选举产生的，但它同样必须满足多样的选民——无论是政治意义上，还是法律意义上的选民——从而维持它的正当性。
3. See Bruce Ackerman, *We the People*: *Foundations* (1991), *Transformations* (1998).
4. 参见 *Foundations*，同注3，第10章。该章讨论了美国的宪政体制要求新兴的政治运动必须通过一系列的选举检验，然后才能正当地成为人民的声音。

5. 杰克逊总统将战争宣言交给了他的政治心腹,最著名的是托马斯·哈特·本顿参议员,这与今天形成了鲜明的对比。参见 Robert V. Remini, *Andrew Jackson and the Bank War*, 141-142(1967)。

6. 即便是《解放黑人奴隶宣言》的宪法正当性,也要在第十三修正案于内战后被批准才得以牢固确立,参见 Ackerman, *Transformations*, 同注3,第131—136页。

7. See generally Jack Balkin and Sanford Levinson, "The Processes of Constitutional Change: From Partisan Entrenchment to the National Surveillance State", 75 *Ford. L. Rev.* 489 (2006); Jack Balkin, "The Constitution in the National Surveillance State", 93 *Minn. L. Rev.* 1 (2008).

8. See Bruce Ackerman, *Before the Next Attack*, 124-125 (2006).

9. 即便是最极端的总统单边权力行为,总统也可以轻易地在法学圈内找到辩护士。请看这本对法治进行全力攻击的著作: Eric Posner and Adrian Vermeule, *Terror in the Balance* (2007)。这本书混合了不同形式的自满情绪,最后走向了对权力制衡的彻底否决。两位作者向我们保证,美国永远不会发生一种魏玛式的宪法崩溃。同时,他们还指出,恐惧的政治有时候还可能是一件好事,允许贩卖恐惧的政客们可以突破反效率的宪法制约。由于这些盲目乐观的前提,他们顺理成章地得出结论,由紧急状态提出的真正问题是"公民自由论者的恐慌"——即公民自由论者无根据的恐惧,脱轨总统将摧毁我们有限政府的宪法传统。

我希望本书可以成为此类乐观论的一剂解药。我在这里仅加上一种社会学的观察:小波斯纳和弗穆勒分别任教于美国两所伟大的法学院,即芝加哥大学法学院与哈佛大学法学院。如果他们的自满情绪在这些法学分舵内获得了主导地位,它将制造出一种反法治主义的气候,进而强有力地影响那些以后将在政府内获得高级职位的许多学生。这意味着在接下来的数十年中,法律意见办公室和白宫律师办公室内将出现越来越多的不守法律师。乐观的论调可能会导致悲剧。

10. 关于这些主题的富有洞见的研究,参见 William Scheuerman, *Liberal Democracy and the Social Acceleration of Time* (2004)。还可参见 Hartmut Rosa and William Scheuerman, eds., *High-Speed Society* (2009)。

11. 这一说法在近期因拉姆·伊曼纽尔(奥巴马的办公室主任)流行起来,但它看起来有着更早的源起。参见 Thomas L. Friedman, "Kicking Over the Chessboard", *New York Times* W13 (April 18, 2004)。

12. See Bruce Ackerman and James Fishkin, *Deliberation Day*, 5-9 (2004).
13. 近期的盖洛普民调呈现出了典型的调查结果：82%的美国人"非常"（46%）或者"相当"（37%）信任军方；51%的美国人"非常"（26%）或者"相当"（25%）信任总统；39%的美国人"非常"（15%）或者"相当"（24%）信任联邦最高法院；17%的美国人"非常"（6%）或者"相当"（11%）信任国会。Gallup, "Confidence in Institutions" Poll (June 14–17, 2009), at www.gallup.com/poll/1597/Confidence-Institutions.aspx. 哈里斯民调的一次调查也产生了同样的结果，参见"Major Institutions"（Feb. 16—21, 2010），at www.pollingreport.com/institut.htm。

联邦最高法院在上述民调中表现不佳，赶不上受访者没有被问到军方问题的常规民调。在后一种民调中，联邦最高法院通常享有"强有力的、稳定的总体支持"，"总是超过了政府其他分支的支持度"。Jeffrey J. Mondak and Shannon Ishiyama Smithey, "The Dynamics of Public Support for the Supreme Court", 59 *J. Pol.* 1114, 1115, 1119 (1997). 自从2000年以来，联邦最高法院的认同度在盖洛普民调中通常保持稳定，维持在50%以上，只发生过两次例外。参见 Judiciary, www.pollingreport.com/court.htm。

一如既往，这里的经验在于民调结果在很大程度上受制于调查者设计问题的方法。

14. 这在2000年的佛罗里达州曾是一种真实的可能。参见 Bruce Ackerman, "As Florida Goes…", *New York Times* A-33 (December 12, 2000)。
15. 更为详尽的阐释，可参见 Bruce Ackerman and David Fontana, "Thomas Jefferson Counts Himself into the Presidency", 90 *Va. L. Rev.* 551 (2004)。
16. 在1800年的大选危机过后，第十二修正案的起草者修正了建国的体制，但他们复制了原初宪法将计票交给参议院主席的指示。比较美国宪法的第2条第1节第3款和第十二修正案的第2款。因此，这一制度设计上的错误还是要归咎于建国者。当然，假如第十二修正案的起草者可以修正这一巨大错误，功劳本应归于他们。
17. 我和大卫·方塔纳曾经讲述过这个故事，参见 Ackerman and Fontana, 同注15。更短的版本，参见 Ackerman and Fontana, "How Jefferson Counted Himself in", *Atlantic Monthly* 84 (March 2004); Ackerman, *The Failure*

of the Founding Fathers, Chap. 3（2005）。

18. See Charles Fairman, *Five Justices and the Electoral Commission of 1877* (1988).

19. 如果相对立的州官员提交了相冲突的选举证明信函，1887年的立法在这一关键情形上是模糊的。参见 Ackerman and Fontana，同注15，第640—643页。

20. 如果三位候选人成功得到了选举人票，同时无人拿到多数票，那么事件就有可能变得更为复杂。下一步，总统将归属那位可以在众议院内赢得多数州代表的候选人——每州都是一票，无论人口多少！如果众议院在总统就职日仍陷于僵局，那么副总统将就职总统，直至僵局得到解决。参议院陷入僵局的可能性更小，因为参议院只是在前两位候选人而不是前三位之间进行选择。参见美国宪法第2条第1节以及第十二修正案、第二十修正案的修正。但是，参众两院程序的并行很有可能导致一种结果，即一党的候选人成了总统，而另一党则控制着副总统一职。当然，如果具体州的选举人票的正当性受到质疑，因而由参议院的主席根据1887年的国会立法解决这些争议，事态就将进一步复杂化。

21. 根据宪法第十二修正案的规定，如果众议院在总统就职日仍未解决问题，参议院可以选择一位副总统担任代理总统。如果来自对方政党的总统候选人在民调中领先，该规定只可能恶化问题。

22. See George Edwards III, *Why the Electoral College Is Bad for America*, 32-33 (2004).

23. 如要以现代媒体操控者所喜欢的语言来表述这一点，我应当说，碎片化文宣的策划者成功地将目标对准范围广泛的"小部分公众"，为每部分的公众提供了与其人口统计发生共鸣的信息。参见 Mark Penn and E. Kinney Zalesne, *Microtrends* (2007).

24. 自1990年以来，国会的支持率通常低于40%，极少超过50%（这在"9·11"事件后尤其明显）。参见 Pollster.com：National Job Approval：Congress (1990-2007), www.pollster.com/polls/us/jobapproval-congress-sold.php. 虽然小布什总统在2005年后的民调数据下落至40%以下，但国会甚至下落得更低，在2008年9月跌至18%的低点。请比较 Congress：Job Ratings, www.pollingreport.com/CongJob.htm；Obama：Job Ratings, www.pollingreport.com/obama_job.htm；Bush：Job Ratings, www.pollingreport.com/BushJob.htm。

25. 既有可能代表着总统,也有可能代表着国会。
26. 关于韦伯对人民复决的怀疑,可参见 Jeffrey Green, *The Eyes of the People* 140—166 (2010)。
27. 关于"正当性的循环圈"这一精彩概括的讨论,参见 David Moore, *The Opinion Makers*, 103—117 (2008)。小布什设法"反复循环式地"运用民调,从而正当化他未经联合国批准或国会的进一步表决即发动伊拉克战争的决策。参见 Bruce Ackerman, "Never Again", *American Prospect* 24 (May 2003)。
28. Bradley Graham, "War Plans Drafted to Counter Terror Attacks in U. S. : Domestic Effort Is Big Shift for Military", *Washington Post* A01 (August 8, 2005)。
29. 同上。
30. 目前调控基于内部目的动用军队的法律是一部老掉牙的国会立法,后者的制定是为了控制联邦军队在重建时代后的权力。1878年的《武装力量法案》规定如下:"除非是在由美国宪法或者国会法案所明文授权的案件或情形内,任何人故意动用陆军或者空军的任何部分,作为武装力量或者作为执行法律的手段,应根据本章处以罚款或者不高于2年的监禁,或者并罚。" 18 U. S. C. 1385.

   该立法的解释严格限制了在常规时期动用军力协助民事警察;例如参见 United States v. Walden, 490 F. 2d 372, 374 (4th Cir. 1974); Wrynn v. United States, 200 F. Supp. 457, 463—465 (E. D. N. Y. 1996)。但是,由于该法明确规定的例外,"由美国宪法……所明文授权的……案件内",总统还是可以论证他作为总司令的根本权力——而这正是在《华盛顿邮报》报告内所引的五角大楼律师的意图。
31. 如果公允地理解施米特,他确实看到了复决有可能成为呼喊的现代对应机制。施米特赞成复决,但要求特有的威权主义方式。施米特坚决主张,有组织的反对必须得到制约,超凡魅力的领袖必须有权操控交付人民的问题,而且秘密投票必须被禁止——因此大大增加了每一位公民公开宣称他对领袖之热情拥护的公共压力。参见 Carl Schmitt, *Legality and Legitimacy*, 61—62, 70 (Seitzer trans. 2004)。

   盖洛普民调提供了现代美国人更加认同的呼喊形式——原因在于提出问题的是盖洛普而不是总统,同时公民是在严格匿名的前提下给出答案的。如果总统在这一民调系统内得到高数字,美国人相信他们是在以一种完全正当的方式发出他们的赞美式呼喊,即便许多受访者没有片刻时间思考他们的答案。

32. See Ackerman and Fishkin, Supra n.12; James Fishkin, *The Voice of the People*, 2-7 (2009).

33. 还有可能出现的场景是"背后捅刀子":在永无止境的"反恐战争"中失去一次战役后,参联会主席可能会谴责现任总统。当我们的军队开始灰头土脸地从外国土地上撤退时,参联会主席可能在下一次大选中与现任总统进行竞争。如果参联会主席获胜,他的胜利就将阻挡未来的政治家挑战参谋长联席会议;如果他失利,总统将要在未来很长一段时间内面对一支疏远的军方。

第四章

总统宪政

在过去的两个世纪中,总统们总是在反复挑战联邦最高法院对他们权力的控制。托马斯·杰斐逊、安德鲁·杰克逊和亚伯拉罕·林肯,他们否定了最高法院重大判决的正当性;富兰克林·罗斯福也已经准备在关键时刻效法先行者——只是这一次最高法院在事态变得必要之前先行退却。

现代的两种先例已经使我们产生了一种错误的安全感:德怀特·艾森豪威尔总统决定执行最高法院对小石城的命令,尽管他自己显然不满布朗诉教育委员会案(Brown v. Board of Education);接下来,理查德·尼克松总统决定服从最高法院的命令,交出水门事件的录音带,尽管录音中存在证明他自己参与丑闻的铁证。但是在下一次,总统可能不会具有艾森豪威尔的品格或者尼克松的恐惧——原因可能正在于他可以指望着忠心耿耿的支持者在弹劾审判中使他脱罪。

但是,总统还可以调动新的工具,以使他对最高法院的挑战具有更高的法律可信度。一件轶事可以用来引入这一论点。1977年,灰头土脸的理查德·尼克松要在电视上恢复自己在公众面前的声望。当尼克松解释道,"如果是总统所做的事，这就意味着它不是非法的"，以此作为他对水门事件的辩护时，他的努力反而弄巧成拙。[1]但在未来，总统不再有必要做出这种厚颜的主张。他们可以指望执法分支内的两个机构——司法部内的法律意见办公室和白宫内的律师办公室——让它们为总统的夺权出具宪法上的通行证。

这两个办公室以惊人的速度崛起。法律意见办公室（Office of Legal Counsel，简称OLC）直至1977年才开始系统性地整理汇编它的法律意见——也就是尼克松进行电视辩护的那一年。[2]在短短一代人的时间内，该办公室进行法律判断行为的权威，已经在更大的法律共同体内得到了正当化。我们甚至已经走到了这一步，有一位杰出的法学家编撰了法律意见办公室之意见的案例教科书——鼓励学生在学习这些意见书时，要拿出他们对待最高法院判决意见书的那种高度的严肃性。[3]较之于法律意见办公室，白宫律师办公室（White House Counsel，简称WHC）在普通公众看来更为神秘。但是，这也在发生着变化，白宫律师办公室已经变为执法建制内一种日益强大的力量。

这里只有一个问题。它们所产出的法律意见书虽然看起来权威，但其制度环境使得短期的总统命令压倒了冷静的法律判断。

我将分两个阶段探讨在非中立过程（partisan process）和法律权威性（legal authoritativeness）之间的错位。这一错位尤其明显地表现在所谓的"总统签署声明"（presidential signing statement）的案例内——这是一种近期的新制度，总统批准了一部由国会呈送的法案,但同时宣布法案的有些条款是违宪的,而且即便他已将它们签署为法律,总统也将拒绝遵守这些条款。在第二阶段,我会在更普遍的意义上思考这种错位,讲述法律意见办公室和白宫律师的奇妙历史。我们将看到,在很大程度上,历史的偶然性导致了这两个机构如今从事执法宪政实践的极端政治化方式。

即便如此,它们越来越具权威性的法律宣言将在未来造成严重的问题。在此前数世纪内,联邦最高法院的意见被法律人的大共同体赋予了无可置疑的核心地位;但是,总统宪政的兴起有可能粉碎最高法院在事实上的垄断——让大法官在他们与总统的未来对抗中处于守势。如果总统的律师们可以为他们的法律意见赢得普遍的职业支持,那么最高法院在对抗一位脱轨总统之前必须三思而行。如果大法官们甚至无法依托统一的法律职业作为他们的后盾,他们在争取公众支持的斗争时还能指望谁呢?

※

总统签署声明的兴起可以用来说明这一错位。当 19 世纪的总统对一部法案持有宪法上的反对意见时,他们会在否决信息内解释他们的问题所在。他们并不会签署法案,同时宣布他们将拒绝遵守该法的部分内容。历史上仅有屈指可数的例外,而且这些例外都激起了激烈的争议。[4]

事情只是在 20 世纪开始发生变化,总统在这时开始举办新闻发布会、进行广播讲话。在这一新的媒体环境内,总统运用签署法案的机会祝贺法案的支持者,动员他们争取进一步的胜利。但是,更严肃的法律讨论逐渐悄然跟进,虽然宪法上的挑战仍然屈指可数,而且公然拒绝执行制定法的案例几近闻所未闻。[5]

里根政府改变了这一切。萨缪尔·阿利托(Samuel Alito)当时还是司法部内一颗冉冉升起的新星,他曾解释道:"根据美国宪法……总统的批准与众议院或参议院的批准是同等重要的。而如此说来,总统对法案的理解就应当同国会的理解同等重要。"[6]

但是,阿利托很快就发现了一个大问题:总统在签署或否决一部法案时仅有 10 天的时间,这意味着"签署声明的准备和审查只有非常有限的时间。假如总统的签署声明变得更长、更实体化、更为详尽,这些时间限制将变成一个大麻烦"。[7]

阿利托建议,为了防止草率的工作,总统可以规避 10 天的时间期限。[8]总统不需要在如此短暂的期限内给出详尽的法律分析,而只是应该签署法案,同时宣布随后将提供一份正式声明。否则,阿利托担心政府的新动议将永远无法"取得太重要的地位"。[9]

阿利托只说对了一半:在 10 天之内赶制出签署声明确实会是"麻烦的"(委婉一点的说法)。但是,它们的仓促性并不会破坏整件事的努力。签署声明是通过纯粹的数量累计取得它们的宪法性地位的:里根总统否决了 86 条不同的制定法条款,而老布什总统则进一步加快脚步,在他的任期内平均每年否决 48 项条款。[10] 但是，这一升级中的实践在向民主党政府的过渡后是否可以继续存在？

答案是一个响亮的"是"。既然法律意见办公室确认了这一创新的正当性，[11] 克林顿平均每年否决 18 项条款——这一步伐足以进一步巩固这一实践。[12] 这也为小布什时期的大跃进铺平了道路，后者每一年要否决 146 项条款，总计否决 1168 项条款——超过所有其他总统的总和。[13] 近期，美国律师协会已经签发了一项声明，明确谴责总统签署声明是违宪的。[14] 面对着越来越多的批评，奥巴马总统的反应是尽可能地限制签署声明的数量。但是他绝对没有否定这一实践。[15]

很明显，它的实际政治效益太过诱人，以至于难以忽略。当总统基于宪法根据否决立法时，他们必须支出宝贵的政治资本，以防止国会重新推翻总统的否决。但是要感谢里根革命，总统不再必须承担起这一负担：总统可以执行他们喜欢的条款，同时宣布其他条款违宪。然而，这一执法扩权的实践却附带着一种可怕的代价，它将使得普通公众惯于听到总统的以下主张：总统可以非常简单地浏览一下美国宪法，然后要求国会（也包括我们每一个人）高度认真地对待他们草率的宪法宣言。[16]

签署声明的特性加速了决断型总统（decisionistic presidency）的兴起（请各位读者原谅"decisionistic presidency"这一蹩脚的表达）。签署声明通常包括一些结论性的段落，而从来没有努力做出系统性的法律分析。[17] 而这一简陋的法律形式表明了过程的不规范：虽然确实存在着行为指南，但每一届政府都发明了它自己准备签署声明的方式。[18] 在里根时代和克林顿时代，总统非常倚重法律意见办公室；[19] 而在老布什总统治下，白宫律师则起着带头作用。[20]

我们可以看到的并不是这一过程的全部。法律意见办公室时刻都在关注由国会议程内的立法提出的宪法议题。当它发现一个问题时，它就加入执法分支的游说运动，从而希望将相应的条款从法案中删除。[21] 这种努力可以在法律意见办公室、白宫和关键议题的相关机构之间制造大量的对话。如果白宫的运动失败，而国会坚决要求这一存在问题的条款，这些先期的讨论将为总统在签署声明否定该条款时提供一种重要的资源。虽然总统的官员仅有 10 天时间准备声明文本，他们此前的意见书可以为一种相对复杂的宪法议题评估提供基础。

但是，如果主要宪法议题是由最后一刻的立法妥协提出的，因此打了总统的律师一个措手不及，前段的执法会诊模式就不可能出现。而且，即便做最好的理解，这一过程也承受着严重的缺陷。在游说国会时，执法分支是作为总统特权的辩护士而运转的。但是，在起草总统签署声明时，执法分支的目标应当完全不同：判定一个条款是不明智的尚且不够，还必须证明该条款是确定违宪的，以至于证成了宪法上的否决。

这要求一种智识和情感的转档——从生动活泼的辩护转变为冷静地评估该制定法对制衡体制的长期影响。这要求在适宜环境下进行一种艰难的心理转换，但执法分支的律师并不是在这种适宜环境内工作的。当他们起草签署声明时，他们已经经历了大量的游说，但结果还是执法分支在国会内的失败。这并不是一种进行严肃宪法判断的语境。

尤其是，总统的法律官员甚至无须起草一份经缜密思考的文件，以一种合乎逻辑的方式解决关键的宪法议题。我们已经看到，签署声明是简短和结论性的权力主张。即便这些文本的作者事实上就这些议题思考良久，他们也不会屈尊告诉我们，他们是如何得到自己的结论的。在普通美国人的视线内，签署声明纯粹只是总统意志的宣扬。

因此，这正是总统签署声明在小布什政府时期的新形象——在这一时期，仅有一位白宫律师大卫·阿丁顿主导着这一过程，即便他甚至还不是总统的法律顾问，而只是副总统切尼的首席律师。[22] 阿丁顿批量产出数百件谴责国会立法的论断性文件，这一形象不应该让我们忘记问题的本质所在：即便是在更为正常的条件下，10日之内完成一件对复杂宪法问题的思考分析都是不可能的任务。在最初发现这一问题时，萨缪尔·阿利托曾经指出很重要的一点：虽然他的失败预言未能兑现，但10天的期限确实本应使里根的动议自我毁灭。

但事实并没有。相反地，里根司法部的一个精明策略使得总统声明逐渐在法院内得到了公信力。1986年，司法部成功地说服法律图书出版商，将总统签署声明收录进每一部制定法的官方立法历史。在那之前，律师们还很难发现一部制定法是否曾经导致了总统签署报告，而假如是的话，总统又在签署报告内说了些什么。但是突然之间，辩护律师在准备法律诉状时，发现他们很容易参考这些文件，而且当有助于他们的目标时，律师会引用总统声明以供法官参考。

这一赌博成功了：在共和国最初两个世纪的历史内，联邦法院在发表的意见书内仅6次引用总统签署声明。[23] 但是从1986年开始，此类案件已经至少有64件。虽然它们在司法决策过程中还不是特别关键，但这一引证惯例的改变让总统声明看起来更是一种完全正当的法律渊源。[24]

这就为未来更过分的滥权搭建了舞台。例如，设想未来的一位总统签署了一部数十亿美元计的开支法案，同时附加了一个签署声明，否定了国会规定的总统开支限制。事实上，总统主张他所固有的金钱开支的宪法权力，以他所认定的方式去保护国家免于一种正在迫近的灾难。既然法院已经认可了总统签署声明的权威性，财政部长服从总统的指示，而罔顾国会的开支限制，看起来就具有更大的正当性。

财政部长会面无表情地解释道，服从总统的签署声明存在着一项先例。在美国内战的最初数月内，亚伯拉罕·林肯不仅命令他的财政部长萨蒙·蔡斯未经国会授权和拨款即开支了200万美元，他还提名了3位"可信的公民"作为这些资金的接受者，因为他"怀疑在政府部门内的某些人的忠诚度"。[25] 如果蔡斯服从了他的总统，他在21世纪的后继者可以解释，难道我不应该服从我的总统？

别忘记，林肯总统曾经单方面改造了财政部。他在21世纪的后继者却是根据由国会通过的拨款法案而行动的，

"只不过"他在签署声明中为自己免除了制定法的限制，在一个恐怖的危机时刻，此类掣肘将违宪地限制总统保护这个国家的权力。更重要的是，总统并不是把这笔钱给了某些他信任的密友，这曾是林肯的方法；而是命令财政部将关键资源提供给直面危机的前线军队和文职权威。如果伟大的林肯在19世纪有权力进行决断行为，现在的总统在面对今天的危机时难道没有同样的决断行为权力吗？

在财政部长服从签署声明中规定的法律，却以公然违反国会限制的方式给总统提供资金时，他或许会做出以上的声明。

在想象这一场景时，我并没有预言该场景在最激烈的时刻将会如何演绎。很有可能会出现一种强有力的逆向反应，反对者会引用律师协会对签署声明的攻击以论证他们的立场。在因此出现的僵局中，国会很可能会获得胜利；但是，国会也同样可能缺少力挽狂澜的勇气，尤其是如果总统解决危机的强硬措施已经让他的民调支持率达到75个百分点。

我们眼下所能确定的就是这一点：在仅仅25年的时间内，现代总统已经在很大程度上完成了下述理念的正当化过程，即在对美国宪法做浅尝辄止的解读之后，总统就可以不遵守制定法。

❦

尽管总统签署声明越来越重要，但它们对大多数宪政主义者而言仍只是一种小伎俩式的新事物。相比之下，"陪审团"已经就第二种——也是重要得多的——执法分支宪政得出全体一致的裁决。近期的丑闻已经让公众开始关注司法部的意见写作分支——法律意见办公室内的精英们。柳淳以及他的秘密"酷刑备忘录"已经成为小布什政府滥用权力的臭名昭著的象征。有些人可能会设想，这些丑闻将会激发起从根本上改革柳淳所工作的办公室的要求。

这样的事并没有发生。主流的态度似乎认为，法律意见办公室是一种合理的制度，因此应当保持大体上的完整。这是一种错误。"酷刑备忘录"所代表的并不是一种暂时性的异常，而是深层结构性病理的一种症状，其预示着未来更恶劣的滥权。

鉴于近期的丑闻，批评家们确实意识到一定量微调工作的必要性——尤其是关于法律意见办公室的意见书的出版问题。许多意见书还是秘而不宣的，另外的则只是在多年过后才公开出版。这一点看起来愈发不可接受，而且已经有最杰出的法律人联合起来发出公开信，要求更多和更快的出版。如果意见的写作者知道，他的作品将会受到法律职业共同体的审查，他们应当不会加入柳淳备忘录所表现出的极端主义学说——或者这只是我们的希望。[26]

法律意见办公室的秘密意见提出了显而易见的问题，但是公开并不能解决更深层的困难。事实上，出版只会赋予法律意见办公室以更显要的角色，以实现未来总统夺权的正当化。当它看起来权威的宣言出现在危机时刻时，法律意见办公室可以为总统提供篡权的关键法律支持。这里的问题再一次是错位，一方面是执法分支形成其法律意见的非中立过程，另一方面则是它们对法律权威性越来越高的要求。

这里的错位并不像在总统签署声明的情形中那样显而易见。由法律意见办公室提供的官方"备忘录"看起来很像最高法院的司法意见，它们都有对先例和学者意见的精致分析——这显然区别于总统签署声明那种简陋的法律文书。但是除了屈指可数的例外，[27] 法律意见办公室的结论都坚定地支持执法权力。

这里存在着一种形式上的区别。联邦最高法院总是处理具体的案件，而法律意见办公室的备忘录时常会采取总括性宪法宣言的形式。[28] 无论民主党还是共和党都不反对这一实践。沃尔特·德林杰（Walter Dellinger），克林顿政府内的法律意见办公室主任，他曾经起草过一份政府关于权力分立的全面立场陈述，取代了在里根时代由威廉·巴尔撰写的一份同样——甚至更为激进——的备忘录。[29] 德林杰的宣言反过来又被小布什的法律意见办公室废止——只是这一次没有用另一个全面宣言进行替换。[30] 虽然如此，小布什的法律意见办公室却在其他阵线上发布了总括性的陈述——例如，曾有备忘录提出过分（但具有学术性）的主张，声称总统有权未经国会的同意，发动起一场世界范围内的"反恐战争"。[31]

在下一次总统夺权期间，法律宣言的写作会造成明显的危险。在这一场景下，法律意见办公室不会满足于对存在问题的执法行为进行个案式的证成。它会创造一个令人深刻印象的框架，主张一种总统进行自我扩权的总括性权力。

但是，这一黯淡的场景有多大可能出现呢？法律意见办公室到底是更可能充当一种法制主义的脚刹车，还是一种宪法的加速器？

如要评估相对的可能性，我们应当思考法律意见办公室独特的运转模式，这一点区别于首席检察官办公室。虽然它的级别等同于司法部内的其他主要分支，但该办公室仅由二十多位律师构成。这让它看起来很像法律精英主义的另一座堡垒，即首席检察官办公室，后者代表政府在联邦最高法院进行辩护。

但是，政府专职律师通常不会在法律意见办公室内获得最高级职位，这一点区别于首席检察官办公室。[32]事实上，该办公室的整个领导层会随着每一届政府的交接而发生改变。那些身居领导职位的法法学教授和精英律师都是成就斐然的职业人士——但是，他们是通过政治关系得到了现有的工作。他们会得到美国最好法学院内的近期第一流毕业生的协助，后者首先担任两年或者三年的助理律师，然后运用他们卓越的资历走入更高级的法律工作。[33]经验丰富的政府律师可以说是屈指可数。[34]法律意见办公室的强项是天才，短板却是制度性的记忆——坚定地信任他们的总统，却不太愿意承认国会的正当权威。

法律意见办公室的官员将相当一部分的时间都用来处理来自执法部门的电邮和电话，要求在困难法律议题上的指导，而且该办公室有强有力的制度激励，以一种不偏不倚的方式处理这些要求。但是，我们将可以看到这些标准化的激励并不适用于白宫特殊的、但也是最重要的案例。[35]

不过，还是让我们从标准案例开始——这些案例不涉及白宫，而是法律意见办公室正在回应来自执法部门对法律建议的要求。虽然该办公室的法律指导通常被认为在执法分支内是有权威的，但这一主张并不存在强有力的制定法基础（军方的案例是一种例外）。[36]法律意见办公室的更广泛权力具有一种更为实际的基础：如果不同的机构以不同的方法解释相同的制定法和宪法文本，就有可能出现巨大的混乱。因此，执法部门非常愿意将它们的争议提交给一个中立的仲裁者，以解决可能的冲突。法律意见办公室可以实现这一协调的职能，假如——但也仅假如——它可以以一种职业和公正的方式运转。

过去数十年内，法律意见办公室都出色地履行了这一职能，而且既然该机构已经确立了它的公信力，即便不存在机构之间的冲突，执法部门有时候也可能要求它提出意见——假若有机构预见到，仅通过它自己的法律顾问宣布本部门的法律意见，可能产生剧烈的政治争议，前述场景就会发生。通过将事务提交给法律意见办公室，它可能回避一种原本冲自己而来的政治攻击。如果这一策略性的赌博想要成功，法律意见办公室必须维持它的法律职业主义的声誉。

法律意见办公室已经采取了可强化这些角色期待的程序。虽然它会非正式地解决大多数的部门询问，但如果这些最初的努力归于失败，它将进入法制主义的模式——要求相关机构提交有关它们立场的摘要陈述。当有两个或者更多的部门牵涉在内时，这就启动了一种类似对抗制的过程，在这一过程中，相互竞争的机构在有争议的制定法和宪法问题上论证不同的观点。而法律意见办公室内的一个团队接下来会准备一份正式的意见书。通常来说，这一团队工作是由该办公室内一位主要律师牵头的，辅之以一位助理律师，同时候补来自另一位主要律师的"第二次审查"。办公室与其他相关机构之间的广泛磋商是普遍的。[37]

这一过程经常会产生一篇看起来像司法意见书的法律产品。但是，表象总是具有欺骗性。在面对当事方时，法律意见办公室采取的是一种自觉的便利方法，这与法院的方法正相反。[38]当办公室发现它们的法律论证不具有说服力时，它并不会起草一份意见书来告诉它们这一结果。相反，办公室会和相关机构一起工作，"为法律上不允许的执法分支提案提出可替代的合法方案"。[39]它只是将宣布执法分支的动议无效作为最后一招。

当总统成为法律意见办公室的顾客时，这一便利式的方法就达到了它的最大值。在这一情形内，法律意见办公室发现它自己和白宫律师办公室处于竞争性的关系——后者是另一个精英团体，它由权威的法律实践者和法学教授团队所领导，同时辅之以卓越的青年才俊。奥巴马总统的律师办公室有40位工作人员，其中25位担任全职的法律顾问。[40] 在优先级最高的议题上，它并不需要法律意见办公室给出意见书。而是可以在白宫内起草自己的意见。如果它与法律意见办公室的非正式对话表明了严重的意见分歧，白宫律师可以简单地拒绝要求法律意见办公室出具该事务的正式意见。在将司法部挤出决策圈后，白宫律师办公室可以为总统提供自己工作人员的法律意见，作为进一步行动的基础。

白宫在迈出这一步时有着一定的不情愿，因为法律意见办公室的选项确实具有相当的吸引力。在过去半个世纪内，法律意见办公室的努力工作已经培育出严格法律判断的声誉，白宫内的律师在这一点上只能有羡慕的份。法律意见办公室的一份意见书有助于总统动议的正当化——当然，只是要在意见书批准总统动议时。而且，如果白宫律师办公室有理由相信司法部办公室会对总统说"不"，那么白宫律师最好起草他们自己的法律备忘录，对总统说"是"。

在近几十年内，这种情形经常出现，没有任何人认为它有不妥之处。[41] 归根到底，美国宪法告诉我们，正是总统有职责"确保法律得到忠实的执行"。如果总统决定听取他自己律师的意见，军方和文职官员可以想见会追随总统的领导。可以确定的是，法律意见办公室根本不可能领导一场法制主义抗争的运动——事实上，它甚至不会得知总统的决策，直至决策最终上了报纸头条。

如果法律意见办公室经常被排斥在决策圈之外，它的声誉将受到损失，破坏了它通常而言的有效性。我们已经看到，法律意见办公室在官僚系统内的权威缺乏一种坚实的制定法根基——执法部门之所以将疑难问题呈交法律意见办公室，是因为该办公室享有严格法律分析的美誉，而它们之所以会服从它的意见书，是因为所有主体都这样做，抗命只会让它们成为执法建制内的"不法分子"。但是，如果总统在进行关键决策时总是忘记法律意见办公室，这一良性循环可能很容易瓦解。

这些制度现实可以见之于法律意见办公室在处理白宫要求时所适用的特殊程序。有别于标准案件，在进入意见写作阶段之前，办公室并不会要求白宫准备对其立场的摘要陈述。[42] 事实上，它参与的是一种有关法律议题的反复磋商——这给白宫律师提供了充分的机会，在他们提出正式的要求之前，可以有把握地猜到法律意见办公室的可能意见。[43] 既然法律意见办公室有留在决策圈内的强烈利益，这一非正式的意见交换过程将激励它在临界案件中不会说"否"。

但是从一开始，我们就没有理由假设法律意见办公室倾向于说"否"。法律意见办公室的官员和白宫律师办公室内的律师并没有太大区别。他们来自同一个由高层次律师和法学教授组成的精英阶层，在他们的政党控制着执法分支之时，利用他们的政治关系获得了越来越好的工作。他们都属于同一位总统的团队——因此在事陷困局时倾向于支持总统。[44]

制度视角上的区别抵消了人员组成上的相似。法律意见办公室的案头议程是总括性的，但是并不扩展至特别政治性的议题。相比之下，白宫律师要负责处理联邦最高法院的提名与其他的热点议题。[45] 鉴于这一事实，白宫律师在出具法律建议时不得不重点考虑短期的政治要求。

白宫律师并不总是政治上的特工。有些人得到这份工作，乃是基于他们长期以来建立起的独立判断的声誉，而且即便是在困难的条件下，他们还是忠诚于他们的法律信念。但是，我关注的是制度动力，而不是难以预计的个人品格。由这一视角看，白宫律师办公室最不可能成为对总统膨胀野心的一种体制性的法律制约。

相比之下，但也只有在相比之下，法律意见办公室才成为一片法制主义的绿洲。如果说白宫律师是由总统所任命的，那么仅有总统的宠爱，法律意见办公室的主管还不可能得到他的工作。后者必须由参议院批准，因此更有可能是一位具有独立姿态的人。他有时候还可以指望他的老板司法部长，保护他免于白宫的压力。自从1960年代起，司法部长们就非常忙碌，以至于很难积极参与意见书的起草。[46] 即便如此，他们有时候仍发挥了一种缓冲作用，防止来自白宫律师办公室的狂热分子走过界。

但是，这只是有时候。[47] 在水门事件丑闻过后，福特和卡特总统先后任命了坚定的法制主义者担任司法部长，比如艾德华·李维和格里芬·贝尔，以期象征着他们对法治道路的回归。这些司法部长明确表示，法律意见办公室不可能再成为白宫的喉舌。[48] 但是更经常的是，司法部长是总统团队内的关键成员，因此可能充当着白宫压力的导管，而不是一种缓冲制约。

如果我们向前看，想象下一次总统夺权，我们不应错误地幻想大的制度结构可以保护法律意见办公室的机构独立。参议院批准的要求和司法部长的角色有时候确实可以制约过度的政治化，但它们可能在最需要它们的时候失灵。

法律意见办公室或许具有它自己的官僚资源，进行法制主义的抗争？它的历史渊源可以追溯至首席检察官办公室。在20世纪的历史内，首席检察官赢得了免于白宫压力的相对独立性。首席检察官提供了一个例子，可供法律意见办公室在主张其宪法独立性时参考仿效，有时候这会取得成功。[49]但即便如此，两个办公机构之间还是存在着结构性的区别，这让法律意见办公室更难维持它的独立地位。

在面对白宫之时，首席检察官具有法律意见办公室没有的一个无价优势：当总统的律师劝诱他在最高法院内采行走过头的宪法论证时，首席检察官可以反过来告诉他们，这样做只会疏远原本游移不决的大法官。首席检察官将会解释，白宫如果希望赢得案件，就应当允许他论证一种更温和的法律思路。因为首席检察官熟知每一位大法官的立场和态度，总统的律师们很难审查他对法律节制的要求。面对首席检察官决心已定的反对，他们经常会退却。

但是，法律意见办公室却处于一个非常不同的位置——特别是在关于执法权和国家安全的关键问题上，它们是办公室和白宫之间的核心关系所在。有关这些事务，联邦最高法院的意见不仅屈指可数，而且模棱两可。即便在法院就一项争议作出裁决时,它们也通常是极其谨慎地进入这一领域,以至于在最高法院下达一项主要判决之前,现任总统可能已经离职。正因为如此,法律意见办公室在和白宫打交道之时并不具有同样大的谈判筹码:它无法告诉白宫,极端的立场只会导致法院否决其所主张的法律。但是,如果要对抗短期的政治压力,它如果不能这么说,又能说些什么?

法律意见办公室的许多主管已经在法律评论文章和晚餐演讲中讨论过这一困局。例如,杰克·戈德史密斯(Jack Goldsmith)在担任布什政府的法律意见办公室主任时,曾因撤回柳淳的"酷刑备忘录"而赢得广泛的赞誉。然而,他曾经坚持认为,"给总统的法律建议……既不像由私人律师给出的建议,也不像来自法院的政治中立的判决。它会不可避免地、令人难堪地处于两者之间"。[50]

戈德史密斯的双重否定究竟希望表达什么呢?不过,听到法律意见办公室并不是纯粹的私人律师,为了满足客户的要求而对法律削足适履,我们或许可以感到少许的慰藉。这在正面探讨方面不会提供太多帮助。如果法律意见办公室也不希望提供"一种政治上中立的判决",那么它希望成为什么?

当阿布·格莱布监狱(Abu Ghraib)和"酷刑备忘录"的信息泄露给公众后,上述问题成为一种新的公共话题。在小布什的司法部遭遇强力攻击时,克林顿的法律意见办公室的关键成员努力为此次辩论做出一种建设性的贡献,他们拟定了一部指引该机构未来运转的《指导原则》。[51]但是,他们的努力只是在强调这是一种两党共识型的危险,即未来的法律意见办公室将成为总统的橡皮图章。

首先,《指导原则》根本没有设法使得法律意见办公室绝缘于白宫的压力。它们明文主张,办公室的宪法解释可以适当地考虑"当前在职的总统的观点"。虽然它们反对法律分析成为"总统政策偏好的纯粹工具",但它们将法律意见办公室视为"既服务于总统制度,又服务于一位在职的、民主选举出的具体总统"。鉴于总统的"民主"授命,他们有时候可以正当地拒绝"服从他们认为违宪的法律"。

为了减弱冲击力,《指导原则》向我们保证,这样的案件将是"少之又少的"。但是,克林顿的团队曾谈到,总统单边主义的"准确结构"是"存在一定辩论空间的主题"。更糟的是,它宣布这种辩论完全"超越了本文件的范围"——任由未来的法律意见办公室在这一关键议题上采取极端的立场。[52]

法律术语的晦涩不可能隐藏关键的问题:在这个因酷刑怒火开启了根本性改革之可能性的时期,克林顿的团队却共同确认了法律意见办公室作为现职总统之宪法辩护士的角色。这也难怪小布什的法律意见办公室主管们投桃报李,表达了他们对克林顿《指导原则》的支持。[53]

在本书的第三部分,我将挑战这一两大党的共识。但是就目前而言,我只需要完成一种不那么激进的论证:即便是在更为常规的时期,《指导原则》也会产生一种制度动力机制,久而久之,就将鼓励发展出一套一边倒的法理学说。[54]

如果每一届法律意见办公室都服从"民主选举出的总统"的观点，它就将一套越来越总统主义的意见传给下一届办公室，成为它工作的基础。这一"棘轮"效应在最近数十年中可以说相当明显——无论白宫内坐着的是哪一家政党。若是还有不同的话，私人律师模式的否决会招致一种更虚伪的法律发展风格，法律意见办公室在其中提供了一种原则性的，但其至更为总括性的总统权力观。

这就将我带回到"反恐战争"初年法律意见办公室的运转。杰伊·拜比是当时办公室的主任，他的专长领域并不在此，因此理所当然地考虑让他的副手柳淳提供学理上的指导。柳淳曾是任教于加州大学伯克利分校的一位年轻的学术新星，正是因为柳淳对总统权的宪法学研究表现出高度的学术价值，学校晋升了他的教职。如果在法律意见办公室内还有谁能够提供对执法权的原则性建构，那么这个人就是柳淳。

柳淳的宪法原则是极其保守的。这并不是一种偶然——法律意见办公室的主要律师通常是因为政治关系得到了他们的工作，而且，他们的法律观念总是大致符合总统的统治哲学。在柳淳开始起草他对总统权力的法律颂歌时，柳淳自然而然地和白宫律师保持着密切接触。我们已经看到，在法律意见办公室的审议中，白宫总是被预留了一个特权位置——它得以免除执法分支建制内其他部门所要通过的公正程序。

在柳淳的案例中，唯一的异常之处是柳淳参与白宫政治的强度。为了回应"9·11"事件，白宫律师阿尔伯托·冈萨雷斯（Alberto Gonzales）召集了一个特别小组，应对由"反恐战争"所提出的新问题。既然法律意见办公室在过往历史中与白宫有过非正式的磋商，冈萨雷斯很自然地邀请柳淳加入他的"战争委员会"，而柳淳也成为一位积极的参与者。面对由紧急状态提出的新挑战，柳淳的参与可以说是一种可以预期的官僚制回应——代表着在白宫和法律意见办公室之间的合作惯例的加强而非否定。

法律意见办公室在"9·11"事件后的表现并无反常。柳淳加入法律意见办公室，将之改造为总统权的法律辩护士，他是在敲开一道开着的大门——而在下一次，另一位真诚的信仰者将发现他自己处于相同的位置。

而且，一旦他开启大门，关闭大门被证明非常困难——柳淳的故事的余波就表明了这一点。总统非常满意法律意见办公室的工作，因此提名它的掌舵人杰伊·拜比担任联邦上诉法院法官的尊贵职位。这就在法律意见办公室的高层留下了一个空缺，而白宫的律师竭力为柳淳进行游说——只是遇到了来自司法部长本人的抵制。约翰·阿什克罗夫特并不是在实体上反对柳淳的极端法律学说。他否决柳淳是基于自己的理由：柳淳并没有充分清除他在白宫和司法部之间的活动，因此威胁到阿什克罗夫特掌控司法部的感觉。[55] 如果柳淳在对付阿什克罗夫特时更圆润一些，他本有可能作为助理司法部长掌控这个办公室，由此启动另一波加速总统主义动量的法律宣言。制度环境内并不存在一种强有力的自我纠错机制。

虽然如此，阿什克罗夫特的否决还是发挥了作用，白宫因此需要物色另外一位持有强烈保守宪法理念的高级学者。杰克·戈德史密斯这位哈佛法学院的新星教授，看起来是一位理想的候选人。但是，在为这一职位补缺的匆忙之间，戈德史密斯的面试者并没有时间发现戈德史密斯并不是他们所设想的那种死硬保守派。[56] 在戈德史密斯成为助理司法部长后，他仅花数月时间就决定，柳淳的"酷刑备忘录"在法律上是站不住脚的。虽然他很快撤回了柳淳的一份意见书，但保留了柳淳的另一份关键意见书，直至阿布·格莱布的丑闻大白于天下。这一备忘录让中情局职员以及其他官员免除未来刑事追诉的恐惧——让他们有理由真诚地相信，模拟溺水以及其他显而易见的酷刑都是合法的。戈德史密斯也开始怀疑这一备忘录，即便它的废止将剥夺总统忠实仆人们的"免罪金牌"。丑闻爆发后，戈德史密斯确实行动起来，很快撤回了这一备忘录。但是，为了保证他的决策可以坚持下去，戈德史密斯同时宣布了他的辞职。他解释道，这将让白宫难以推翻他的决策，而"无须让我看起来是因为抗议才辞职"。[57]

因政治压力的打击，戈德史密斯只在这个职位上坚持了九个月："政府内部的重要人物已经开始质疑我的工作韧性以及我的可靠性。"[58] 这让法律意见办公室更为步履蹒跚：假设没有戈德史密斯的工作，该办公室是否会缩小柳淳所授权的审讯技术的范围？

答案是否定的。虽然法律意见办公室消除了柳淳的一些更过分的总统权力诉求,但他们继续维持模拟溺水和其他形式的恶劣虐待的合法性![59]

当执法正义的车轮慢慢生产出更多的法律判断,来自阿布·格莱布的骇人照片正在为政治反对的怒火浇上燃油,导致新的反酷刑立法在 2005 年通过。但是,在批准这一法案时,小布什总统附加了一项签署声明,保留了他"作为总司令"沿用适当审讯惯例的权利。法律意见办公室再一次地站在它的总司令的后面,为那些曾经激起公众抗议的相同审讯技术提供了另一轮的合法性辩护。尽管小布什在他第二个任期内政治资本陡降,法律意见办公室还是成功地维持住了柳淳的许多法律遗产,仅仅在一部分议题上进行了策略性的回收。[60]

奥巴马总统已经否决了小布什政府有关酷刑和审讯的备忘录,[61] 但是他并未着手纠正生成这些备忘录的结构——即便是奥巴马的司法部已经让结构性问题大白于天下。当司法部就拜比和柳淳在"酷刑备忘录"事件中的职业伦理做出官方裁定时,真相的时刻到来了。

就在"酷刑备忘录"其中的一件泄露给公众后不久,司法部在 2004 年 10 月就已经开始了调查,而且司法部的职业责任办公室最初提供了一份强烈否定拜比和柳淳的裁定。但是,这些意见书却秘而不宣,直至最终的审查过程得以完成。小布什政府成功将最后审判日推迟到任期完结之后。司法部在 2010 年 1 月仅宣布了它的最终裁决。经过六年的集体思考,司法部完全免除了对拜比和柳淳的所有非职业行为指控。

司法部承认,"酷刑备忘录"已经呈现出"不完整和一边倒的"论证,而且杰克·戈德史密斯在撤回这些备忘录时就已认定,它们"在法律意见办公室的此前意见、司法判决,或者在任何其他的法律渊源中,都不存在根据"。[62] 但是根据司法部的裁定,这尚不足以认定备忘录的写作者的行为是非职业的。

如果你假定这一结论是政治驱动的,你将大错特错。大卫·马格里斯是得出这一结论的司法部官员,这位长期在政府任职的律师,在许多有关职业伦理的调查中一直扮演着杰出的角色。他的决策过程基本上是绝缘于政治控制的。虽然他的分析可以争辩,但此处并不是辩论它的场所。[63]

我关注的问题是制度性的,并不是关于个人的。在下一次危机发生时,司法部的这一决策大大地增加了更多的法律越轨的可能性。我们已经看到,法律意见办公室的总体组织——它的官员聘任模式,它和白宫之间的关系,它对于"目前在职的总统的观念"的尊重——推动它的高层律师成为总统权力的辩护士。而现在,司法部的免罪决议又强化了这些动力。下一次,法律意见办公室的高层律师环顾他们的四周,发现杰伊·拜比端坐在联邦上诉法院的法官席上,而柳淳在无数脱口秀节目上肆无忌惮地声称,他一直以来都是正确的。而且,他们将充分意识到,戈德史密斯的辞职并未从根本上改变布什政府的后继者所采取的道路。

考虑到以上种种,如果白宫在未来要求更多的法律备忘录，辩护那些不可能辩护的主张，他们为什么应该抵制，又为什么要辞职呢？

这是一个在奥巴马政府内无人提出的问题。政府内的所有人都相信他们的总统将不会重蹈小布什的违法暴政，因此没有人认真思考过根本性的结构改革的需求。这是法律意见办公室和白宫律师办公室的日常业务：每一天都有新的紧要议题进入办公室，需要紧急解决；跟得上工作的进度已经很难，哪里还有时间去担忧明天的问题，更不必说是那些在接下来十年甚至二十年可能发生、但也可能不会发生的问题。

所有这些，尽管不是值得赞赏的，也是完全可以理解的。尽管如此，美国的政治领袖有时确曾成功地走入历史的大视野。如果没有那些反复出现的制度改造，以应对一个变革世界的挑战，建国者的宪法很久之前就会衰亡。我们这一代美国人已经从这一宪法再造的活传统中受益良多；而我们也有继续调整当下的制度设置的特殊职责，为我们的子孙后代保护共和的自治政府。

我们现在却未能完成这一职责。

如果我们将"酷刑备忘录"放在历史的大视野之内，我们还有更多悲观主义的理由。无论是白宫律师，还是法律意见办公室，它们正在进行的演变都可能在未来数十年内导致更急剧的崩溃。

不要忘记，总统的律师只是在相当晚近才开始成为一种制度性的力量。白宫律师是富兰克林·罗斯福的一次意外创造物。在"二战"期间,罗斯福总统要求他的老友山姆·罗森曼担任总统府的官员。[64] 在来到白宫之前,罗森曼是纽约州的一位法官,因此罗斯福偶然想到让"法官"出任"总统的法律顾问"的念头。[65] 但事实上,罗森曼是一位演讲撰稿人和政治顾问。他的法律任务可以说微乎其微,以至于他根本不需要一位法律人员协助他的工作。[66]

罗斯福的任命为接下来的 30 年设定了一个模式,总统将"顾问"这一尊贵的头衔奖赏给那些担任着大量政治职能的忠诚助手。虽然他们时不时地会拼凑起一知半解的法律建议,[67] 但司法部长保持着他作为总统首席法律顾问的无争议的地位——只有他握有一支可以随时候命的卓越律师大军,而总统的法律顾问在工作时通常没有优秀法律人才的协助。

事情开始发生变化,还是在理查德·尼克松政府时期的偶然之举。根据标准的惯例,尼克松将他的政治高层助理约翰·埃利希曼任命为光荣的"总统顾问"。但是,尼克松很快让埃利希曼掌管他新设立的国内委员会,而仅有 30 岁的约翰·迪安成功地得到了出缺的顾问职务。[68] 年轻的迪安并没有政治资本担当起资深政治家的传统角色,因此尼克松的白宫办公室主任鲍勃·霍尔德曼只让他从事特别的任务。

迪安证明了自己是一位一流的创业者,他设法建立起一个法律工作人员的小团队,"解决每一个人的问题,并且在工作时谨言慎行。我们向那些婚姻已经破裂的工作人员给出离婚法律的建议,我们为那些工作在混乱环境内的菲律宾官员回答关于移民法的问题",迪安在他的自传《盲目的野心》中给出了前引的解释。[69]当迪安开始为白宫官员在利益冲突问题上给出建议时,迪安发现了金矿:"看起来,当你真的清楚地知道一个人的个人经济状况后……如果你行事得当,你最终就能得到他的信任。而一旦你得到了他的信任,他就会给你委派任务。我们所要做的就是处理那种任务……当我们得到一个问题时,我们就要给出正确的答案,速度要快。"[70]当迪安因卷入水门事件而不得不在1973年辞职时,他留下的是一个活跃着五位雄心勃勃的律师的办公机构。

说起来也怪,正是水门事件保存了迪安有疑问的遗产。丑闻鼓励高层官员雇用自己的法律助手来保护他们。例如,杰拉德·福特副总统就头一次雇用了一位法律顾问,由此设定的先例最终让迪克·切尼将他的顾问大卫·阿丁顿转变为小布什白宫内的关键人士。[71]

但是,这一勇敢的新世界还远在1970年代早期的地平线之外。总统的律师办公室仍然维持着低调的运转,它的未来一直都是存疑的,直至吉米·卡特将它纳入执法分支的建制。[72]如往常一样,卡特的这次决定并不关乎制度性的价值,而完全是建基于短期的政治:卡特当时在民意调查中不断下挫,因此他在1979年将劳埃德·卡特勒任命为他的法律顾问,希望借此复苏他萎靡不振的运气。卡特勒是他那一代人之中伟大的法律人-政治家,而他也为这一职位注入了一种新的意义——把它作为在重大宪法问题上进行公共干预的跳板。[73]与此同时,他的声望就好比一块磁石,吸引着卓越的律师担任他的工作人员。[74]

卡特勒并不是帝国建造者。白宫律师办公室仍保持着迪安留给后继者的极小规模的运转。即便如此，卡特勒还是成功地将该机构确立为权力中心的一支精英队伍。虽然数十年来，卡特勒的后继者有着各不相同的才干和成就，[75]但他们都成功地维持了本机构运转的正当性——在丑闻缠身的克林顿政府期间，该办公室的官员由5位逐渐增加至40位。小布什政府开始时将人员削减至15位，但最终慢慢恢复到30位左右。[76]特别值得注意的是，因为总统顾问阿尔贝托·冈萨雷斯及其继任者所产生的激烈争议并未能抑制这一机构的继续扩张——它在奥巴马政府初期已经增加至40多人。[77]更重要的是，奥巴马已经成功地招募了一批一流的法学教授和卓越的法律执业者，从而确认了这一机构的超级精英地位。[78]

较之白宫律师的不断上位，司法部长作为总统首席律师的资格却在缓慢衰微。

首先看建国伊始。在建国时代，总检察长（Attorney General）并没有主管一支庞大的官僚队伍——司法部只是内战后重建时代的产物。* 总检察长甚至没有被要求放弃私人执业。这一职位只是荣誉的象征——在职者经常要负担相当大的成本，因为他们的薪俸只是其他内阁官员的一半。[79]在这一被遗忘的世界内，总检察长的主要任务之一就是给政府

---

* "Attorney General"现在译为司法部长，但正如正文所示，司法部直至重建时代才组建，此前"Attorney General"只是个体户官员，而不是相关内阁部分的首长，因此译为总检察长，请区别于"Solicitor General"（本书译为首席检察官）。——译者注

要解决的事务起草咨询性的意见书——虽然他们激烈地抱怨低廉的薪俸，但他们的私人收入却赋予他们行使独立法律判断的充分空间。基本上，他们是在给总统帮忙，因为矛盾冲突而辞职既不是一种不光荣，也没有经济损失。

当联邦事务越来越多，这一体制开始捉襟见肘。到了1850年代，卡莱布·库欣成了全职的总检察长，因此也得到了全酬，但是他根本无法应付起草意见书的职责——在早晨7点就来到办公室，开始一整天的工作。[80] 詹姆斯·斯皮德在林肯和约翰逊政府时为了完成意见书，甚至无法参加礼拜日的礼拜。[81]

司法部在1870年的创立并没有减缓压力——这个"部"最开始时仅有两个助理和一位首席检察官，帮助已经不堪重负的"司法部长"。但是，随着司法部在接下来半个世纪内的扩张，司法部长开始将他大部分的意见起草工作委托给他的助理——仅在时间允许和意见的重要性要求之时，进行最后的修正工作。[82]

数十年过去，准备性的工作开始转移给首席检察官以及他的精英律师小团队。这一转变完全合情合理。首席检察官办公室已经承担起就重大法律问题向联邦最高法院提交诉状的职能，因此这一机构看起来适合帮助司法部长完成意见书写作的业务。[83] 1925年，首席检察官的角色在司法部内被正式制度化了。[84]

接下来，大萧条来袭，而联邦政府开始了它在规制任务上的大扩张。新的执法机构大量出现，在机构的法律解释相互冲突时，司法部提供法律指导意见的需求也在相应增加——而首席检察官的反应则是委派了一位特别助理，承担起意见书写作的职能。到了 1950 年代，首席检察官办公室的这一特别部分逐渐演化为现在的法律意见办公室。[85]

在这时，白宫律师还只是一种有名无实的存在——而司法部则继续维持着它作为总统唯一严肃的法律顾问的地位。而且，正如它此前在首席检察官办公室内的单元，法律意见办公室基本上由公务员律师组成，他们缓和了高层政治任命者的总统主义冲动。[86]但是，就像吉米·卡特提名劳埃德·科特勒担任白宫法律顾问，卡特政府也改变了法律意见办公室的性质。从卡特开始，政治任命者主宰了法律意见办公室的高层职位，而且助理律师也主要由才华横溢的年轻职业人士组成，不再是那些具有数十年政府经验的成熟老手。[87]

法律意见办公室继承了一项伟大的传统，但是它当下的政治化环境像极了它在白宫内的强大对手。更重要的是，它对法律权威的主张已经在明显地衰微。虽然"酷刑备忘录"可谓声名狼藉，但正是白宫律师阿尔贝托·冈萨雷斯——而不是法律意见办公室内的杰伊·拜比或者柳淳——向总统提出建议，《日内瓦公约》是历史残留下来的"古董"，并不适用于反恐战争。[88]

在奥巴马政府初期，白宫律师的要求进一步扩张。他不仅为总统提供机密的建议，还开始公开为总统辩护，以此挑战法律意见办公室作为总统法律发言人的传统角色。[89]

我并不是觉察权力天平由法律意见办公室转向白宫律师

的第一人。彼得·沃利森在反思他担任里根总统法律顾问的经验时，曾经发现了相同的动态：

> 白宫官员总是会战胜执法机构和总统的内阁，原因总在于他们更接近总统……如果出现了关于总统权力的宪法问题，如果白宫官员需要的话，他们可以独立地做出自己的决定，无须和法律意见办公室进行磋商。假若某一团体具有先手机会，甚至无须通知另一个团体，久而久之，第一个团体就会越变越大，越来越有能力，最终完全冻结第二个团体，这可以说是一种四海皆准的现象。基于这一原因，最终白宫律师办公室将挤掉司法部的法律意见办公室。我想这是一种长时段的趋势。[90]

没有什么是必然的。但是，假如奥巴马的团队成功地抹去了白宫律师办公室在小布什期间招致的恶名，沃利森的预言在10年或者20年内很可能会得到验证。一次又一次地，我们将看到白宫律师办公室向法律意见办公室施加压力，要求后者为总统特权提供宪法上的辩护——如果法律意见办公室表现得不够热情，他们就会代之以自己的法律宣言。

只是这一次，这些看起来权威的宣言将是公开的，而不再是私密的；而且这些宣言将成为一种基础，在它之上生长出一系列面向庞大官僚体制内总统效忠分子的执法令。当这些人服从了他们的总统，忽视本部门对制定法指令的传统理解，国会的反应将是通过更多的制定法——而总统在批准法案的同时也将附加签署声明，宣布法案的关键条款违宪，因此不可执行。

总统的批判者将会把他们的案件送到法院，而全国范围内的地区和上诉法院法官接下来会写下各不相同的判决意见。在此期间，司法部长和白宫律师将公开重申他们对自己的法律意见的信心，而总统将指示他在官僚系统内的政治效忠者坚定不移地恪守法治——只是根据执法分支所解释的法律。官僚系统将会服从总统，尽管下级法院所下达的相反法律判决已经如星星之火。

既然官僚机关已经造成了既成事实，总统将向美国人民寻求支持。当选民们团结在总统的片段式宣传时，民意调查人员将用数据证明总统支持的广泛性：看起来，82%的美国人在这一危机时刻站在他们总统的背后，而有64%的美国人相信，总统有着坚实的根据去推动总统所理解的法治。

当问题移交至联邦最高法院，大法官们思考着他们的选择——正好比军方的司令们，他们站在场边忧心忡忡地思考着民调、危机和即将到来的选举。

❦

我将让你来完成这一共和衰落的传说。

注释

1. See "Nixon's Views on Presidential Power: Excerpts from an Interview with

David Frost", at www. landmarkcases. org/nixon/nixonview. html.
2. 卡特政府的法律意见办公室开启了这一变革过程，其 4 年任期内所发表的法律意见书（362 件）超过了其后继任者在 8 年内的总量（里根：293 件；老布什：102 件；克林顿：251 件；小布什：166 件）。区别于后来的法律意见办公室，它在卡特时期并不在分权问题上签发普遍性的意见，而是将自己限制在特定的案例内。例如参见 Disposition of Nixon Memorabilia, 1 Op. OLC. 1 180（1977）。
3. H. Jefferson Powell, *The Constitution and the Attorney General* (1999). 该案例教科书为现代法律意见办公室的工作找到一种可追溯至建国时代的历史传统，从而证成了其工作的正当性。教科书的开篇就是第一任总检察长约翰·伦道夫起草的有关合众国银行合宪性的著名意见，直到第 378 页才开始收录现代法律意见办公室所撰写的第一份意见书（全书共 697 页）。这一编撰方式让读者认为，当代的法律意见办公室都是由伦道夫们所组成的。但是，约翰·伦道夫根本不曾面对鼓励当下执法分支之政治化法理学的制度动机。鲍威尔将两个世纪内的意见书混同在一起，他的叙事让读者忽视了困扰现代总统宪政主义的制度错位。
4. 总统认识到这一实践的反常性。在签发总统声明时，尤利西斯·格兰特就称其为 "传达认可通告的非常规方法"。参见 Christopher N. May, *Presidential Defiance of "Unconstitutional" Laws: Reviving the Royal Prerogative*, 73（1998）（引用了 1875 年 1 月 14 日的信息）。第一份总统签署声明有时被追溯至詹姆斯·门罗；参见 Christopher S. Kelley, *The Unitary Executive and the Presidential Signing Statement* 57（2003）（unpublished Ph. D. dissertation, Miami University）, at www. pegc. us/archive/Unitary%20Executive/kelly_unit_exec_and_pres_sign_stmt. pdf. 但这是一种时代的误会，因为门罗只是在他签署法案的 30 日后才签发了一项解释。参见 May，同上，第 116—117 页。安德鲁·杰克逊是一位创造者——杰克逊总统不仅革命性地运用了总统否决权，也试验着总统签署声明。参见 Gerald N. Magliocca, "Veto! The Jacksonian Revolution in Constitutional Law", 78 *Neb. L. Rev.* 205（1999）。但是，杰克逊的启动之举就激起了来自众议院的激烈反对。Congressional Research Service, *Presidential Signing Statements: Constitutional and Institutional Implications*, 2（2007）, at fas. org/sgp/crs/natsec/RL33667. pdf. 倒霉的约翰·泰勒签发了一个温和的声明，提出了对一部制定法的宪法疑问，同时也表示了对立法判断

的尊重，但它被谴责为"一种对公共记录和档案的毁损"。Kelly，同上，第95页（Quoting H. R. Rep. No. 27—909［1842］）。总计，凯利在19世纪找到了大约25件总统签署声明，其中有6件提出了合宪性的问题。简言之，"总统签署声明直至进入20世纪都仍是一种反常规的现象"。May，同上，第73页。

5. 凯利区分了三种类型：宪法性声明发出直接的挑战；政治性声明可能包括法律论证，但并没有挑战法案的正当性，而只是设法动员选民，或者是为执法机构提供指引；修辞性声明仅仅主张制定法动议的民众性。运用这一三分法，凯利发现胡佛总统签署了1件宪法性声明、11件修辞性声明；罗斯福签发了3件政治性声明、48件修辞性声明；杜鲁门签发了3件宪法性声明、7件政治性声明、108件修辞性声明；艾森豪威尔签发了9件宪法性声明、7件政治性声明和129件修辞性声明；肯尼迪签发了1件宪法性声明和79件修辞性声明；而约翰逊签发过11件宪法性声明、2件政治性声明和289件修辞性声明。在水门事件后，国会开始攻击不受制约的总统权力，福特与卡特总统的回应是加强了表达宪法性关注的签署声明。但数量仍然不多——福特在1年多的时间内的130件声明中有10件宪法性声明，而卡特的247件声明中有24件宪法性声明。参见Kelley，同注4，第64、192页。

克里斯托弗·梅提供了另一种统计性指标。他认定了在1789年至1980年受到挑战的92部制定法（包括101项条款）。但是，他只发现了12个案例，在其中总统明确不服从他所挑战的条款——其中7次发生在福特和卡特政府期间。参见May，同注4，第77—80页。否则的话，"首席执法官：①因为没有机会对抗立法，所以只能顺从立法举措；②发现一种合法方法回避该条款；或者③尽管提出他的宪法反对意见，但仍然尊重该制定法"。同上，第81页。

这些定量研究要求在数据归类时进行大量的判断。在1789年至1980年，梅发现了92件宪法性挑战案例，但凯利只发现了75件。Kelley，同上，第192页。总之，可以明确的是，总统签署声明的正当化过程只是发生在过去一代人中间，而不是更早。

6. Memorandum from Samuel A. Alito, Jr., Deputy Assistant Attorney Gen., Office of Legal Counsel, to the Litigation Strategy Working Group (Feb. 5, 1986), at www. archives. gov/news/samuel-alito/accession-060-89-269/Acc 060-89-269-box6-SG-LSWG-AlitotoLSWG-Feb 1986. pdf.

7. 同上，第2页。
8. 总统只有10天时间准备否决声明——但是，他们还是在过去数世纪内成功完成了这一工作。为什么不可以认为总统可以在同样短的时间内完成高质量的签署声明呢？

    因为这两种信息承担着不同的功能。否决声明并不是一部制定法的地位的最终判词——它只是向国会发起了挑战，国会可以由三分之二的多数否决总统的否决。如果国会实现了必要的三分之二多数，法案就成了法律，而总统否决在法律上则失去意义；如果国会未能达到三分之二的多数，整个法案就因此死亡，而执法分支或法院在解释可适用的法律时没有职责考虑总统的否决信息。

    相比之下，总统签署声明意在传达一种持续性的法律意义——界定制定法的哪些条款是有效的法律，哪些不是，如何基于宪法性疑问的前提解释存在问题的条款。所有这些功能都要求大量的思考——也正是这一点让10日期限看起来太过恣意。

9. 正如阿利托所言："如果总统签署声明想要取得重要的地位，我认为总统必须摆脱在签发法案前就完成所有工作的要求。正因如此，在最初的努力开始后，总统可以在签署法案时指出，他的签署乃是基于将在随后签发的声明内详细陈述的一种解释。"同上，第5页。
10. See Curtis Bradley and Eric Posner, "Presidential Signing Statements and Executive Power", 23 *Con. Comm.* 307, 323 (2006). See, also, Nelson Lund, "Guardians of the Presidency: The Office of Counsel to the President and the Office of Legal Counsel", 209, 221, in Cornell Clayton, ed., *Government Lawyers: The Federal Legal Bureaucracy and Presidential Politics* (1995).
11. 沃尔特·德林杰是法律意见办公室的主任，他并未设法在这一实践仍脆弱时就扼杀它。德林杰只不过是试图限制克林顿总统可以签发声明的理由范围。德林杰的巧手并未影响未来的政府。参见 Memorandum from Walter Dellinger, Assistant Attorney Gen., Office of Legal Counsel, to Bernard N. Nussbaum, Counsel to the President (Nov. 3, 1993), at www.usdoj.gov/olc/signing.htm。
12. Bradley and Posner, Supra n. 10, at 323.
13. See Christopher Kelley, Signing Statements, Reagan-Obama, at www.users.muohio.edu/kelleycs/.

14. See American Bar Association, *Task Force on Presidential Signing Statements and the Separation of Powers Doctrine*, 5 (2007), at www.abanet.org/op/signingstatements/aba_final_signing_statements_recommendation-report_7-24-06.pdf [ABA *Report*].

15. 小布什总统对签署声明的滥用在2008年总统大选中成为一个议题,约翰·麦凯恩承诺要终止这一实践。但是,奥巴马仅承认要尽可能地限制它的运用。Michael Abramowitz, "On Signing Statements, McCain Says 'Never', Obama and Clinton 'Sometimes'", *Washington Post* A13 (February 25, 2008). 在第一年总统任内,奥巴马签发了8件签署声明——其中3件是纯粹修辞性的,5件是宪法性声明。参见 The American Presidency Project, *Presidential Signing Statements*, at www.presidency.ucsb.edu/signingstatements.php。白宫近期指出,它不会签发仅仅复述此前反对意见的签署声明。确切地说,奥巴马将签署法案,只不过是忽视他认为有问题的条款。但是,这一非正式的政策随时可能改变,它并不代表着在基本议题上的一次根本撤退。Charlie Savage, "Obama Takes New Route to Opposing Parts of Laws", *New York Times* A10 (January 8, 2010).

16. 布拉德利和小波斯纳前注12的论文完全没有讨论这一根本问题。

17. 正如美国律师协会所言,小布什总统的签署声明"是仪式的、机械的,通常不带有权威的引证或详细的解释"。ABA Report, 同注14, 第16页。还可参见 Congressional Research Service, 同注4, 第5页。布拉德利和小波斯纳教授正确地指出,小布什在这一方面并未有别于他的前任们。参见前注10, 第321—334页。奥巴马的第一件签署声明继承了这一简陋的传统,例如参见 Statement on Signing the Omnibus Appropriations Act, 2009, Mar. 11, 2009, at www.presidency.ucsb.edu/ws/index.php?pid=85848(该声明比通常更加详细些,有700字!)。

18. 在形式上,管理与预算办公室应当根据1979年的一份通知所设定的程序,管理签署声明的准备工作。The Office of Management and Budget, Circular No. A-19 (Sept. 20, 1979), at www.whitehouse.gov/omb/rewrite/Circulars/a019/a019.html. 该办公室要将新的法案送达每一个"利益相关"机构,"给它们48小时(!)提交具体的建议书,包括一份签署声明的草稿"。所有这些文件都要在"不迟于收到法案的第五天"送达白宫。同上。白宫接下来有5天时间作出最后决策。

19. 在里根和克林顿政府期间,白宫律师办公室扮演着二等角色。参见

Jeremy Rabkin,"At the President's Side:The Role of the White House Counsel in Constitutional Policy", 56 *Law and Contemp. Probs.* 110（1993）；May，同注4，第138页（讨论了里根）。参见 Mary Anne Borrelli, Karen Hult, and Nancy Kassop, *The White House Counsel's Office*, 31 Pres. Stud. Quar. 561, 581（2001）（讨论了克林顿）。

20. 关于白宫律师博伊登·格雷的角色描述，可参见 Charles Tiefer, *The Semi-Sovereign Presidency：The Bush Administration's Strategy for Governing Without Congress*, 50—59（1994）。

21. 关于执法分支内的咨询程序，参见 Trevor Morrison,"Constitutional Avoidance in the Executive Branch", 106 *Colum. L. Rev.* 1189, 1244—1245（2006）；Cornelia Pillard,"The Unfulfilled Promise of the Constitution in Executive Hands", 103 *Mich. L. Rev.* 676, 711—712（2005）。

22. 作为政府政策的"总设计师"，阿丁顿审查所有的新立法，起草了数百份为执法权辩护的意见书。白宫律师办公室和法律意见办公室内的律师看起来只能扮演二等角色。参见 Charlie Savage, *Takeover：The Return of the Imperial Presidency and the Subversion of American Democracy*, 236（2007）。

23. National Parks & Conservation Ass'n v. Kleppe, 547 F. 2d 673, 678 n. 16（D. C. Cir. 1976）；Clifton D. Mayhew, Inc. v. Wirtz, 413 F. 2d 658, 661（4th Cir. 1969）；Creek Nation v. United States, 168 Ct. Cl. 483, 493（1964）；Grumbine v. United States, 586 F. Supp. 1144, 1146 n. 4（D. D. C. Cir. 1984）；Church of Scientology of Cal. v. United States Dep't of Justice, 410 F. Supp. 1297, 1300（C. D. Cal. 1976）；DaCosta v. Nixon, 55 F. R. D. 145, 146（E. D. N. Y. 1972）。

24. 参见 Kristy L. Carroll,"Whose Statute Is It Anyway? Why and How Courts Should Use Presidential Signing Statements When Interpreting Federal Statutes", 46 *Cath. U. L. Rev.* 475, 503（1997）（收集了截至1997年的案例）。我已经更新了卡罗尔的研究，收录入直至2009年的案例，有需要请索取。

25. 当林肯总统查抄财政部时，国会正处于休会期，而这一点可能掩饰林肯的行动，尤其是国会事后追认了林肯的行动。J. G. Randall, *Constitutional Problems under Lincoln*, 36—37, n. 15（1951）. 但是，这些情有可原的背景无法防止总统的律师广义地解读这一19世纪的先例——这是美国法发展中的一种普遍现象，尤其可能发生在危机背景下。

26. 例如参见，"Principles to Guide the Office of Legal Counsel", 81 *Ind. L. J.* 1348（2004），该文要求法律意见办公室，"如果不存在延期披露或禁止披露的强烈理由，应及时公开披露它的书面法律意见"。同上，第1351页（曾任职于该办公室的一组杰出官员签署了该文件）。Trevor Morrison, "Stare Decisis in the Office of Legal Counsel", 110 *Col. L. Rev.* (forthcoming, 2010)，该文同样建议法律意见办公室发表其意见书。

27. "法律意见办公室最著名的抗命例证"是威廉·伦奎斯特在总统扣押资金的权力问题上对尼克松总统的挑战。参见 John O. McGinnis, "Models of the Opinion Function of the Attorney General: A Normative, Descriptive, and Historical Prolegomenon", 15 *Cardozo L. Rev.* 375, 430（1993）。而且，法律意见办公室还曾展示过其独立性，否决了里根总统主张的签发单项条款否决权的"固有"权力。12 Op. Off. Legal Counsel 159 (1988)；还可参见 Douglas W. Kmiec, "OLC's Opinion Writing Function: The Legal Adhesive for a Unitary Executive", 15 *Cardozo L. Rev.* 337, 353 (1993)。

在正文内，我将处理最近期的案例：作为小布什法律意见办公室的主任，杰克·戈德史密斯撤回了此前由柳淳所起草的"酷刑备忘录"。

28. 法律意见办公室曾在 2005 年指出，它"一般情况下避免采取……一种普遍性的、抽象的法律意见"，但这一表述并不符合一种不可逆转的规律。参见 Memorandum from Stephen G. Bradbury, Principal Deputy Assistant Attorney General, Office of Legal Counsel, to Attorneys of the Office of Legal Counsel (May 16, 2005) at www.justice.gov/olc/best-practices-memo.pdf。

29. 巴尔的备忘录全面回顾了"国会以各种方式最经常性地侵入……由联邦宪法分配给执法分支的职能与职责"。Common Legislative Encroachments on Executive Branch Authority, 13 Op. Off. Legal Counsel 248 (1989)。巴尔还论证："只有通过坚持不断地强力抵抗国会的入侵，执法分支的权力才能得到保证。"同上，这一备忘录在执法分支律师中间曾被广泛传阅。

1996 年，沃尔特·德林杰——克林顿总统法律意见办公室的主任——明确否决了"巴尔备忘录"。参见 The Constitutional Separation of Powers Between the President and Congress, 20 Op. Off. Legal Counsel 124

(1996)。虽然德林杰"同意巴尔的许多结论",但他并没有认可巴尔的"一元总统"理论。德林杰篇幅更长的备忘录构建了一种相对弱化的进路,但这也只是相对而言。

30. 参见小布什的法律意见办公室为"德林杰备忘录"附加的编者评注,其指出,该办公室内新任成员"在处理这些议题时有相当的不同",但直至他们有机会面对具体的案例,他们才会发表他们的不同意见。The Constitutional Separation of Powers Between the President and Congress, 20 Op. Off. Legal Counsel 124, 124n. 1 (1996).

31. "9·11"事件两周后,法律意见办公室就已经签发了由柳淳所起草的意见书,主张"总统可以先发制人地运用军事力量,打击恐怖分子组织或者藏匿或支持恐怖组织的国家,无论它们是否可以与'9·11'袭击这次恐怖事件联系在一起。" The President's Constitutional Authority to Conduct Military Operations against Terrorists and Nations Supporting Them, 2001 WL 34726560 (O. L. C. Sept. 25, 2001)。这一表述已经远远超出国会在"9·11"事件后所制定的有限授权条款,其授权总统动用军事力量,打击总统所认定的"策划、决策、实施或者协助发生于2001年9月11日的恐怖袭击的国家、组织与个人,或者藏匿以上组织或个人的国家、组织与个人"。Pub. L. No. 107-40, 115 Stat. 224 (2001) (emphasis added).

法律意见办公室仅在2004年12月发布了柳淳对单边权力的超常规主张。参见"The Bush Administration's 'Enabling Act'", *New American* (January 24, 2005), at www. accessmylibrary. com/coms2/summary-0286-13877347_ITM。但在此期间,柳淳的意见已经在此后的激进备忘录内被引为法律理据。例如参见Authority of the President Under Domestic and International Law to Use Military Force Against Iraq, 20002 WL 3446 2401, at *6 (O. L. C. Oct. 23, 2002) ("联邦宪法授予总统采取军事行动的单边权力,以保护美利坚合众国的国家安全利益");The President's Power as Commander in Chief to Transfer Captured Terrorists to the Control and Custody of Foreign Nations, 2002 WL 34482991, at *4 (O. L. C. Mar. 13, 2002) ("如果执行性的权力在分配时出现模糊,则权限争议的解决必须有利于执法分支")。在小布什政府末期时,斯蒂文·布拉德贝里起草了一份"文件备忘录",撤回了"2001年至2003年由法律意见办公室所签发的数项意见书内所表达的某些主张"。Status of Certain OLC Opinions Issued in the Aftermath of the Terrorist Attacks of September 11, 2001, 2009 WL 1267352, at * 3 (O. L. C. Jan. 15, 2009). 但是, 他还是继续主张,"不可否认的是, 总统作为总司令拥有基于国防目的采取军事行动的普遍权力"。同上。而在 Westlaw 数据库内的搜索并没有查出一件由小布什法律意见办公室出具的意见书, 其明确否决柳淳在 2002 年 9 月 25 日的意见。

32. 参见 Cornelia Pillard, "The Unfulfilled Promise of the Constitution in Executive Hands", 103 *Mich. L. Rev.* 676, 716 (2005)。近年来, 法律意见办公室通常由一位助理司法部长主持, 在他之下则直接是三位副职的助理司法部长。

值得表扬的是, 奥巴马政府选择了一位政府专职律师担任该办公室副职的助理司法部长。我希望这可以成为一种有生命力的先例。相比之下, 在首席检察官的四位副职内, 仅有一位是政治任命人士。参见 Patricia Millett, "We're Your Government and We're Here to Help: Obtaining Amicus Support from the Federal Government in Supreme Court Cases", 10 *J. App. Prac. & Process* 209, 211 (2009)。

33. 在这一方面, 小布什的法律意见办公室是典型的。柳淳曾这样描述他的办公室同事:"法律意见办公室的大多数公务人员都是年轻的律师, 他们刚刚结束或者即将开始担任联邦上诉法院, 甚至最高法院的法官助理。在他们上面则是数位在外交事务、国家安全或总统权力领域内具有数十年经验的专家……作为执掌该办公室的助理司法部长的副职之一, 我是布什政府的政治任命者, 分享着它的一般宪法哲学。而在另外四位副职之中, 三位曾经为斯卡利亚大法官做过助理, 或者如我一样, 为托马斯大法官做过助理。" John Yoo, *War by Other Means* 19 (2006); 还可参见 Tung Yin, "Great Minds Think Alike: The 'Torture Memo', Office of Legal Counsel, and Sharing the Boss's Mindset", 45 *Williamette L. Rev.* 473, 500 (2009)。

34. 科尼丽·皮拉德解释道:"为了平衡副职们所必要的高流动率, 法律意见办公室雇用了三或四位非常有经验的专职律师, 他们特别熟悉一定核心的执业领域, 例如分权、执法特权、任命、执法令和外交事务。" Pillard, 同注 32, 第 716 页。总计, 小布什的法律意见办公室只有三位政府专职律师有资格参与最高层的资深执法工作。Yoo, 同注 33, 第 24 页。

35. 一项对法律意见办公室全部意见的独立统计表明，自 1977 年开始出版法律意见后，17.2%（共计 202 件）的意见书是在回应白宫的要求。我们无法确证这一比例是否适用于法律意见办公室没有公开发表的那部分意见书。

36. 法律意见办公室确实具有以司法部长的名义签发意见书的法律权威；参见 28 U. S. C. 511 和 28 C. F. R. § 0.25（2006）。但是，唯一相关的制定法规定它们只可约束军方部门，28 U. S. C. § 513。卡特总统曾签发了一项总统令，"鼓励"执法分支的部门提交它们"不能解决"的机构间争议。Exec. Order No. 12, 146, 3 C. F. R. § 310（1980），reprinted in 28 U. S. C. A. 509（1992）。该执法令"要求"它们"在法院程序启动前"提交争议。正如迈克尔·海茨指出的，"鼓励"和"要求"的并列就意味着，"只要它们还未提交法院，执法机构就没有被要求向司法部长提交争议"。参见 Michael Herz, "Imposing Unified Executive Branch Statutory Interpretation", 15 *Card. L. Rev.* 219, 229（1993）。

　　数世纪以来，无论是在国会内，还是在执法分支内，这一问题总是存在着反复的争议。简要的梗概，参见 Nancy Baker, *Conflicting Loyalties*: *Law and Politics in the Attorney General's Office*, *1789—1990*, 3—18（1990）。还可参见 Randolph D. Moss, "Executive Branch Legal Interpretation: A Perspective from the Office of Legal Counsel", 52 *Admin. L. Rev.* 1303, 1318（2000）（"虽然经历了近两百年的辩论和思索，司法部长的意见以及更为晚近的法律意见办公室的意见，是否［同时在何种意义上］在执法分支内具有法律约束力，这一问题仍然未能解决"）。

37. 参见 Memorandum from Stephen G. Bradbury，同注 28。

38. 法律意见办公室的程序在制度上还无法确保个人权利得到认真对待，因为私人当事方没有渠道向办公室提交他们的法律论证。它还很容易错失执法分支的重大利益，尤其是在那些仅涉及单个部门要求的案件中。

39. 参见《原则》，同注 26。

40. 自 2001 年起，法律意见办公室的官员维持在 25 位。Department of Justice, General Legal Activities: Office of Legal Counsel（2010），at www.justice.gov/jmd/2011summary/pdf/fyll-olc-bud-summary.pdf.

　　新闻界通常认为，奥巴马的白宫律师办公室有超过 40 位律师；例如参见 Jon Ward, "White House Beefs Up Legal Staff", *Washington Times* B 01（July 21, 2009）。但是，就我的目的而言，这一数字是误导性的，

因为在这些律师中,还有 10 多位履行着其他的职能——其中最主要的包括选择法官职位的候选人,审查所提名的高级政治官员是否符合有关利益冲突的法律。Personal Communication with Greg Craig, White House Counsel, November 24, 2009.

41. 例如在伊朗人质危机中,卡特总统就要求劳埃德·卡特勒,而不是法律意见办公室提供意见,即《战争权决议》是否要求总统就秘密营救任务与国会进行磋商。White House Interview Program, "Interview by Martha Kumar and Nancy Kassop with Lloyd Cutler", 7 (July 8, 1999), at www.archives.gov/presidential-libraries/research/transition-interviews/pdfp/cutler.pdf.

    在克林顿年代,白官律师伯纳德·努斯鲍姆未经与法律意见办公室的协商,即建议克林顿总统:希拉里·克林顿可以参与医疗保障立法的秘密策略会议,这并不违反《联邦顾问委员会法案》。同样地,在老布什总统的治下,在关于拨款措施的单项条款否决权的案例中,白官律师办公室曾拒绝咨询法律意见办公室,因为白官并不同意可能得出的结果。Rabkin,同注 19,第 88、94 页。我将简单考虑其他的案例。

42. 在机构间争议发生时,法律意见办公室要求每一方都提交备忘录,并且允许争议的相关机构进行相互间的回应。当法律意见的要求来自白官律师办公室、司法部长或者司法部内的年资管理办公室时,法律意见办公室并不要求提交备忘录。Memorandum from Stephen G. Bradbury,同注 28。

43. 白官律师与法律意见办公室内的官员发生着日常性的联系。例如,艾莲娜·卡根和沃尔特·德林杰曾经回忆起他们之间的漫长电话交流,卡根当时任职于白官律师办公室,她设法说服法律意见办公室的主任德林杰在法律议题上改变他的主意。Seth Stern, "Meet the President's New Lawyers—And Their New Lawyers", *Harv. L. Bull.* (Summer 2009), at www.law.harvard.edu/news/bulletin/2009/summer/feature_3.php.

44. 在谈到为何被提名出掌小布什的法律意见办公室时,杰克·戈德史密斯解释道,白官的律师们之所以推荐他,"在很大程度上是因为我分享着高层政府官员的基本预设、理念与目标"。Jack Goldsmith, *The Terror Presidency* 34 (2007).这一点可以说是法律意见办公室所有掌门人的共性。

45. 通常而言,白官律师会参与联邦法官以及其他高级政治官员的提名,但是取决于律师的性格,他还可以成为总统在其他系列议题上的核心顾问圈子的关键成员。

46. Baker，同注 36，第 11 页（1990）。

47. 巴克描述了美国历史中司法部长在法律与政治的交叉处所采取的各种立场。同上，第 3—5 章。

48. 当卡特总统基于纯粹的政治考虑推翻了法律意见办公室的一件意见书时，格里芬·贝尔为法律意见办公室的辩护导致他差点辞去职务。但这只是在卡特政府期间的一次例外事件。参见 Griffin B. Bell and Ronald J. Ostrow, *Taking Care of the Law*, 25—27（1982）。

49. See n. 27, Supra.

50. 参见 Goldsmith，同注 44，第 34 页。在该书的第 32—37 页，戈德史密斯提供了一份有价值的评述，收录了由法律意见办公室的多位掌门人所给出的典型言论。

51. 《指导原则》有 19 位签名者，其中包括沃尔特·德林杰这位在克林顿时代领导法律意见办公室的法律界名人。还有一些签名者曾任职于此前的共和党政府，或者是老布什总统留下的前朝旧臣。参见 Morrison，同注 26，第 13 页。

52. 参见《原则》，同注 26。关于这一《原则》的更相容的解释，参见 Morrison，同注 26。

53. 参见 Confirmation Hearings on Federal Appointments: Hearings Before the S. Comm. on the Judiciary, 109th Cong. 766（2005）（斯蒂芬·布拉德贝里，布什法律意见办公室主任的提名者的书面回应）（"一般而言，《原则》反映了共和党和民主党政府长期以来指导法律意见办公室的运作原则"）; Confirmation Hearings on the Nomination of Timothy Elliott Flanigan to Be Deputy Attorney General: Hearing Before the S. Comm. on the Judiciary, 109th Cong. 120（2005）（提姆斯·弗拉尼根的书面回应）（"我已经审阅了《原则》，并且基本上同意这一文件"）。

54. 1980 年，卡特的法律意见办公室曾审查"《战争权决议》授权总统未经国会特别批准即运用军事力量的效应"。Presidential Power to Use the Armed Forces Abroad Without Statutory Authorization, 4A Op. O. L. C. 185, 185（1980）. 它在很大程度上基于"历史惯例以及总统和国会之间的政治关系"，从而支持总统在伊朗人质危机期间"命令所有上述运作的宪法权力"。同上。后来的政府进一步充实了卡特法律意见办公室所说的"历史惯例"，在其中加入了一种对最高法院相关判决的恣意解读，最主要的是 United States v. Curtiss-Wright Export Corp., 299 U. S. 304 (1936)。(在总统圈子内,这一法律举动有时候被称为"Curtiss Wright, 因此我是正确的"。) 例如参见 The President's Compliance with the "Timely Notification" Requirement of Section 501 (B) of the National Security Act, 10 Op. O. L. C. 159 (1986)。

老布什的法律意见办公室继续了这一"棘轮"效应,强调"本司法部与本办公室"的意见具有先例权威,从而支持总统"为了保护重要的国家利益,向境外派遣合众国军队的权力"。Authority to Use United States Military Forces in Somalia, 16 Op. O. L. C. 8 (1992). 同样,克林顿的法律意见办公室引用卡特办公室的意见,以支持"总统计划调动合众国军事力量进入海地的合法性"。Deployment of United States Armed Forces into Haiti, 18 Op. O. L. C. 173 (1994). 这已经为柳淳的意见书做好了准备,柳淳主张总统有"单边"的权力,"先发制人地动用军事力量,打击恐怖分子组织或者藏匿或支持它们的国家,无论它们是否同'9·11'恐怖分子袭击存在关联"。The President's Constitutional Authority, supra n. 31. 在得到这一非常的结论时,柳淳提到了一个名为"法律意见办公室的诸意见"的完整部分,其中回顾了自尼克松、卡特、里根、老布什和克林顿政府时期的相关先例。同上,第8—10页。关于柳淳的意见书的进一步讨论,参见注31。

55. 参见 Goldsmith,同注44,第24页。

56. 同上,第29页(强调了白宫面试的有限范围)。

57. 戈德史密斯与"酷刑备忘录"之间的斗争,参见前注,第141—161页。正文中的引语来自第161页。

58. 同上,第161页。

59. 参见 David Cole, ed., *The Torture Memos* (2009),其中收录了来自小布什法律意见办公室的所有相关文件,也包括在小布什时代法律意见办公室维持模拟溺水和其他形式酷刑的合法性的决议。

60. 同上。关于其中一些"回收"的简要叙述,参见 Status of Certain OLC Opinions Issued in the Aftermath of the Terrorist Attacks of September 11, 2001, 2009 WL 1267352 (O. L. C. Jan. 15m 2009)。

61. 奥巴马禁止他的政府"信任2001年9月11日至2009年1月20日由司法部所签发的……所有关于审讯的法律解释",直至这些解释由新的法律意见办公室重新进行系统地审查。参见 Exec. Order No. 13, 491,

74 Fed. Reg. 4893 (Jan. 22, 2009)。数月之后,5 件意见书被明令废止。Memorandum for the Attorney General, from David J. Barron, Acting Assistant Attorney General, Office of Legal Counsel, Re: Withdrawal of Office of Legal Counsel Opinion 1 (Jun. 11, 2009).

62. See Memorandum from David Margolis, Associate Deputy Attorney General to the Attorney General 44 (January 5, 2010), at judiciary. house. gov/hearings/pdf/DAGMargolisMemo100105. pdf.

我所引用的是马格里斯报告的最脆弱部分,该报告免除了拜比和柳淳渎职行为的罪责,这两人主张总统有权推翻国会对酷刑的明令禁止,作为总司令授权不人道的行为。在免除拜比和柳淳的刑责时,马格里斯主要依据的是如下两种事实:首先,小布什法律意见办公室内的其他主要任命者同样相信,总统酷刑提出了"复杂的问题";其次,白官要求一种迅速的决策。未来的柳淳们会注意到这一点,在签发他们认可的全权总统的备忘录时,还得邀请办公室内的一些同事们同意他们的极端法律立场。

63. See David Luban, "David Margolis Is Wrong", *Slate* (February 22, 2010) at www. slate. com/id/2245531; David Luban, "What Went Wrong: Torture and the Office of Legal Counsel in the Bush Administration", Senate Judiciary Committee, Subcommittee on Administrative Oversight and the Courts, 111th Congress, 2d Session (May 13, 2009).

64. 在罗斯福政府结束时,原初的 6 位总统助理定额已经增加至 11 位; See Richard E. Neustadt, "Roosevelt's Approach to Staffing the White House", in Charles Jones, ed., *Preparing to Be President: The Memos of Richard E. Neustadt*, 54–61 (2000).

65. 罗森曼关于其白官时光的叙述,绝大部集中在他的政治活动,参见 Sam Rosenman, *Working With Roosevelt*, 370—551 (1952)。罗森曼在阿尔巴尼时曾经担任罗斯福的"州长顾问"——正是这一点让罗斯福在罗森曼来到白官后为他选择了一个同样的头衔。同上,第 30 页。

66. "总统赦免也要经罗森曼之手,但是他把其他法律事务基本上留给了司法部,该部正在守卫它作为总统法律顾问的地位。" Richard E. Neustadt, "Historical Problems in Staffing the White House", in Jones, 同注 64,第 110—111 页。

67. 罗森曼的继任者克拉克·克里夫特,主要从事政治顾问和演说起草。

"关于总统特别顾问要做些什么这一无可回避的问题,"他后来写道:"最简单也是最准确的答案是:做总统要求的任何事。特别顾问是一个大头衔,但在总统所授予的权力以外,这一职务没有任何权力或权威。"Clark Clifford, *Counsel to the President*, 75 (1991). 克里夫特的一些继任者偶尔会处理重要的法律议题。参见 Bradley H. Patterson, *The Ring of Power*: *The White House Staff and Its Expanding Role in Government*, 41 (1988) (杜鲁门政府); Karen M. Hult and Charles E. Walcott, *Empowering the White House Under Nixon*, *Ford*, *and Carter*, 105 (2004) (艾森豪威尔政府)。

菲利克斯·法兰克福特很可能是第一位观察者,指出了在这些干预中隐现的危险:"这是一种有趣的例证,它表明了特别情形的处理会如何导致权力积累在错误的地方,同时在权力正当的属地却出现权威的收缩。"Letter from Felix Frankfurter to Charles C. Burlingham, New York Lawyer (Jan.5, 1953) (on File with the Yale Law School Library)。

68. John Dean, *Blind Ambition*, 11 (1976).

69. 同上,第39页。

70. 同上,第38页。

71. 福特任命了威廉·卡塞尔曼二世。Paul C. Light, *Vice-Presidential Power*: *Advice and Influence in the White House*, 95 (1984) ("作为理查德·尼克松的继承人,福特同样想要避免任何丑闻的迹象。阿格纽和尼克松的问题已经让整个华盛顿认识到优秀法律顾问的价值。")。

72. 直至1980年,理查德·诺伊斯塔特还在询问里根的办公室主任詹姆斯·巴克:"总统在白宫内是否需要'他的'律师?真正的律师,而不是那些正好具有律师资格的助理们;也要区别于司法部的法律人员。自水门事件后,答案可能为是。但如果答案为是的话,这并不是因为上一届政府已经留下了头衔和空缺。无论你是否决定你需要一组法律顾问,在你任命之前,这都是一个值得提出和回答的问题。"Jones,同注64,第112页。

73. 参见 Lloyd N. Cutler, "To Form a Government", 59 *For. Aff.* 126 (1980) (讨论了宪法在外交事务上设置的统治障碍,特别关注美苏协议)。在卡特任命卡特勒担任法律顾问之前,卡特曾经邀请卡特勒担任政府的发言人,论证他所提议的美国和苏联之间武装控制协议的合宪性。因此,在卡特勒成为总统的法律顾问后,他很自然地继续他的公开辩护。然而，这也给他的职位赋予了新的光彩。

74. 例如，卡特勒任命约瑟夫·奥尼克担任他的副职，任命菲利普·鲍比特担任他的助理顾问。参见 Hult and Walcott，同注 67，第 115 页。两人都在后来的政府中有了辉煌的职业成就。

75. 弗雷德·菲尔丁是约翰·迪安雇用的第一人，他在里根时期重返白宫，出掌该办公室。他的 6 年任期让该机构的权威得到稳定化，而博伊登·格雷——老布什的一位有着特别影响力的顾问——进一步提升了它的权威。比尔·克林顿的律师办公室则异常不稳定，在丑闻不断的 8 年中换了 6 位法律顾问——克林顿只得邀请劳埃德·卡特勒重新出山，邀请另一位资深的律师政治家阿布纳·米克瓦将他的权威注入这一压力倍增的机构。参见 Rabkin，同注 19（讨论了里根、老布什以及克林顿政府的早期）；Charles Tiefer，同注 20，第 34—36 页（讨论了博伊登·格雷的角色）；Mary Anne Borrelli, Karen Hult, and Nancy Kassop, "The White House Counsel's Office", 31 *Pres. Stud. Quar.* 561, 581, 583 (2001)（讨论了克林顿的丑闻）。

76. 在里根治下，白宫律师办公室在 1987 年的伊朗门事件中达到了 14 位律师的高峰。Rabkin，同注 19，第 114 页。关于克林顿时期的起落，参见 Karen M. Hult and Charles E. Walcott, *Empowering the White House Under Nixon, Ford, and Carter*, 106 (2004). 在小布什总统期间，2005 年共有 14 位律师——Michael A. Fletcher, "Quiet but Ambitious White House Counsel Makes Life of Law", *Washington Post* A19 (June 21, 2005)——在 2008 年达到 30 位左右。Evan Perez, "White House Counsel's Job at Stake", *Wall Street Journal* A4 (August 4, 2009).

77. 关于现有白宫律师办公室的功能性崩溃，参见前注 40。

78. 在奥巴马的白宫律师办公室的 24 位最初任命者中，有 20 位曾经就读于斯坦福、芝加哥或者常春藤盟校的法学院；9 位曾经为联邦最高法院大法官做过助理；2 位是来自精英法学院的全职教授。参见 The White House Office of the Press Secretary, "President Obama Announces Key Additions to the Office of the White House Counsel", at www.whitehouse.gov/the_press_office/ObamaAnnouncesKeyAdditionstotheOfficeoftheWhiteHouseCounsel/。

79. See Norman Spaulding, "Professional Independence in the Office of the Attorney General", 60 *Stan. L. Rev.* 1931, 1953–1956 (2008).

80. 其他内阁成员要到大约正午才会来到他们的办公室！同上，第 73 页。

81. 同上。
82. 根据1870年设立司法部的制定法，意见书的起草由"律师司"负责，但该规定从未落实。司法部长总是在个案中将该工作委托给他的下属。参见David R. Deener, *The United States Attorneys General and International Law*, 32（1957）。直至第一次世界大战，"工作人员准备意见书还没有制度化的程序"。参见前注，第73页。
83. Baker，同注36，第188页注62。
84. Deener，同注82，第32页。
85. 同上，第73页。
86. 在1950年代对法律意见办公室的描述中，大卫·迪纳曾写道，"大约有15—20位律师人员"，而"其中很多律师是在司法部其他分支或其他政府机构服务多年后才来到该机构"的。同上，第74页。同样，弗兰克·沃增克拉夫特——约翰逊政府法律意见办公室的主任——曾经指出，该机构成员主要是由"政府专职律师所构成，他们在政府或者私人执业取得经验后，在艾森豪威尔政府初期或更近期加入办公室"。Frank M. Wozencraft, "OLC: The Unfamiliar Acronym", 57 *A. B. A. J.* 33, 36（1971）. 该办公室通常会有两位助理司法部长——一位是"最高级的专职人员"，另一位则是"从政府外特别招募而来"。同上，第37页。
87. 关于法律意见办公室律师的现代形象，可参见注33。
88. 冈萨雷斯在否决《日内瓦公约》中的关键角色，可参见John Yoo, *War by Other Means*, 39—43（2006）。冈萨雷斯在许多其他关键议题上也是至关重要的。例如参见同上，第140页（主张总统有权在合众国国境内无限期拘禁作为敌方战斗人员的美国公民）。
89. 例如，奥巴马的律师格雷戈里·克莱格曾向参议员罗素·费因诺德发出一封公开信，为白宫政策"沙皇"的任命进行合宪性辩护。克莱格的辩护建基于政策和宪法的两种理据之上。但是，他并没有主张"永久性地解决这一议题"——一种重要的附加说明，但是未来的法律顾问是否会同意这一点？Letter from Gregory B. Craig, Counsel to the President, to Russel D. Feingold, Senator, U. S. Senate（Oct. 5, 2009）, available at feingold. senate. gov/pdf/ltr_100509_czars. pdf.
90. White House Interview Program, "Interview by Martha Kumar with Peter Wallison", 17（Jan. 27, 2000）, at www. archives. gov/presidential-libraries/research/transition-interviews/pdf/wallison. pdf.

第三部分

重建

第五章
政治的启蒙

我一直在运用一种病理学的叙事视角。问题并不在于总统是不是一种宪法上的攻城器——它在过去曾经扮演了一种革命性的角色,因此它在未来也将会如此。[1] 问题在于 21 世纪是否可能看到在总统的破坏性能力上的一种大跃进。我的答案是肯定的。

故事还有着更光明的一面。纵观美国的历史,伟大的总统不仅是制度性破坏的力量,更是民主革新的力量。而且,在我所重点描述的具体发展中,有一些不单只是倒退,同样也存在着增益。政党初选体制的兴起不仅增加了极端总统的风险;当普通美国人参与到自治政府的伟大工程中时,初选体制也复兴了他们的公民权承诺。权力分立不只是让官僚体制政治化;它还将有生气的领导人送入政府的最高层,带来新的理念和洞见。而在我们已经考察过的其他变动中,即便不是全部,也至少有一些存在着光明的一面。

虽然如此,我们已经无须继续面对黑暗面。宪政主义者应当停止歌颂费城发生的奇迹,而转向思考,如果还有可能的话,我们应当如何重新设计宪法机器,以尽可能地降低它失去控制的风险。建国者们是伟人，但他们并不是超人——他们不可能预见政党、大众传媒、庞大的官僚和军事建制的兴起，更不必说它们的互动已经将总统改造为共和的一种真实与现存的危险。

我的基本主张谈不上有多少新意。我的同事胡安·林茨（Juan Linz）在他开创性的论著中，已经带领比较政治的研究者认识到总统制的危险，以及总统制在全世界范围内致使民主崩溃的反面功能。[2] 罗伯特·达尔（Robert Dahl）近期也在他论述美国民主的新书中敲响了警钟。[3] 在申请加入耶鲁共和忧思学派时，我采取的是一种不同的路向。林茨和达尔强调的是总统制在其他国家的糟糕表现，而我讲述的则是一个共和衰落的本土资源故事。基于例外主义的理由，我一直在给美国例外论提出例外。

发出警报是一回事，让我们围绕着改革事业团结起来则是另一回事。在现代总统制形成后的早期危机时刻，在野的政党在意识形态上会时刻准备发起一种普遍性的批判。在罗斯福用自由派人士填塞最高法院，巩固积极主义的政府，并且连续四届出任总统时，由此产生的冲击波使得共和党组织起两大党组成的联盟，以支持对总统权力新的关键制约，其中包括《行政程序法》和第二十二修正案。* 当尼克松在水门丑闻中震动整个国家后，民主党发动了一场反对帝王总统

---

* 美国宪法第二十二修正案在 1951 年通过生效，规定美国总统仅可以任两届，即连任一次，这次修宪一方面将华盛顿所创设的惯例成文化，另一方面也是防止再出现罗斯福在战时担任四届总统的先例。——译者注

的大运动——通过了《战争权力决议法》(*War Powers Resolution*)、《国家紧急状态法》(*National Emergency Act*)、《对外情报监听法》(*Foreign Intelligence Surveillance Act*)等,以上仅举数例。

但是今天,两大党都迷恋着总统。民主党渴望追随着富兰克林·罗斯福的脚步,在21世纪重申进步主义的传统。共和党则在等待着罗纳德·里根的再次降临,与此同时,也以建国者的名义为广泛的总统特权进行辩护。[4] 虽然小布什总统的"反恐战争"代表着水门事件以来最严重的总统违法事件,但我们并没有看到水门事件发生后的那种反应:没有国会听证,以探究危机的深层原因;也没有两大党内的宪法保守派的改革努力,以推动新的里程碑式的立法,控制未来总统的权力滥用。

奥巴马总统已经宣布禁止酷刑。而且,他也承诺将在未来某一时刻关闭关塔那摩。但是,他并没有发起针对布什遗产的大批判,甚至他的更正面的举措都只不过是建基于执法令之上的——这使得下一任总统仅通过签发另一轮法令就可以改弦更张了。[5]

本书的目的并不只是要强调总统和国会的失败,未能直面布什时代的罪恶滥权所提出的大议题——虽然这一点很显然是重要的。本书旨在开启一场更大的公共辩论,从而创造出一种更适宜的大环境,在亡羊补牢之前启动改革我们制度的严肃努力。

❧

第一步就是要区分我们处境的悲剧面向与实效面向。我们的宪法政体内有一些元素已经是如此根深蒂固，因此发起要求修改它们的运动可以说是愚蠢之举。最显而易见的例子就是总统制本身。

很多国家在非美国路线的宪法之下运转良好。不错，在议会体制内，选民们并不直接选择总统。他们投票选举的是议会成员，后者接下来结成一个多数联盟来选出首相。如果选民们不喜欢这些结果，他们可以在下一次大选中选择一个不同的多数派。议会制并不是将执法机关和立法机关分立开来，而是使得首相的职位取决于立法机关之内的一个坚实的多数派。

建国者们认为，这是通往暴政的道路。[6]但是，当他们在1787年起草宪法时，现代的议会制政府根本尚未出现。他们的推断被证明是完全错误的。英国人在19世纪是伟大的先行者，而他们的威斯敏斯特模式（Westminster model）在20世纪也得到了非常大的改善——诸如德国、西班牙这些欧洲国家率先开始了创造性的宪法设计。[7]尽管有建国者的恐怖预言，议会制被证明完全可以实现对基本权利的保护——同时也在实现着民主回应性。

比较宪法也正因此成为一种在智识上令人激动的学科，但是，这些外国的发展却丝毫未能挫伤美国人对他们古老制度的信心。富兰克林·罗斯福以及继任者的历史成就已经使得独立选举的总统成为美国活宪法的一个基本组成部分。美国人从未想过在美国实行议会制政府的改革议案。在美国人看来，总统选举提供了最重要的机制，普通公民可以由此影响着国家的政治未来。他们完全没有准备好将这一权力交给国会的成员，指望着议员选出一个好的首席执法官。

也就是说，改革者必须将独立选举的总统看作现存政体的不可变量——实用主义的任务是创造性地思考如何制约总统职位的病理趋向。

总统初选也同样如此。[8] 在灾难性的 1968 年民主党大会过后，职业政客应当主导总统候选人提名的理念已经完全失去了市场。对于今天的美国人来说，初选选民直接参与候选人选择的权利，乃是人民主权的一个根本面向。当且仅当总统极端主义的风险变为一种可怕现实，初选体制才有可能离开我们。

但是以修补的方式去改革初选体制，降低极端主义的风险，也绝非易事。例如，联邦立法要求"开门式"初选，允许非政党成员也可以加入对总统候选人的选择。在这一"开门初选"场景内，设若一位极端主义的候选人在民主党前期初选中势头越来越强，独立人士和共和党人不再继续无能为力。他们可以出现在接下来的初选中，把选票投给民主党内的温和竞选者，在终点撞线之前击败那一位极左翼的候选人。开放初选的选民名册并不可以确保这一结果——但它多少可以有所助益。[9]

即便如此，联邦最高法院还是否决了这一改革选项。最高法院在近期宣布,"开门式"初选立法是违宪的——尤其是当这些法律旨在改变一个政党的政治立场之时。[10] 最高法院的意见几乎是全体一致的,而它的判决也提供了一个富有启发性的视角,以理解我所采取的病理视角的力量和局限。一方面,多数大法官绝对正确地认定开门式初选立法侵犯了根本自由。正如斯卡利亚大法官所言,对于一个政党来说,还有什么比"选择一位提名者"来得"更重要"呢?[11]

可是,共和的稳定和节制肯定也不是一件小事吧?那么,应当如何解决这一冲突?

到了这里,宪法学者往往会喋喋不休地讨论,有必要"平衡"相互冲突的进路的成本和收益。但是,如要得出一种适当的平衡,我们最好可以知道,两大党在可预见的将来成为极端主义候选人之跳板的机会。而且,也正是到了这里,我的水晶球变得模糊起来:虽然机会肯定不会是零,但谁能够说它们究竟是5%,还是35%,抑或是……?

鉴于这些无法计算的问题,"平衡"的口号让所必需的决策的性质变得琐碎起来。我们所要进行的并不是在成本和收益之间的冷冰冰的评估,而是在两种最高意义的价值之间的一种悲剧性选择。在面临这一选择时,我将站在斯卡利亚这一边,主张我们应该坚守政治自由。但是,如果你也这么认为的话,这只会让我们更迫切地寻找其他的、也是更可接受的措施,以期降低极端主义的风险。

从程序转移到实体,现代政体另外的两种特征造成了悲剧性的选择。第一个就是美国的积极主义政府信念——致力于不断地追求经济福利、社会正义以及环境安全。这些积极政府的原则证成了庞大的官僚机器的正当性，后者还可以成为总统夺权的政治化引擎。第二，美国还充当着世界强权，有能力在遥远的国境之外维持镇压叛乱的军事行动。当军方开始精通于在外国土地上进行国家建设的角色，政治化的军官也强化了在危急时刻干预国内事务的能力。即便如此，"强有力的军队"也是当下政体根深蒂固的不可变量。

这四种不可变量——独立选举出的总统、总统的直接初选、国内的积极主义政府以及国外的军事干预——都对实用主义改革的议程施加了严格限制。但是我希望可以说服你，创造性的改革仍然存在很大的空间，它们即便不会消除，至少也会降低脱轨总统的风险。[12]

没有什么会永垂不朽。在一代人或两代人之内，不负责任的财政政治很可能会导致福利国家内的一次危机，迫使全国政府不得不进行国内职责的大缩减。或者，血腥但未能达成目标的一系列战争，可能会诱发我们在对外政策中所特别需要的修正。在直面这些挑战时，美国人民可能会成功地运用直接初选，选举出一位将会给美国带来建设性领导的总统。或者，总统的极端主义和不守法被证明是不可抵抗的病理，制造出一种最高程度的危机。如果美国人民可以再回来为自由而抗争，他们将不得不重新思考现有宪法正统的许多观念。

但是，我的兴趣在于更短期的效应。我希望激发起一种严肃的改革对话，帮助我们先行绕开即将到来的危机，并且在接下来大约十年的时间里产出有意义的效果。既然我们所处理的是多种病理,我们就不应该追求单一的神奇方案。我们应该一次一件地处理我们的问题——思考是否存在理智的改革措施,分别防止非理性的政治,降低选举团破裂的风险,控制总统的不守法,训导紧急权力的运用,培育出由文官指挥军队的作风。在我的提议中,有一些很小,有一些则比较大,但没有哪一种可以一劳永逸地解决问题——因此,我希望你也可以拿出更多、更好的主意。

⁕

首先从非理性的政治开始。我们生活在启蒙时代的建国者曾非常关注煽动政治,但他们认为众议院将是它的主要来源——这是他们将参议院和总统加入到制度组合中的主要原因之一。[13] 但是,既然白宫现已成为总煽动师的讲坛,如何发展出一种新的制度回应呢?

我们在此拷问一个关键的建国预设。费城制宪会议希望由政治代表来提炼普通公民相对无知的观念。在 18 世纪的世界内,政治尚未变为一种专业化的职业,费城制宪者的理念可以说合情合理。在组织起来的政党兴起之前,政治是由大土地所有者、商人和律师们所主导的,他们将公共职位视为他们主张的社会领导权的面向之一。

我曾将他们称为政治贤达,这些人并不从选举成功那里得到他们的经济繁荣,后者事实上植根于奴隶制种植园、成功的商人事业或者法律执业。如果他们在选举中失利,他们并不需要寻找一份新的全职工作。他们可以简单地重操曾给他们带来成功的旧业。

选举失败也并不意味着社会地位的丧失——特别是他们可以告诉自己，即便是面对着有特殊利益的选民的压力，他们也守住了公共福祉。事实上，在他们的社会阶层中间，失利于选民之手可以作为一种公民荣誉的徽章。这一特定的政治风气就是建国者理念的语境，在他们的期望中，诸如乔治·华盛顿、托马斯·杰斐逊这样的社会贤达将赢得总统职位，直至遥远得不可见的未来。

两个世纪过后，职业政治家而不是社会贤达主导着现代政治。这些从政者的主要利益在于再次当选——他们的社会身份和经济地位均取决于此。他们身边包围着民意调查者，随时随地告诉他们，如何能够最有效地激起而不是对抗他们选民的热情和偏见。在巨大的竞争压力下，即便是讲原则的政治家也会屈从于操作性的非理性政治。别忘记，假如你的对手运用热点议题的片段化宣传来打击你，你在选举中的失利并不会有助于你的原则。唯一的好防守就是以彼之道还施彼身！

有些政治家可能会抵制这一恶性循环，还有一些甚至会因为他们清醒的自我节制而得到选民们的奖励。但是，这些幸存者的存在不会破坏我的主题：今天的政治家和总统所面对的激励已经完全不同于建国时代的激励。

如果今天的宪政主义者要有效地回应煽动政治的危险，我们不可能再去重复1787年的宪法公式。如要在一个不同

第五章 政治的启蒙

的时代维持建国精神,我们必须设计出新的制度,以鼓励现代政治家超越片段化政治宣传的民主。

我的主要提议是设法利用第二种社会大变动去对冲职业化的政治。虽然现代总统有破坏政治对话的新激励,但现代公民也有进行抵抗的新能力。美国公民此前从未受到过如此良好的教育,而且他们越来越多地工作在电脑驱动的环境内,促使他们发展象征性表达和批判式思考的能力。因此,如何鼓励他们不仅在工作中、同时也在政治中施展这些技能呢?

在这里可以引入我和詹姆斯·费希金合作的著作。在《审议日》一书内,[14] 我们提议在总统大选的两周之前举办一个新的全国性节日。已登记的选民将会被要求到周边社区的集会场所,讨论由竞选活动所提出的中心议题。参加的要求并不是强制性的。但是,如果有数千万计的公民接受了审议日(Deliberation Day)的邀请,它将从根本上改变职业政治家的动机。

职业政治家将不得不怀着新的敬意去看待他们的公民同胞。由于还有悬而未决的数百万张选票,纯粹自利就要求竞选者超越片段化宣传的政治,在审议日的民众大讨论的语境内论证他们的立场。

审议日的开场是我们所熟悉的主要候选人之间的电视辩论。电视节目结束后,本地公民开始登场,他们先后在15个人的讨论小组和人数更多的全体会议内讨论主要的议题。电视辩论结束之时,也就是小组讨论的开始之处。在一个小时的时间内，每一个小组通过讨论以界定全国候选人没有回答的问题。接下来，全体人员转入到全会，听取竞争政党的地方代表回答他们的问题。

午餐过后，公民们重复上午的程序。到了一天结束之时，他们将完全超越早晨的由上至下的电视辩论。通过问题与回答的审议过程，他们将取得对国家所面临的选择的一种由下而上的理解。在审议日开始的讨论将持续至选举日的前夕，将数百万计的未参与者纳入不断深化的全国性对话中去。

痴人说美梦？我相信，你可以发现在将这一动议转换为可操作现实时的许多难题：如何处理边缘候选人和第三党？怎样对待实施破坏行为的捣乱者？审议日的整个流程是不是成本太高？

有些问题的答案只要求处理数字：例如，根据费希金和我的估算，组织一次有5000万选民参加的审议日大约需要20亿美元——这包括一顿免费午餐以及由校车在全美9万个场地之间免费接送运输的成本。[15] 如果确实可以让美国人超越非理性的政治，这看起来并不是一种太高的代价。

但是，大多数重要问题——正如由第三党和公民扰乱者提出的问题——不可能通过成本统计得到解决。它们要求在制度设计中更有创造性的活动。我和费希金的著作详细处理了此类难题，当然我们并不认为我们的回应就是盖棺定论的结论。

就现在而言，我应当强调指出，审议日已经在一系列的试点项目中得到了实地性的验证，由此展示出它的现实希望。费希金称它们为"审议性民调"（deliberative polls），而他在过去 15 年间，在遍及全世界的 50 多个实验中都在调适它们的设计——范围从美国到欧盟，再到中华人民共和国。[16]审议民调的参与者进行样板式的面对面讨论，其结构可以成为审议日内意见交流的模型。[17]

这些讨论发生在经过设定的条件下，从而可以对审议日是否以及如何改变我们的政治进行严格的科学评估。首先，参与者是通过抽样技术选择出来的，由此确保他们是所在共同体的代表性样本。其次，无论是在讨论之前还是之后，参与者要接受面对面的访谈——而不是电话访谈！由此，实验者可以更准确地认定审议在何种程度上改变了参与者对事实的理解，改变了他们的基础价值判断。经过 15 年的工作，费希金和他的合作者已经收集了相关问题的海量数据：一个精心设计的审议日是否可以真正影响到公共意见？

答案是肯定的。在审议日结束时，参与者可以更充分地理解议题。审议也可以改变团体的最终判断——超过三分之二的案例存在着统计数据上的重要变化。审议过程是非常民主的。来自所有阶级的选民相互学习，而且改变了他们的意见——不只是得到良好教育的阶级。变动有时候很小，但有时候却很大——当参与者了解事实并且讨论它们的规范性意义时，10 个百分点的波动是非常普遍的。[18]

这一点对于我的论证来说非常关键。费希金的研究可以表明，审议日的运转可以有效地制约总统的非理性政治。[19]

如果审议日内的良好表现可以产生10个百分点的波动，两大党的候选人都希望确保他们那一边取得胜利。在审议日的预备阶段，他们将在电视、广播和互联网上投放铺天盖地的"信息广告"，向本党党员提供在社区中心说服摇摆选民的论证；他们将给他们的90 000位政党发言人举办实地"席明纳"（seminar），让他们可以有效地回答公民同胞们在全体会议上提出的猛烈问题；而且，一旦审议日的退场民调开始启动，他们将在最后防线的努力中强化他们的论证，解释为什么在关于美国未来的斗争中他们这一方应当获得胜利。

审议日不会引入"讨论式政府"的启蒙时代。激情的奉献和动员起来的参与在政治内永远紧要。而且，事情确实如此：除非数以千万计的美国人真正关注他们国家的政治未来，否则他们就只能坐在场外，任由组织良好的利益集团买通他们走入政治权力的通道。没有热情的理性只能制造出群众的冷漠——正如没有理性的热情只能制造出群众的歇斯底里。但是在这一刻，我们不太需要恐惧一种超理性的政治——对我们而言，挑战在于确保在美国政治生活中进行理性论证的空间。审议日正回应了这一需求。

审议日还将重塑总统统治的方式。民意调查在当代政治中扮演着很成问题的角色，而审议日将改善其中一些最糟糕的病理。首先，民调通常说来只是报道了美国人对于一个简单电话访谈的即时反应，这种民调将不再具有对总统的控制力。就白宫而言，关键的考验来自下一次的大选，但是到了那时，还有一个审议日让公民有机会在一天的持续讨论后验证他们的草率回应。

131　　在这一改革后的系统内，传统民调将成为一种对选举未来的不准确指导。如果白宫想要试验可能的选民回应，它将以审议性的民调取代老式的民调。这是模拟审议日的条件的唯一方法，它可以发现公民在听到两方面的严肃论证后，将会如何回应政策动议。这一民调实践上的改变将导致白宫内权力天平的移动——由片段政治宣传的专家转移到认真关注总统动议之实体价值的官员。

　　这当然没有错。

　　审议日还将降低传统民调作为一种民主正当化机制的吸引力。总统在传统的即时民调中是拿到了 30 个百分点还是 75 个百分点，这中间还是存在区别的。但是这一区别已经不再重要——即便总统的民调支持率飙高，他的批判者也可以主张，一旦美国人民坐下来进行一天的审议，总统的支持率很快就会下跌。当然，如果总统的即时民调数据发生急剧下跌，总统辩护者也可以进行同样的说明——一旦总统在审议日内得到一个自辩的机会，他的支持率将马上飙高。

　　这一你来我往的论辩将为日常的民调报告提供一种新的框架。总统的日常民调数字不再是由一种滚动式复决提供的有关总统民主资格的最新反馈结果。数字游戏看起来只是拙劣地置换了最终的问题：假若美国公民在下一次大选前得到一次机会，共聚一堂充分讨论议题，他们将会怎么说？

❧

当职业新闻业正衰亡于我们眼前之时,审议日对审议价值的重申变得尤其重要。现代报纸虽然有各种缺陷,但它在20世纪一直是理性政治的一座堡垒。但是,互联网上的免费新闻传播正在摧毁报纸的商业模式,正是这种商业模式让严肃的新闻业在经济上得以可行。在财政压力以外,报纸还未能说服读者进行付费的网上阅读,但是它们继续在努力,而我希望它们成功。

但是,如果读者们并未屈从于支付贝宝(PayPal)的魅力——而且速度要快——我们就有了麻烦。2005年至2009年,报纸的广告收入已经有了43%的跌幅,这使得新闻记者行业的工作走入了下坡路。[20] 这些黯淡现实是一种世界性危机的预兆,它们会摧毁自由民主的根基。

未来属于互联网,但博客却不足以填补空白。如果每一位博客写作者都会用一丁点的时间搜索一丁点的犯罪证据,它将让大量的业余爱好者去侦察丑闻。但是,严肃的调查式报道如果要把握问题的核心,则需要数周之久的连续调研和社会关系的持续养成。这要求真金白银的投入——而钱又如何筹集呢?

首先是通常可以想到的税收减免和政府资助,除此之外,更具创新性的提议来自两种类型。在私人模式上,我们可以呼吁慈善事业向报纸捐资,或者补贴政治新闻报道。在公共模式上,美国和英国的公立广播的成功提供了一种可行的范式，可以扩展适用于书面报道。

但两种模式都有严重的缺陷。BBC 风格的解决方案带有非常明确的问题。政府确实可以充当新闻调查的一个主要来源，但如果没有防止脱轨总统之意识形态接管的更坚实的防护措施，这看起来就很成问题。[21] 将 PBS 的角色扩展至纸质媒体就会太过危险：它可能意味着，就在我们最需要批判式调查的那一刻，批判式的调查却死亡了。

私人捐赠也存在着严重的问题。首先是规模的问题。"为了人民"（Pro Publica）是一家新设立的资助调查性新闻报道的私人基金会，它目前正在资助 32 位记者——只不过是沧海一粟。[22] 当全世界范围内的大学基金都在破产，乃至威胁到基础研究之时，很难想象私人捐资得到大幅度增加的可能性。

更根本的是，私人捐赠带有内在的缺陷。私人捐助可以不谈盈利的动机，但它们也将追求它们自己的议程，而不会充分考虑公众真正关注的议题。虽然私人捐赠可能扮演一种重要的补充角色，但它们不可能填补由都市报纸留下来的真空。

我们是否处在一种绝境？

这里提出我和我的朋友伊恩·艾尔斯（Ian Ayres）正在发展的一个构思：互联网新闻代金券（internet news voucher）。根据我们的提议，每当互联网用户读到一篇有助于其政治理解的新闻文章时，他们就单击一下选择框。这些读者的"选票"将会转送至一家名为全国新闻业基金会的组织，由后者根据一种严格数学计算的公式来资助提供该文章的新闻机构：单击越多，来自基金会的支票面额就越大。

有些人可能认为这一构思前景黯淡。读者可能蜂拥至哗众取宠的网站，单击选择框以支持它们的"新闻报道"。但是，常识，也包括根本的自由价值，均反对政府对新闻品质的规制意图。

尽管如此，还是应当适用一些基本的限制措施。首先，政府不应当资助诽谤。如果要加入资助金计划，新闻机构应当准备好提供保单，以赔偿因它们的错误报道而声誉受损的当事人的损失。也就是说，一家新闻组织必须走入市场，让保险公司相信它们有资源进行严肃的事实核查。只有在新闻组织通过了这一市场检验后，它们才可以在基金会开设它们的代金券账户。

基金会还应当拒绝资助色情资料——即使有些色情资料的浏览者玩世不恭地单击了选择框，主张它已经"促进了阅读者对公共议题的理解"。[23] 但是，在这些非常宽松的限制之内，我们应该将金钱资助的决策留给普通公民的无数次单击。[24]

如要实现这一目标，每一位单击者必须向基金会证明，她是真的人，而不是一个被设计用来抬高文章人气的电脑程序。正因此，她必须花费几秒钟的时间，键入一组随机的单词或者字节。虽然在键入验证码上用去的时间是微不足道的，但它可以区别出公民和犬儒主义者。别忘记，读者日复一日地在点选她认为应当得到公共资助的文章，但她不会因为由此"浪费"的时间而得到任何私人奖励。只有在她希望共同担当起这一创造活跃公共对话的工程时,她才会参加进来。

这一点击系统可以被理解为一种互联网友好的代金券机制,它赋予普通的美国人以财政上的权力,填补在报纸之传统商业模式失败后留下的空洞。从这一视角来看,它与近来由新闻学者提出的"公民权新闻代金券"可以说是异曲同工——当然,我们的构思希望可以借助互联网得到最大程度的实现。[25]

由一个更广的视角来看,在互联网新闻代金券和审议日之间存在着一种家族类似。两种新方案都旨在创造可以培育一种讨论式政治的小环境——就审议日而言,我们是要将一整天的时间留给对主要政治议题的面对面论证;而就电子代金券而言,我们是希望创造出一种日常的语境,美国人在这一环境内可以用一个稍纵即逝的时刻维持一种永无止境的对话。

在基金会的资金按照单击数划入新闻组织的账户后,新闻组织将有一种强有力的激励来支持调查性的报道,以制造出广泛的大众兴趣。它们还将投资辛辣的政治评论,从而将新闻还原到语境之内。造谣诽谤这类新闻还是会得到大量的点击,但如果要我们的体制不会因为总统的下一次威权主义压力而轻易屈服,这是我们所必须支付的代价。

在新闻代金券系统运转之前,基金会必须建设一条互联网高速公路,连接起新闻文章读者与基金会的会计中心。这看起来并不是太难的任务：软件基本上是现成的，而余下的设计问题看起来也不难解决。一旦系统上线并且开始运转，防止通过电脑控制抬高点击数量的骗局，就成为一种常规性的需求。[26]

这一工作有些困难，但并不是无法完成。政府对保险公司的一定监督也是必需的，同时禁止色情资料也将是一道行政上的头痛问题。即便考虑到上述这些问题，我们看起来还是有能力建立起一种有效的电子新闻代金券系统。

我以上所说应当可以表明我的基本论点：如果没有新的制约与平衡——比如审议日、审议民调和互联网新闻代金券——走向总统之非理性政治的运动在未来只可能越来越快。

❦

我们一直在探讨言论自由的黑暗面。第一修正案让政客们有权定义他们自己的竞选策略，而无需政府的审查。而在现代条件下，这让他们可以发展出更科学的方法以利用公民的直觉回应，尤其是焦虑与恐惧。既然我们无权审查政客，唯一的宪法回应就是为全体公民提供进行批判性反思的资源。因此就出现了设计新制度的需要。

我们的第二项任务是不同的。它所要求的并不是创造出21世纪内的机会，而是改革一种历史性的错误。但这一区别并没有让这项任务变得更容易。问题可以说再清楚不过：选举团就是一枚定时炸弹，它将会在下一次难分胜负的总统竞选中爆炸。但是，没有人看起来要启动严肃认真的改革，在亡羊补牢之前修理这部机器。

原因在于美国宪法所规定的修正案制度，它要求三分之二的国会成员和四分之三的州批准一项改革议案。这就意味着 13 个州就可以扼杀一项宪法修正案——而美国总是有数目众多的小州准备着行使它的否决权。别忘记，小州从现有的选举人分配公式那里受益良多，根据这一公式，即便是最小的州也有三张选举人票——两张代表本州的参议员、一张代表本州的众议员。怀俄明州的人口仅占全美人口的 0.2%，它在选举团内的选票要三倍于本州的力量。事实上，以占全美人口总数 2.8%的北卡罗来纳州为分界线，每一个人数少于北卡的州在选举团体制下都得到了超出比例的代表。[27] 既然小州的否决让正式的修正案成为政治上的不可能，我们不如视而不见，忘记我们的老旧体制所造成的公认危险。[28]

尽管表象如此，积极的变革还是存在着一种现实的希望。当下的困境已经激发出创造性改革的努力，只要这种改革可以绕开正式的修宪制度。5 个州已经共同加入了一项州际协议——《人民主权动议》（*Popular Sovereignty Initiative*）——该协议有可能决定性地改变选举团的有效控制权。在签署这一协议时，每一个州均宣布，它将把本州的选举人票投给赢得全国选票的总统候选人，即便该候选人在本州内遭遇地方性的失利。假如参加这一协议的州具有超半数的 270 张选举人票，它们就可以彻底改变现有的体制。选举团无法再将极不成比例的政治影响力赋予小州。通过参与联盟式的投票，加入这一动议的州就确保了所有美国公民的平等发言权，无论他们居住在大州还是小州。

现在是时候做出这一改变了。在美国内战前，总统还可以被合理地视为各州之松散联邦的主席，目前的制度设计还算合理。但是，许多位现代总统的成就——西奥多·罗斯福、伍德罗·威尔逊、富兰克林·罗斯福、林登·约翰逊以及罗纳德·里根——已经改造了总统职位的性质。美国的普罗大众目前认定，总统就是美国国家事务的主要发言人，而将代表地方和地区利益的职能交给国会。因此，我们完全可以改变建国时的选举团体制，让它跟得上美国的活宪法，赋予每一位美国人在选择我们最主要的全国性代表时的平等资格。虽然20世纪伟大的总统变革在之后造成了危险，正确的回应是直接面对这些危险，而不是继续一种历史留下的制度，它只会增加未来发生严重危机的概率。

在超越现状时，加入新协约的州完全没有突破它们的宪法权利。美国宪法第2条明文规定，每一州可以"以本州立法机关所指示的方式""产生"它的选举人。在共和国的早期，州立法机关经常直接任命它们的选举团人，而没有将该事务交给本州选民。[29] 只是在杰克逊时代美国人表达了新的民主理念后，它们才彻底否决了这一方式。同理，各州完全有权回应总统选举在21世纪的新意义，确保入主白宫的总统是在全国范围内的胜利者。

五个州也包括它们的61张选举人票已经加入了这一协议。[30] 还要提到，加利福尼亚州的议会两院均批准了这一议案，只是被阿诺德·施瓦辛格州长所否决。如果加州的下一任州长可以做出更积极的回应，加州的同意很可能会鼓动其他大州加入这一议案，推动它迈过 270 张选举人票的门槛。[31]

如果上述情形出现，这一所提议的州际协议会宣布它将变得完全可操作。但是，根据美国宪法，它还必须通过最后的一道检验——获得国会两院的多数成员的批准。[32] 较之于宪法第 5 条的修正案要求，这是一种简单得多的要求——而且取决于彼时彼刻的政治，它很有可能得到实现。

国会应当审慎地运用它的批准权。它应当通过国会自己的新联邦立法，而不应该成为各州协议的橡皮图章。否则的话，在下一次势均力敌的总统大选时，这一州际协议可能导致甚至更大的危机。

问题在于此：该州际协议设定了一个最后时限，由每一州做出"每一位总统候选人……所得的选民票数的最终决定"。但是它并没有规定，假如法院仍在审查针对最初计票结果的挑战，下一步应该怎么走。[33] 由于不存在一种全国范围内的可信赖计票，协议各州如何确定它们的联合投票应该给予哪一位候选人？

只有国会才可以回答这一问题，而在这一过程中，国会可以澄清历史上解决选举争议的措施所导致的法律混乱。国会上一次通过有关该事务的制定法是在 1887 年，而正如本书第三章所示，那次举措遗留下一种法律遗产，其将在下一次有争议的选举中诱发自利的操作和严酷的政治僵局。

新的制定法应当澄清目前的混乱——设定一个各州返还

选举结果的新日程表，创造出总统选举行为的新联邦标准，同时选举结果返还出现争议时，提供新形式的联邦协助。

新的制定法还应当尽可能限制建国者错误的影响力，这错误就是建国宪法指定行将卸任的副总统担任主持官员，处理有争议的选举人票的计算。既然上一届的副总统经常会成为新一届总统的主要候选人，新的制定法应当通过专项规定，确保副总统仅充当一种仪式性的角色。

根据修正后的体制，关键的决策在于全国选票总计的决定。制定法应当创设一个由杰出政治学家组成的两党委员会，以决定这一事项。在两党委员会进行调查时，各州应当推迟它们的正式集会，因为选举人正是要在这次集会上投下官方的总统选票。在认定胜利者时，委员会没有必要解决所有州内的所有争议——它只需要确定，现有的全国性优势已经拉开足够大的差距，以至于在确认全国范围内的胜利者时，余下各州的选举争议已经无力回天。

委员会的确认因此可以为协议各州提供一个可信赖的基础，指示它们的选举人投下它们 270 张以上的选票。不再是由 19 世纪继承下来的法律框架所招致的政治大乱斗，一部现代的制定法应当保护两党委员会认定的诚实性，同时防止参议院主席或国会的特殊政治干涉。这只是一种纲要式的轮廓，一旦州际动议越来越接近终点线，它还要求大量的建设性工作。[34] 就目前来说，我们只需强调关键的要义：我们不应该被动地等待，直至我们过时的选举机器再一次爆炸。我们应当抓住由《人民主权动议》提供的机会，创造出一个在

21世纪内合理的体制。

我们上一次幸运地逃出生天。虽然选举团危机从来都不是儿戏,但在2000年发生选举团危机却是再幸运不过。美国当时正享受着一种前所未有的和平与繁荣时期。总统选举的主要竞争者尽一切努力以模糊他们潜在的差异。在"9·11"事件前的太平盛世中,没有人会想到在布什和戈尔之间的选择会造成多大的不同。

下一次的选票计算危机可能在一个世事艰难的时刻不期而至——在那时,意识形态两极化的政党正在严重的经济或军事困局下争夺着白宫。

行动起来,就是现在。

注释

1. See Stephen Skowronek, *The Politics That Presidents Make* (1997).
2. See Juan Linz, "The Perils of Presidentialism", in Arend Lijphart, ed., *Parliamentary Versus Presidential Government*, 118 (2004).
3. See Robert Dahl, *How Democratic Is the American Constitution?* (2002).
4. See Stephen Skowronek, "The Conservative Insurgency and Presidential Power", 122 *Harv. L. Rev.* 2070 (2009).
5. 奥巴马政府已经避免了其前任所主张的极端总统单边权力。在奥巴马治下,反恐政策的基础是国会在"9·11"事件后所制定的授权总统运用武力的决议。Pub. L. No. 107-40, 115 Stat. 224 (2001). 尽管有了尊重国会权威的姿态,奥巴马还是延续了小布什时代许多成问题的实践。一个清醒的回顾,参见 Eli Lake, "The 9/14 Presidency", *Reason* (April 6, 2010), at reason.com/archives/2010/04/06the-914-presidency.

例如,奥巴马政府认可小布什用其他军事监狱替代关塔那摩,这些位于美国境外的监狱很可能变成"法治的黑洞",在那里,被关押的嫌疑恐怖分子无法得到联邦法院的审查。奥巴马的司法部近来成功说服联邦上诉法院否决了一次来自嫌疑恐怖分子的申诉,这位嫌犯在美国境外被捕,随后被运送至位于阿富汗的巴格姆空军基地的美国军事监狱。即便被拘禁者从未参加过阿富汗战争,法院还是拒绝听审他们对长期监禁的挑战。参见 Fadi al Maqaleh v. Gates, 2010 U. S. App. LEXIS 10384 (2010)。

我无法预测,联邦最高法院将如何处理下级法院对关塔那摩与巴格姆的区分。但是,奥巴马相信他关闭关塔那摩的公共承诺与将巴格姆重建为新关塔那摩的法律行动并无冲突。这多少让人心灰意冷。

6. James Madison, "Federalist 48", in Jacob Cooke, ed., *The Federalist* 332 (1961).
7. See Bruce Ackerman, "The New Separation of Powers", 113 *Harv. L. Rev.* 633 (2000).
8. 我将运用"初选"作为包括"政党会议"在内的一种概括。
9. 开门式初选有收益,但也并存着成本。在更常规的时期,开门初选体制会鼓励对立政党的成员侵入竞争政党的初选,将选票投给那位在 11 月大选内最容易击败的候选人。因为我是基于另外的理由否定强制性的开门初选体制,我在这里没有必要进一步探讨这些机会主义的难题,因为它们只能强化我的立场。
10. Democratic Party of California v. Jones, 530 U. S. 567 (2000).
11. 同上,第 574 页。
12. 参见 Larry Sabato, *A More Perfect Constitution* (2007),该书提出了一个更具雄心的宪法改革日程。虽然我对他的提案有所保留,但我为他提出宪法设计的根本问题而喝彩。我在本书内的目标更为实用主义。我所提出的改革并不要求在联邦宪法中写入新的革命性修正案——这是一种堂·吉诃德式的努力。

    从这一视角看,我的努力与艾德里安·弗穆勒表现出了异曲同工之处,后者在《民主机制》一书内关注着"次宪法"规则的设计。Adrian Vermeule, *Mechanisms of Democracy*, (2007). 弗穆勒并不同意我的脱轨总统命题,也因此,他的设计是不同的——虽然并不是完全不同。在本书第六章,我将引用弗穆勒关于强化国会进行宪法审议之法律能力的提议,以支持我的建议。
13. James Madison, "Federalist 62", Cooke, Supra n. 6, at 418-20.
14. Bruce Ackerman and James Fishkin, *Deliberation Day* (2004).

15. 关于更进一步的成本估算，参见上注，第221—227页。
16. 更全面的讨论，参见 James Fishkin, *When the People Speak* (2009)。
17. 虽然在审议性民调内使用的格式可以成为审议日的基础，但审议日的特有目标要求重大的修正。进一步的讨论，参见 Ackerman and Fishkin, 同注14，第65—73页。
18. 更全面的评估，参见 Fishkin, 同注16, 第133—150页。
19. 虽然审议日可以制约碎片化文宣政治的冲击，但有些批评者担忧它只会恶化极端主义的问题。当参与者发现他人也认同自己的极端主义倾向时，这一担忧就会变为现实。例如参见 David Schkade, Cass Sunstein, and Reid Hastie, "What Happened on Deliberation Day", 95 *Calif. L. Rev.* 915 (2007)。为了验证他们关于审议日之极化趋向的可信度，三位作者进行了一个实地试验。在科罗拉多州的两个城市——博尔德市（自由的）和科罗拉多斯普林斯市（保守的）——抽取75位参与者。两个团体分别集中，进行15分钟（!）的"审议"，话题涉及全球变暖、少数种族平权行动以及同性恋婚姻，接下来他们就被要求在这些热点议题上达成一种共识。每一位参与者都完成了一份问卷调查，首先是在活动之前，然后在活动之后，问卷统计结果表明15分钟的讨论已经加剧了团体的极化——在"审议"过后，博尔德市的样本更趋自由化，而斯普林斯市的样本更趋保守化。

　　这一试验只能说是审议日的拙劣样板。15分钟的"审议"根本不是审议——30多个人在一间房间内，每一位参与者只有不到30秒钟的发言机会（或者如果有一位同伴来了一个1分钟长的演说，他就不得不保持沉默）。有别于审议日，这一试验没有努力让参与者面对每一个议题的两个方面：假如自己未能置身于一场正反方的辩论，一个人如何可能在全球变暖这种议题上进行"审议"？由于信息真空，15分钟集会中的下意识反应当然只能确认极端主义的观点。虽然三位作者隐约地认识到审议日的方案并不同于他们所进行的试验（参见前注，第934页），他们的文章标题表明，他们的实地试验可以用来评估审议日的提议——这是一个误导性的碎片化宣传。

　　事实上，来自审议民调的数据表明"根本不存在桑斯坦意义上的极化趋向"。Fishkin, 同注16, 第131页。
20. 参见 Robert Giles, "New Economics Models for Journalism", 139 *Daedalus* 26, 33 (2010)。广告收入的大衰减部分来自经济的大衰退，但是很少

有人相信经济的复苏可以产生一个相当程度的反弹。关于过去十年间新闻业内的工作流失，参见第一章注43。

21. 肯尼斯·托姆林森是小布什政府的公共广播公司的主席，在此思考围绕着他所发生的争议。托姆林森发起了意在消灭"媒体的自由派偏见"的公共运动，此举导致了政府监督专员的调查，后者认定托姆林森运用"政治检验标准"招募了一位新的组织主席。Paul Farhi, "Investigation Faults Ex-Chairman of CPB: Report Says Tomlinson Tried to Influence PBS Program", *Washington Post*, C 01 (November 16, 2005). 在该报道发表后不久，托姆林森辞去了他的公职。

22. See ProPublica, www.propublica.org.

23. 2007年3月的一项有关互联网流量的研究表明，在全部的网络流量中，大约10%是在浏览"成人或者色情"网站，略微超出网络邮件服务的总流量，三倍于浏览"新闻和媒体"站点的3%流量。参见Matthew Hindman, *The Myth of Digital Democracy*, 60—61 (2009)。鉴于色情网站流量和新闻网站流量之间的比例，色情网站的点击者可能得到了基金会资金的大部分配额——这就破坏了这一项目的出发点，摧毁了基金会的政治支持。

将色情站点排除出去并没有提出严肃的宪法问题。第一修正案确实禁止对色情资料的普遍性禁令，但它并不要求国家再向前一步来资助色情资料，尤其是色情资料的互联网商业模式正处于繁荣期。参见National Endowment for the Arts v. Finley, 524 U.S. 569 (1998)（维持了一部国会立法，该法指示国家文艺基金会要考虑由美国公众所持有的"文雅和自尊"的主流理念）。

更直接地亮出我的观点：基金会是对互联网所导致的一种新市场失败的回应，这种失败危及政治辩论的活力，而这是第一修正案的核心价值。市场失败让读者无须支付成本即可以阅读有版权的新闻和评论，因此威胁到公共讨论的根基。一般可参见 Robert Post, "Subsidized Speech", 106 *Yale L. J.* 151 (1996)。国会完全有权设计它的资助方案以回应这一市场失败，从而让公民可以加入公共的论坛，在位于政治议程中心的关键议题上获得广泛的事实和意见。可参见 Mark Yudoff, *When Government Speaks* (1983)。

24. 有些商业企业也有可能在基金会注册登记，而且鼓励它们的顾客进行点击。但是，我认为这一现象不太可能发生，因为这一举动会产生巨大的负面公共影响。Craig's List 或 Citibank 拥有更好的赚钱手段。如果我的判断是错误的,非新闻站点也可以从基金会那里得到相当的资助,这就证明有必要拓宽适用于色情站点的禁令,将其他一些范畴也排除出去。只有时间可以给我们答案。有关这种排除的合宪性讨论,参见前注 23。

25. 参见 Robert McChesney and John Nichols, *The Death and Life of American Journalism*, 200—206(2010)。根据他们的方案,美国公民每一年度均得到一张 200 美元的代金券,他们可以将代金券送给新闻媒体——或者是在他们的税收返还上标明受益人,或者是填写一张简单的表格。阿克曼-艾尔斯方案在四个方面存在不同。第一,麦克切斯尼和尼古拉斯将资助范围限制在适格的非营利性组织,但是我们没有理由将营利性组织排除在外。如果《纽约时报》或者《纽约邮报》生产出读者们认为更具信息量的文章,为什么仅仅因为这些新闻来源是通过商业广告在理念市场内与非营利性组织相竞争,它们就要得到惩罚?第二,麦克切斯尼和尼古拉斯让公民将他们的代金券交给新闻组织,而我们则让他们点击选择具体的文章。作为一种过渡性的机制,他们以组织为中心的策略可能是合理的,但是我们以文章为中心的制度可以更好地适应互联网——在互联网上,许多读者从来不会访问新闻制造者的网站,而只是在一个大型新闻门户网站上浏览单项的新闻报道。这些读者也应当有机会表达他们对自己喜爱的记者和评论者的支持。第三,麦克切斯尼和尼古拉斯邀请公民每年一次性地表达他们的支持,采取一次清算的方式。我们的点击系统则允许一种更具互动性和当下性的公民回应。第四,较之于一种与税收偿付挂钩的代金券制度,我们的方案更有利于参与者,同时也更有可能产生更广泛的参与。

但在根本上,以上的区别不应当遮蔽两种方案背后的共同理念——在一个旧商业模式正在崩溃的新闻世界内,创造出一个公民可以为新闻组织提供金钱支持的去中心化系统。

26. 基金会还应当采取措施,防止新闻机构雇用"职业点击手"参与这一智力计件的活动以牟利。这里的目标应当是使得雇用职业点击者的成本高于他们可以产生的收益。首先,基金会应当设计它的系统,一篇文章仅接受来自一台电脑的一次点击。它还可以规定,在读者可以联通基金会之前,新闻报道应当显示在电脑屏幕上至少几秒钟。这就增加了职业点击的成本,同时确保普通公民确实有机会阅读文章,然后才能告诉基金会这些文章促进了他们的公民认知。机会主义者当然会开发出利用这一系统的其他方法，但是电脑专家告诉我们，基金会的程序设计者可以应对设计反制策略的挑战。

27. See Sanford Levinson, *Our Undemocratic Constitution*, 90 (2006).
28. 一个普遍的批判，参见 George Edwards, *Why the Electoral College Is Bad for America* (2004)。
29. See Bruce Ackerman, *The Failure of the Founding Fathers*, 31 (2005).
30. 截至 2009 年 11 月，夏威夷、伊利诺伊、马里兰、新泽西和华盛顿州已经加入了这一协议。关于这一协议的详细内容，可见它的网站 www.nationalpopularvote.com。
31. 该动议的网站可以即时报道全国各州立法机关内本协议的政治地位。
32. 协议的支持者主张，协议的生效无须国会批准。参见 www.nationalpopularvote.com/pages/answers/m15.php。但是，联邦宪法第 1 条第 10 节规定，"未经国会的同意，各州不得与其他州或者外国政府签订任何协议或协约……"。国会具有强烈的利益以确保协议不会破坏总统选举的大系统，同时"必要与适当"条款授权国会通过保障这一利益的立法。
33. 协议文本可参见 www.nationalpopularvote.com/pages/misc/888word compact.php。
34. 感谢我的朋友阿基亚·阿玛整理了我的思考。阿玛关于这些问题的理论，可参见 Akhil Amar, "Kormendy Lecture: The Electoral College: Past, Present and Future", 33 *Ohio N. U. L. Rev.* 467 (2007)。

第六章
法治的复位

我一直在处理总统和选民之间的关系——超凡魅力式的非理性政治的兴起、职业新闻业的衰落以及我们古老的选举机器爆炸的可能性。现在是时候走入华盛顿的环城大道内,思考总统与其他主要权力中心的对抗:国会、联邦最高法院和五角大楼。

总统作为一种制度正在进军。在下一次总统夺权期间,白宫律师和法律意见办公室已经获得了向联邦最高法院发起有效挑战的能力。无论可以对最高法院进行何种批判,最高法院还是相对独立于短期政治的,它听取两方面的论证,将自己的判断置于一种有关根本原则的数世纪之久的对话之内。

相比之下,总统宪政主义的新系统则完全由总统的效忠者所控制。在这些技巧当先的职业人士的理解中,他们不是中立的法官,而是总统的律师——而且,即便最超脱理解的这一角色也会在危机时刻成为积极的鼓吹者。在危机时刻,司法部炮制看起来很美的法律宣言的能力是危险的。它使得总统可以快速占领法律阵线,而联邦最高法院要在数月甚至数年后才有机会面对由前一次夺权提出的大议题。既然有官僚和军队系统服从着总统的指令，总统的媒体机器将会碎片化地宣传司法部的工作，务求让普通公众相信，所有的一切都走在法律的光明大道上。在这一环境中，联邦最高法院很有可能运用"政治问题"学说，实现一场有尊严的撤退，让民粹主义的总统得偿所愿。

事情的发展并非必然如此。但是，我们必须反思我们的传统，以设计出一种适当的回应。早在1793年，联邦最高法院就拒绝了华盛顿的要求，没有去解释美国和法国条约中的关键条款，而是主张法院没有发布咨询性意见的管辖权力。[1]在著名的马伯里诉麦迪逊案中，约翰·马歇尔首席大法官跟进了这一传统，提出了一种建基于私人诉讼模式的司法审查理论。在这一熟悉的理念中，只有当诉讼者承受了一种特定的伤害，并且要求大法官以宪法之名来矫正其处境时，联邦最高法院才开始行动。在这一私法框架之内，由白宫律师和法律意见办公室所处理的事务经常未能提出司法性质的问题，因为这时候并没有任何私人主体承受了一次具体和特定化的损失。

在马歇尔时期，这一传统的司法审查体制提供了对总统的充分制约平衡——当时整个联邦建制只有数千人而已，总统也无法运用超凡魅力式的媒体诉求以争取公众支持。但是在21世纪的条件下，法院不可能继续袖手旁观，仿佛事不关己，直到某个主体可以说服司法机关，他或者她有一种可裁判性的伤害。虽然法律迷思一再使大法官们确信，在"案件或争议"最终到达最高法院之时，大法官具有最终的发言权，他们却不可能继续指望着公众（或法律职业）在紧要关头支持这一主张。

143　如果是联邦最高法院可以认识到这一危险，从根本上扩展它对"案件或争议"含义的理解，这当然最好不过。但是，这种改变在近期发生的可能性可以说为零。马伯里模式在司法圈子内是如此根深蒂固，以至于最高法院不可能尝试对现存学说的根本重新评估。

如要取得进步，唯一途径是对反恐战争期间的总统违法事件展开激烈的公共辩论。在小布什治下，法律意见办公室所产出的"酷刑备忘录"象征着在危机时刻执法宪政主义的大崩溃。如果将这一片段视为现代总统制的一种暂时性异常，这将是一种悲剧性的错误。正相反，在目前的制度结构之下，它是一种完全可预期的结果——政治化的法律意见办公室和超级政治化的白宫律师完全支配了国家安全立法的意义。既然联邦最高法院无法及早干预，制约未来的同种滥权，余下唯一的选择就是创设一种新的制度机制，它可以在总统发动机启动之前就踩住刹车。

我称之为最高执法裁判庭（Supreme Executive Tribunal），其九位成员将把自己视为执法分支的法官，而不是现任总统的律师。裁判庭的成员将（交叉）任职 12 年，这让每一位总统在他四年任职期间有机会任命 3 位法官。被提名者必须得到参议院的批准——这激励总统提名那些已确立起公正声誉的法律人，而不是政治特工。而交错的任期可以让不同的总统和不同的参议院支持表达出不同宪法哲学的被提名者——因此，裁判庭将成为一种复杂法律对话的场所，反对意见和同意意见将丰富现有的对有争议法律议题的理解。换言之，裁判庭从外观到行为都好像一个法院，而不是一位辩护律师。

总统将继续掌握一套辩护律师班子供其支配。他们还将与国会打交道，并且为执法部门和白宫拟定法律意见，这里面有着大量的工作。但是，这些意见都只有暂时性的权威，还要接受执法裁判庭的正式裁决。

随着政治的变化以及法律论证的演进，裁判庭的主导意见将会进化——反对意见将变成多数意见，多数意见也可能变成反对意见。但是在任何一个特定的时期，法官们将用大量的精力在核心的宪法学说上推敲出一种共识，而且他们将抵抗总统企图打破这些约束的突然行动——这正是最初创设最高执法裁判庭的要义所在。

与此同时，裁判庭与执法分支的持续交流将抑制总统的单边权力主张。目前，总统的律师发展出咄咄逼人的宪法学说，却不必担心来自最高法院的纠错，尤其是在诸如战争、国家安全和紧急权力等领域内。联邦最高法院对这些问题的表述既屈指可数，又粗枝大叶，而执法分支的律师们可以熟练地利用最高法院的少量意见内的模糊处，不断地扩张总统权力。

新的裁判庭将会改变这一切。总统的律师将面对定期与及时的司法审查的可能性，而这一新现实将会使得每一届政府里兴奋的法律野心家冷静下来。白宫律师和法律意见办公室不再醉心于对传统学说的再阐释，而是时刻准备着在裁判庭的下一个案件——而且他们确实有理由担忧，极端的立场只可能让法官更疏远。

久而久之，在总统律师和法官之间的持续交流将鼓励最高法院承担起在宪法对话内一种更大的角色。当裁判庭辩论着它的主要学说时，它的反对意见和同意意见都使得大法官可以更为清晰地把握住关键议题。而随着他们理解的增进，他们很可能抓住更多的机会影响裁判庭的学说发展的未来进程。

只要联邦最高法院给出了意见，裁判庭就必须服从。如果试验成功的话，它不仅会把总统以及律师与最高执法裁判庭联系起来，也会把他们与最高法院联系起来，从而在执法分支最高层创造出一种坚定的同时也在进化的守法文化。

但是，这一试验当然也可能失败。但不放手一试，我们就不可能知道结果。

这并不是说我们应该期盼奇迹：如果总统不断地试探其权力的极限，而且总统的政党不断地赢得选举，总统将不断地任命越来越多的反传统法官至裁判庭——而联邦最高法院将注意到这一点，因此呈现为一种更谨慎的姿态。我的提议只能放慢，却无法根除宪法转型的制度动力。正如我在第三章所解释的，这就是我这本书的目标。

裁判庭的最重要案件将由国会议员提起。联邦最高法院目前拒绝听审他们的许多申诉，因为国会议员缺乏在案件结果中的一种个人利益；而且，即便在国会成员有资格提起诉讼时，大法官也经常拒绝向参议员和众议员提供他们所寻找的答案。根据法院的"政治问题"学说，大法官自觉地尊重其他分支，因此鼓励政治分支自己解决自己的宪法议题。[2]

这里就是执法裁判庭起作用的地方——创设一个新的论坛，在这一论坛上，国会和总统可以通过法治解决它们的宪法僵局。当参议员和众议员有理由相信普通法院不会受理他们的申诉时，执法裁判庭将打开大门，听取他们的论证。裁判庭在启动时可以将目标选择为总统签署声明——我相信签署声明在可预见的将来都会是我们不可改变的宪法设置。这些在仓促之间草就的文件不应当再成为执法分支的最终声音。如果一定数目的国会议员提出了异议，裁判庭应当听取国会和总统双方律师的法律论证，在这一基础上解决宪法问题。[3]

当总统律师在面对立法禁令时仍主张总统单边行动的宪法特权——或者是以"创造性"的方式解释限制性的立法语言，使得总统得以摆脱国会命令的平常意义，这就同样是执法裁判庭显身手的时候。正好比在总统签署声明的案例中，由法律意见办公室或白宫律师所签发的任何意见书都只有一种暂时的效力——但是一旦裁判庭下定决心，它对法律的理解就将约束执法分支。

在此之后，执法分支的许多决策将开始具有现实世界的效果，由此使得特定的人得以启动一次将终结于最高法院的法律挑战——而在此情形内，做出最终决策的将是联邦最高法院。但是与此同时,最高执法裁判庭将制约病理的动力,否则病症的持续运转将使得最高法院成为美国宪法的局外人。[4]

上述理念如要转变为缜密的立法,将需要大量的法律调试工作。[5] 但是,这一工程是完全可行的——至少,这是在第二次世界大战后全世界范围内宪政实践的经验。我的提议建基于许多大国运转同类裁判机构的成功。[6] 但是,尽管存在来自其他西方民主国家的积极结论,我们自己的宪法也可能提出特有的难题吗?

假如未能在很大程度上隔绝总统的直接控制,最高执法裁判庭不可能可信地运作——因此,我的提议将启动另一轮有关总统免职权的长期辩论。如果我们寻找历史性的经验,历史的结论是清楚的。在20世纪的进程中,国会和总统已经合作创设了许多的独立机构,比如联邦储备委员会和联邦通讯委员会。[7] 很久之前,当国会立法禁止总统仅因为不喜欢独立机构的行为而将这些机构的主管解职时,联邦最高法院维持了国会的制定法。[8]

伦奎斯特法院在一个著名的判决中强化了这些制约,该案所涉的制定法授权独立检察官调查高级别的官员,前者的阵营内有肯尼斯·斯达(Kenneth Starr),而后者阵营内著名的有比尔·克林顿。伦奎斯特首席大法官在一个总括性的意见书内维持了这一法律,他的意见得到7位大法官的支持,仅有安东尼·斯卡利亚传达了反对意见。[9]

虽然如此,斯卡利亚的反对意见已经激发起新一波的学术批评，它们试图断然否决20世纪支持独立机构的集体判断。如果这些批评者有决策权的话，联邦最高法院将宣布所有的独立机构违宪。在这些批评者看来，美国宪法创设了一个"一元执法分支"（unitary executive），授权总统全权控制政府的全部建制。[10]

尽管激起了学术上的骚动，首席大法官以及他的同事们仍然完全正确地采纳了一种实用主义的进路。伦奎斯特解释道，"真正的问题"在于这些制约是否"妨碍了总统履行其宪法义务的能力"，[11]在这里就是"尽可能地保证法律得到忠实执行"。[12]除非"总统控制［官员决策］的需要是……执法分支运转的核心要求"，[13]否则联邦最高法院不应当推翻获得政治分支支持的改革立法。

这一框架强有力地支持着最高执法裁判庭的合宪性。事实上，较之于那些维持经典独立机构的宪法正当理由，比如联邦储备委员会、联邦通讯委员会，执法裁判庭的宪法理由甚至来得更直接。归根到底，独立机构的职责就是执行关键的制定法——正因此，它们采取的政策很可能与总统的议事日程发生冲突。相比之下，最高执法裁判庭将不会干预总统的核心执法功能。反而，它将大大地提高总统实现宪法命令的能力，"尽可能地保证法律得到忠实执行"。

我的论证起始于一种不言自明的道理，可以说是老生常谈。在总统可以开始执行法律之前，他必须首先弄清楚法律要求他做些什么。总统决不能假设"法律"就意味着他随心所欲的内容。总统有义务行使一种"善意的解释权"。[14]

目前的制度设定未能通过这一检验。它是一种让法律屈从政治的方法。在这一设定之下，司法部内的政治化官员和白宫内的超级政治化官员为总统提供了看起来很美的文件。但是没有人可以真诚地断定，现行的体制代表着一种善意的制度，致力于为总统提供一种平衡的法律理解。

若要提供这么一种保证，我们必须以一种完全不同的方法设计宪法体制。它必须让执法分支的主要法律解释者确信，如果他们没能说出总统想听到的话，总统也不能惩罚他们。它还必须要求，在执法分支的解释者就困难的法律议题做出决议之前，必须听取激烈的对抗性辩论：如果未能听到两方面的意见，他们如何可能善意地认为，他们已经得出了一种缜密并且平衡的法律理解？

但是，这些基础性的保障在今天还完全不存在。只有一个看起来很像最高执法裁判庭的机构才可能提供这些保障。

在谴责现有的体制时，我并不否认，有一些总统律师——或者甚至整个政府——有可能抵抗让法律屈从于短期政治要求的压力。但是，詹姆斯·麦迪逊很久之前就警告过我们，"开明的政治家不可能总是掌舵者"。[15]

麦迪逊的精神应当统治着我们对于宪法第 2 条的解读——只要我们认识到，我们正在将该条款适用于一种超出麦迪逊理解力的官僚制世界。[16] 鉴于 21 世纪的现实，总统没有时间进行繁重的工作，从而就有关困难议题做出一种有根据的法律判断。总统如果要完成他的宪法授命，他有义务设计出新的制度，可以真实可信地告诉总统，法律是什么。而且，如果目前的制度设计不能可靠地完成这一工作，总统应当和国会合作创设更好的制度，从而履行总统"尽可能地保证法律得到忠实执行"的义务。

国会的参与是不可避免的，因为只有国会才能提供赋予新裁判庭以生命力的资金。国会的参与同样也是有价值的，因为国会在三权分立的体制内具有确保法律得到忠实执行的根本宪法利益。在创设这一新裁判庭的过程中，国会和总统将根据由宪法第一条和第二条授予它们的宪法权力而行动。[17]

如要继续留在宪法界限内，裁判庭的权力必须得到严格的限制。它的任务只是解释法律——接下来还要由总统决定如何以一种"忠实的"方式去执行法律。正因此，总统在回应裁判庭的判决——尤其是那些他不喜欢的判决时，经常具有极大的灵活性。

如要理解我的观点，不妨想一下法律的执行是一种成本昂贵的事务：如果期望着执法分支每时每刻都可以充分执行全部的联邦法律，这只能是一种不切实际的空想。即便一位"忠实"的总统也必定在设定优先议程时行使大量的裁量权——选择一些法律进行强化执行，与此同时在另一些法律上节约执法资源。这也就意味着如果总统不喜欢裁判庭的意见，他大可不必谴责它的技艺。总统可以简单地在执法时放逐那些裁判庭所解释的制定法："对不起，但是还有那么多同样要求忠实执行的有价值的制定法。"

这一策略在一种重要类型的案例中不会奏效——这些案件源自那些向总统权力施加严格限制的制定法。如果裁判庭判定总统无权施加酷刑，或者无权未经国会批准即主张紧急权力，总统就无法提出具有公信力的主张，即服从裁判庭的判决将让政府开销更多的金钱——在酷刑的诸多邪恶之中，其中一项就是酷刑是高成本的作业。在这类案件中，总统没有选择：如果他下定决心要坚持己见，他必须公然反抗裁判庭。

但是，这发生在非常危险的条件之下。一旦裁判庭传达判决，焦虑的暗涌将在文官和军方建制内逐渐扩散。正常情况下，这些官员在依照总统命令行事时享有绝对的豁免权，但是假如裁判庭已经传达了相反的判决，官员们也不应简单预设豁免权的享有。裁判庭的意见是在告诉他们，如果总统的单边冒险行动最终未能得到公众的支持，他们就有可能承担民事和刑事责任。这将致使官员们在面对总统有问题的命令时三思而后行。事实上，由于官僚和军方建制不确定的忠诚性，总统很可能会在悬崖边缘停下脚步，接受裁判庭之裁判的效力？

或者，总统也可能会升级他的宪法赌局，走上理查德·尼克松的道路，即"只要是总统的行为，这就意味着它不可能是违法的"。但是，尼克松是在离开白宫四年后才提出了他的著名命题。[18] 当尼克松还是一位在职总统时，他的行为并不符合他的言词。当联邦最高法院在水门事件期间要求他交出可将其入罪的录音带时，尼克松并没有公开对抗法院。[19] 即便这给他的敌人在弹劾运动中一种"如山之铁证"，尼克松还是将录音带拱手交出。

尼克松这次著名的撤退很难说是决定性的——因为我的命题正在于，现代总统要比 1970 年代的总统危险得多。更重要的是，来自最高执法裁判庭的相反意见并不具备联邦最高法院之否定判决的分量。最高法院在这方面有着两百年的历史，而执法裁判庭只不过是白手起家的新人。裁判庭可否成功，这在很大程度上取决于在第一次大危机到来之前裁判庭可否完成自身的正当化。但是，这也将取决于那一时刻的政治。

宪法预言家是一种愚蠢的职业。即便裁判庭在总统反击时向后撤，这种制度僵局也可能导致有益的效果。它会让普通的美国人意识到，华盛顿正在出现大麻烦，这使得联邦最高法院在此后可以相对容易地进行有效干预。[20]

而且，如果裁判庭在它的第一次严肃遭遇战中获得成功，它的胜利将意味着法治在美国的一个新起点。

一种非理性的政治。一种不守法的文化。我们能否设计出制度，以制衡总统在这些方向上的冲动？

或许有可能，但是我们的思维试验一直运作在一种重大的制约之下：迄今为止，我们一直将白宫目前的制度结构设定为不可变量。我们并没有致力于控制这一核心的决策系统，而是不断附加有助于制约其病理趋向的新制度保障。但是，是否存在着重新组织白宫自身的现实方法，从而制约白宫走向超凡魅力式的不守法的趋势？

晚近的总统已经大大提升了白宫官员向庞大官僚系统发号施令的权力——因此，我在前文中已经发出号召，返回到克林顿政府对这些权力进行危险升级前的状态。[21] 但是，由总统府众多官员所提出的问题，并不只是简单的此种或者彼种特定权力的行使。在水门事件、伊朗门事件与反恐战争期间，总统不守法均可以追根溯源至白宫内的温室氛围——数百位效忠总统的官员在相互强化彼此的立场，他们将外部人士妖魔化，鼓吹极端的措施以压倒他们的抗争。我们再也回不到1939年之前的旧时光，那时的总统是通过内阁进行统治的。即便如此，我们至少还有一项措施可以有助于制约最恶劣的越权：要求参议院批准白宫所有主要官员的任命。

当富兰克林·罗斯福第一次获得任命六位特别助理的权利时，他用对未来的保证回避了参议院批准的传统要求："这些助手们无权以他们自己的身份做出决策或者发布指令……从任何一方面来说，他们都不是助理总统。"确切地说，他们只是为总统提供做决策所必需的信息。他们主要的任职条件将是一种"甘做幕后的热情"。[22] 而且，因为他们并不行使决策权力，要求参议院的批准已经没有意义。

罗斯福或多或少地信守了他的承诺。但是，当罗斯福的数位官员增加至数百位时，1939年的原初理解已经脱离现实而渐行渐远。无论以何种可操作的标准进行判断，白宫内的主要官员都行使着货真价实的权力，他们和内阁官员成功地竞争着在重大决策上的影响力。他们早已丧失他们"甘做幕后的热情"。每一天，我们都可以看到白宫官员在媒体上宣讲总统的项目。即便如此，除了极少数的例外，白宫官员仍然不需要参议院的"建议与同意"。

我们正处在一种荒唐的环境内。参议院不厌其烦地投票表决任命每一位驻卢森堡的新任大使，[23] 但是当总统任命他的国家安全顾问时，参议院却甘于袖手旁观。总统的政治对手经常挑战这一实践的正当性，而且参议院也在举行听证会——总统的辩护者在会上告诉参议员，总统的"沙皇们"只不过是没有任何决策权的卑微顾问。这是一种纯粹的法律虚构：没有人想过说出诸如此类的傻话，除非是要在国会山上仪式性地赞美建国之父。[24]

当沃尔特·白芝浩（Walter Bagehot）描述 19 世纪的英国政府时，他强调务必区分"实效"（efficient）与"仪式"（dignified）宪法。在白芝浩的时代，英国的仪式宪法仍然是以女王和她的朝堂为中心；但它的实效权力中心却是内阁和下议院。[25] 一种性质相同、但方向相反的转型眼下正发生在美国——权力中心不再是立法机关，而走向总统的政府。这就意味着，我们的仪式宪法强调参议院对内阁官员的批准，但实效政府越来越是由总统府官员组成的白宫。

这一批准实践中的不对称会促进权力进一步集中在白宫。比如说，总统有理由相信，他的财政部长最佳人选将会在国会山遭到抵制，总统便可以单方面任命他为白宫内负责经济政策的"沙皇"，同时提名第二号人物至内阁职位，以此避免一场参议院内的批准战。[26] 前一届政府的集权决定将成为下一届政府的先例，加速了实效权力由内阁向总统执行办公室的转移。

如果我们重新确立批准实践中的对称性，我们将消除这一逆向的激励。制约与平衡的复兴还可以助长一种守法性的文化。总统可以想到，如果总统试图在自己身边围绕着效忠的二流人物，那么他可以预期到通过参议院时的麻烦。总统将有一种新的激励，选择那些已经得到庄重人士之美誉的官员。而且，一旦总统的高级顾问得到参议院的批准，他们将能够更好地抵制违法的动议。辞职的威胁将导致一种高得多的成本——因为总统要任命一位继任者，就必须经历另一轮的批准战役。

当然，白宫官员将增加他们的独立性，这一可能性会导致总统激烈抵制任何对其单边任命权的攻击。总统——任何一位总统——需要效忠分子将他的项目落到实处，尽管存在着国会和官僚的抵制。至于由极端政治化的官员所产生的体制风险，总统可能会让他自己宽心："我不是理查德·尼克松。为了防止未来的某一位总统滥用其权力，为什么让我的日子更不好过呢？"如果国会尝试着通过立法，要求白宫关键职位须经参议院批准，我们可以预计总统会对法案进行否决——除非参议院提出了可做交换的非常有价值的对价。

正是在这里，现代体制的另一种病理会在危难之中施以援手。目前看来，个体参议员能够在相当长的时间内阻止内阁部门的数百位关键官员的批准，这严重地破坏了政府的效能。如果提议取消这一恶性权力，参议院很可能成功地吸引总统加入这一项大协议：为了得到批准白宫高级官员的权力,[27] 参议院应当提出保证,在所有执法官员提名的 60 天以内做出批准或否决任命的表决。[28]

在详细拟定这一协议的条款之前,我们应当探讨参议院的批准要求为何以及如何变成一种对效能政府的重大累赘。根据当下的惯例,哪怕只有一位参议员选择"搁置"总统的提名,参议院就无法直接进行最终的批准表决。首先,总统必须组织起 60 名参议员,他们同意停止关于被提名者的辩论。即便如此,反对者还是可以坚持在表决前进行 30 个小时的全体会议辩论。全体会议的时间是参议院内最稀缺的资源,而在一位被提名者身上浪费 30 个小时的风险将给予参议员以极大的影响力。

参议员可以无所不用其极地调用这种影响力——不仅可以阻止他们反对的被提名者,还可以扣留好的候选人为人质,要求总统在不相关的议题上做出让步。声名狼藉的案例不胜枚举,但杰西·赫尔姆斯参议员仍然是滥用此项权力的当世第一人。无论是民主党总统的任命,还是共和党总统的任命,都逃不开他的拖延和搁置。[29] 公开的记录所代表的只是冰山之一角。特别要指出的是,参议员可以对总统的提名进行一种秘密搁置,因此我们缺乏硬性的数据。[30] 即便如此,偶尔的消息泄露也表明了权力滥用的程度:例如,近来理查德·谢尔比参议员对奥巴马 70 项提名的匿名"搁置"被媒体曝光,他因此陷入窘境——谢尔比对此的解释是,他之所以行使大范围的否决权,乃是为家乡州的数项工程争取联邦专项资金![31]

这并不是运作政府的办法——而且，正如我们所考察的许多其他惯例，它并不具有一种历史悠久的谱系。只是在20世纪70年代，参议员才得到了他们现有的恣意权力。在那之前，参议员如果要冻结对总统提名的批准投票，只能通过在参议院全会上发起议事搁置。这不仅会让议员的身体疲惫不堪，也会导致政治上的代价：如果参议员无休止地做长篇演讲以反对一位助理国务卿的任命，他们看起来会是多么滑稽可笑。

当南方白人在民权时代的议事搁置大战中失利后，当时的多数党领袖迈克·曼斯菲尔德尝试着限制议事搁置的潜能。根据曼斯菲尔德的"双轨"制，议事搁置只限于早晨，而参议院在下午审议其他事务。[32]但即便如此，议事搁置还是会旷日持久，在接下来的十年间，多数党领袖只有确保拿到可以结束辩论的60张票时，才将法案带入全体会议。[33]就在同一时期，参议员还开始主要通过无异议同意的协议，推动立法通过参议院。[34]

这些变化将"搁置"改造成了一种强大的武器。它此前只是一种关于参议员礼仪的事务，却非正式地演化着：参议院的成员可以要求他的政党领袖短暂地"搁置"一件事，直至他可以获取有关该议题的更多信息。[35]但是在1970年代，参议员开始有策略地运用"搁置"，或者是反对一项同意协议，或者是威胁要进行议事搁置。[36]因为参议员可以不具名地提出搁置，他们甚至不需要在全体会议中现身，由此创造了一种"秘密的议事搁置"。[37]而在内阁以下的官员提名案例中，搁置的威胁尤其具有效力，因为这些官员的命运并不会引起太多的公共关注。[38]

总体的影响力可以说是毁灭性的：平均起来，约翰·肯尼迪用了大约 2 个月赢得了最初提名者团队的批准；罗纳德·里根用了 6 个月；乔治·布什则超过了 9 个月——而奥巴马很可能拖得更长。[39] 当总统的第一轮任命者开始离开政府，总统需要填补因此出现的出缺时，拖延只能会越来越严重。[40] 而在总统第二个任期的中后期，这一问题是尤其急迫的。一项概括性的数据可以表明总体的影响力：1979 年至 2003 年，参议院批准的职位平均出缺 25% 的时间。[41] 当总统补充了这些空缺的职位后，其他的职位又会空出来，不断地破坏着内阁部门之平稳运转所需要的团队努力。

参议院并不是问题的唯一根源——总统也要对越来越长的拖延承担起部分责任。但是无须区分是谁的责任，也可以表明我的主题：如果参议院要争取在白宫高级官员任命时"建议和同意"的权力，那么它的手中掌握着一个很大的谈判筹码。如果参议院承诺在 60 天以内就所有的执法分支提名进行表决，它是在给总统提供一次进行更有效能之统治的机会。这应当是一种诱人的前景——值得交易参议院对白宫内关键任命的监督。

或许也不值得交易。总统很可能已经依赖于他们的白宫效忠分子，因此他们将会拒绝参议院给出的要约，即在庞大官僚体系内更有效能的政府。但是，假设参议院加大赌注而向总统提出一种新的交易，让总统可以更容易地将他的主要立法动议制定为法律，在这一扩展版的"大谈判"中，在参议院内克服议事搁置所要求的多数将逐渐地降低——在全体会议讨论的头 20 个小时内，结束辩论仍要求 60 张票；20 个小时后，结束辩论就只需要 55 张票。而一旦 30 个小时过去后，简单多数就可以叫停辩论。这一滑动尺度的制度设计既可以维持参议院的审议性，又可以给白宫通过其优先级的立法提供更好的机会。[42]

这将会把（几乎）任何一位总统拉到谈判桌前。虽然参议院审查他的白宫官员将是一件麻烦事，但总统很难拒绝更有效能的政府与更大的立法成功的机会。别忘记，参议院通常总是会批准总统所希望的内阁阁员，而在总统的白宫高级助理上也将会同样如此。公众理解总统需要官员们的帮助，而参议院反复否决总统的提名将会导致巨大的政治成本——只要白宫选送的是真正有资格的候选人。较之于参议院批准的小烦恼，扩展版的"大谈判"为总统提供了最重要的政治收获。

参议员自身却没有那么大的驱动力。每一位参议员都在现状中获得了大量的恣意权力。而且作为一个团体，参议员将试图转变任何严肃的改革努力——如果公众以及政党领袖不会因此惩罚他们。即便如此，参议院的抵制并不总是成功的——在 1975 年，超越议事搁置所需的多数就由 67 位降至 60 位。[43]

而且，公众的情绪看起来也在酝酿着另一波对参议员特权的攻击。我在此要建议我的改革者同志们，在等待我们的下一次政治机会时反思改革的议程。议事搁置的批判者通常将火力完全集中在参议院，要求对这一实践的全盘否决。参议院已经是整个世界上议席分配最不公正的上院——加利福尼亚州的两位参议员所代表的人口数几乎是怀俄明州人数的70倍。[44]而议事搁置更是雪上加霜——赋予代表11%人口的参议员有权否决立法。[45]鉴于议事搁置公然的反民主性，难道改革者不应当集中起全部的力量，攻破参议院对这一无法站住脚的惯例的严防死守？

我的答案是否定的。议事搁置只是问题的一部分而已，尤其是当问题关系到参议院在审查提名时的职能。问题的另一部分在于，在批准执法分支内许多最重要的决策者时，参议院的权力遭到了巨大的腐蚀。在这次"大谈判"中，如果参议院未能重新获得它对白宫高层官员的建议和同意权，它就失去了恢复为有效制约者的最后绝佳机会，以控制一个过度集权化、超级政治化的总统执法机构。

再来看军方，此处的挑战在于重新激活文官控制的原则，让它成为军官当下职业生活的一部分。

这应当是一部新的《军事伦理教义》的目标。这些教义应当致力于阐释文官控制在真实世界环境内的意义。它们的首要任务是要建构起不同语境内的良好行为的行动纲领——而不是确定应当受到刑事惩罚的反常行为。如同相应的法官伦理教义，它们应当设定军官将献身于立宪政府的原则，但是这些原则需要在现代世界内的阐释。一旦教义得到了确立，我们就需要一种体制，它可以非正式地警戒快要越线的军官，并且向公然的犯规者施加行政惩戒。

军事院校和战校应当带头准备案例研究，从而实现在广阔的语境内直接面对基本的议题。如果我们运气好的话，这些学院的动议将催化来自军官全体的广泛回应——包括高级军官，他们的行为将受到最直接的影响。

新教义的定义不可能是军方的禁脔。行动纲领将会影响五角大楼、白宫和国会山上的文职决策者。真正的进步要求搭建起一种特别的论坛——它将邀请文职和军方的领导人，通过长时间的共同努力创造出一种现实的行为法典。

一位富有创造力的国防部长可能担当先锋，但是最好的前进路径是通过一种文职–军队关系总统委员会。来自白宫的领导权既表明了工程的重要性，又鼓励了顶尖人才的征募。它还可以表明此项行动正确的时间参照系：不是几个月，也不必数十年，而是经由数年的持续讨论得出一种具体的议案。

如果委员会的动议得到了广泛的支持，总统应当抓住机会使新教义生效——作为总司令，他有这么做的充足权力。但是更好的方法是由国会将新教义写入制定法，同时规定一个每十年左右定期修改教义的结构——由于经验长时间的累积，修改当然是必要的。

这一正在进行中的工程将从根本上回应军方加速度的政治化。新教义给军官们提供的并不只是一套实用的行动指引。它还将激起对文官控制这一大问题的根本重新定位。通过积极的参与，军事官员将与公民社会共同建构出 21 世纪一种新的军队气质。

这一新气质应当定型化为一系列的法律变革。首先，国防部应当废止由退役军官担任现役军官之"资深导师"的项目。这一现有体制是对权力滥用的公开邀请——军方统帅部将这些导师作为他们的政治喉舌，公开谴责他们的文职上级所追求的政策。在 2006 年反对唐纳德·拉姆斯菲尔德的"将军造反"中，我们已经看到了这类故事——这次行动也设定了一次先例，让心不甘情不愿的总统罢免了他的国防部长。这一次的成功将鼓动未来更进一步的"造反"。

导师项目只是在 20 世纪 80 年代才开始——没有这一项目，武装力量在此前两个世纪内也有良好的运转；如果又一次失去该项目，武装力量也可以成功运转起来。但是，取消这一项目只是第一步。新的教义还应当禁止现役军人鼓动退役军官参与反对文官领导权的公关活动。[46]

制定法的变革也将是必需的。在 20 世纪 80 年代之前，总统的国家安全顾问基本上是文职官员，但是退役军官目前被认为是担任该工作的合适人选。我们应当改变法律，要求回归此前的惯例，让白宫的国家安全建制坚定地服从文官控制原则。国家情报处的新主任在担任该职务之前，也应当与文官世界有着广泛的接触。[47]

有效的立法改革应当以早期的先例为基础。在 20 世纪 40 年代，国会就面对着一项类似的问题。在筹建新的国防部时，国会希望保证陆军、海军和空军部长都是文职官员。为了实现这一目标，立法在创设国防部时禁止退役军官担任上述职位，直至他们回归文职生活五年以上。[48] 这一预防性的规则现在应当适用于国家安全顾问和国家情报主任。

这一规则还应该在国防部内得到更广泛的运用。区别于各军种的部长，其他关键的文官职位只要求六个月的等待期。[49] 正因为如此，有政治头脑的军官会想方设法在服役期结束后很快晋升至"文职"官员。这具有两种负面效应。它鼓励了高级军官在他们服役期间迎合政治掌权者，而且它会限制真正的文职官员在日常决策中的角色。鉴于当下的现实——退役军官在奥巴马国防部的 29 个关键职位中占据了 14 席——我们显然必须要收紧入口。[50]

五年的等待期并不是万能药——自 20 世纪 80 年代以来，它并未制止相当数量的退役军官获得陆军、海军与空军部长的任命。[51] 而且，在一种健康的军队-文职关系的复兴道路上，我并不认为立法改革可以作为一种主要手段。在由军队伦理教义所表达的大转型中，制定法的变革只可能充当一种辅助。如果新教义可以成功地培植出一种新的气质，五年的等待期将只有一种象征性的意义，警告高层文官只有在退役军官出类拔萃时才可以起用他们。只要这一惯例被限制在非常特别的案例中，它就是完全可接受的。

所有这些改革都是有争议的，但是我还尚未处理最困难的议题：参谋长联席会议主席的角色问题。1986 年前，参联会主席还主要是一位调解人，始终面对着各个军种司令之间为争夺竞争优势而展开的斗争。但是,《戈德华特-尼古拉斯法案》终结了这一切,参联会主席的职位目前可以为整个军方代言。这一变革是由功能性因素所驱动的——军种之间的对抗破坏了在现代战场内获得成功所必需的协调努力。但是,这一变革实际上产生了深远的宪法后果。既然军方可以有一个统一的口径,它就可以在危机时期决然地干预政治。我们应当面对这一现实的存在,以削弱参联会主席的授命。

或者至少是参联会主席权力的一个面向。我同意我们需要一位铁腕主席以控制军种之间的对立。但是,《戈德华特-尼古拉斯法案》所做的不只是这些:它使得参联会主席在面对总统时成了国防部长级别的人物,指名他担任在国家安全委员会内军方的"主要"发言人。参联会主席已经确保了他在谈判桌上的一席之地,因此他的陈述可以断然地挑战国防部长在国防政策上的权威。

这就破坏了文官控制。参联会主席应当有义务首先说服国防部长,而没有权力在白宫之内挑起最终的摊牌。目前的体制创造出了错误的激励。参联会主席控制着五角大楼内的战略官,而他应当要求战略官研讨对国防部长具有核心意义的军事选择。但是在目前的制度结构下,如果参联会主席认为国防部长走上了错误的方向,他就有一种进行相反行动的激励。毕竟,如果国防部长在国家安全委员会前未能给出充分论证,这会使得参联会主席的陈述听起来更美好。

无可否认,只有精明的参联会主席才可以既暗中破坏国防部长的议程,同时又不会和国防部长完全决裂。但是,笑里藏刀可以说是华盛顿特区的政治常态。国防部长总是很难将参联会主席推向他不希望去的方向。但是，没有理由让国防部长的工作更加难做。

尤其是在一个"名流将军"的时代，将军们已经基于自己的利益操纵国会和总统之间的冲突，从而为自己取得政治声望。在严重的危机时刻，"名流"主席在国家安全委员会前论证他的方案时，可以采取一种政治上居高临下的姿态发言。如果他的文官伙伴们将他否决，当有关参联会主席之反对的悲壮报告被传媒热议后，文官们将付出沉重的代价——他们将来必会如此。到了决断时刻，在国家安全委员会的悲壮例会上，国防部长甚至总统都无法抵御军方盛气凌人的要求。

但是，一旦我们修改《戈德华特-尼古拉斯法案》，参联会主席将面对着一种不同的现实。他不再有权要求在国家安全委员会例会上的一席之地。只有在国防部长带他一同前往白宫时，参联会主席才可能参加国家安全委员会的例会。而如果参联会主席利用这一机会发起对文职首长的偷袭，前述情形就不会发生。[52]

立法的变革并不是万能良药。如果国防部长得到了参联会主席的站台，国防部长可以扩大他的影响力。在国家安全委员会的关键会议上，国防部长有很强的利益让参联会主席随他赴会——因此会致力于达成共同政策的调和。即便如此，基本规则的改变会让天平指向更大程度的文官控制，因为国家安全委员会的席位对参联会主席来说已经不再是囊中之物，他必须和国防部长谈判才可能取得决策台前的一席之地。

作为总司令，总统总是可以自由地建立起他与参联会主席之间的独立沟通渠道。但是，这只能是最后的一招：将国防部长置身事外就等同于一种不信任投票，原则上可以引发国防部长的辞职。简言之，《戈德华特-尼古拉斯法案》的改革标志着权力天平倒向国防部长的一种重大、但是也很微妙的转变。

它还将表明反思文官控制之意义的大需求——并且因此驱动着在现代时期发展出新的军事伦理教义所必需的集体努力。

❧

军方的自我节制尚不足以在危机时刻控制一位脱轨的总统。这是小布什的"反恐战争"及其不服从法律和酷刑统治的教训。

奥巴马总统已经终止了酷刑。他公开谴责布什在关塔那摩遗留下的法律"乱局"。[53]而且，他已经开始着手清理这一乱局。

这一清理行动本身就将成为一种混乱的事务，提出了一大堆法律难题：在关塔那摩的被拘禁者中，哪些应当在联邦法院内接受审讯？哪些又应当通过一种（有所改良的）军事委员会系统进行审讯？另外，又该如何处理那些被刑讯逼供、因此根本不可能审判的被拘禁者？

这些都是热门议题，而且鉴于小布什政府的法律遗产，达成真正令人满意的答案可以说没有希望。只有一件事是可以确定的：清理的努力将在接下来数年间激起许多愤怒的辞令。

但是，我们不应当让这些叫嚣声遮蔽了大的图景。虽然以一种相对公正的方式来清理小布什的乱局不是不重要，但大问题还在于未来：我们现在应当采取哪些措施，防止在下一次恐怖袭击之后的另一波不守法和不正当行为的爆发？

无论奥巴马会说些什么，总统们都不会忘记，小布什的硬汉姿态是如何为他在"9·11"事件后赢得政治上的大红利的。在下一次严重的袭击之后，无论总统可能是哪一位，他都绝不会允许他的政治对手们将他刻画为一位懦弱的公民自由论者，只会关注嫌疑恐怖分子的权利。当整个国家对恐怖的袭击场景做出反应时，小布什的精神将再一次地出没在白宫——召唤下一任危机总统再度主张他作为总司令在"反恐战争"时的超常权力。

应当感谢奥巴马，他已经从修辞火药库中撤下了"反恐战争"。但是，如果他要防止小布什场景在未来的重演，他必须再进一步。奥巴马应当向这个国家解释，在形容现代恐怖主义的挑战时，为什么"反恐战争"是一种欺骗性的方法。

首先，恐怖主义只不过是一种技术的代名词：对无辜平民的有目的攻击。但是，战争并不是一种技术性的事务：它是一场对抗着特定敌人的生存与死亡的斗争。我们向纳粹德国开战,而不是 V-2 火箭。

一旦我们允许自己向一种技术宣战,我们就开启了一条危险的道路,授权总统攻击没有定形的威胁,但却不需要定义这些威胁。在这个世界上有着数千万计的仇恨美国者,他们来自所有的种族和地区。他们所有人都有可能是潜在的恐怖分子——而且更多的不可计数的人们将会被卷入嫌疑网络之中。

这里还有第二种主要错误。如果我们将它称为一场战争,我们的问题就被表述为一场对抗一种组织良好的军事机器的斗争。但是,现代恐怖主义具有一种非常不同的起源。它与其说是无节制国家权力的产物,不如说是无管制市场的产物。

我们正处在现代史内的一个独特的时刻:国家正在失去它对大规模杀伤性武器的垄断。一旦一种武器技术流入黑市,政府就几乎不可能完全压制技术的交易。想一想毒品和枪支。即便是道德禁欲的政权也要学会生活在邪恶的边缘。但是当一个边缘团体获得了一种大规模杀伤性的技术时,它不可能继续留在边缘。

我们问题的根源不是伊斯兰教或者任何意识形态,而是交易死亡的自由市场。越来越小的团体可以用越来越低的成本获取越来越致命的武器——导致了毁灭性袭击的不间断风险。即便"基地"组织瓦解了,来自其他地方的边缘团体将起来填补这一空缺。我们要发现它们其实不需看得太远。如果一小撮本土极端分子可以炸掉俄克拉荷马市的联邦大楼,其他人在得到袖珍原子弹时也会将它引爆,急切地舍身以换取他们自我毁灭的意义。

标准的战争话语无法阐明这一问题所特有的轮廓。即便是美国历史内的最大战争也会走到终点:当林肯或者罗斯福向美国公民主张超常的战争权力时,所有人都知道,它们只会延续至南方邦联或者轴心国家被击败之时。但是,武器的黑市——又名为"反恐战争"——永远不会终结:在这一隐喻战争中,无论总司令得到了何种新权力,他将永远持有这种权力。

一种恶性循环威胁着我们。在每一次成功的恐怖袭击后,总统就将进一步扩展他的战争权力,以摧毁恐怖分子——结果却发现另外一帮恐怖分子在数年之后成功地再次打击。这一新灾难反过来又将创造出一种民众的镇压要求,如此反复循环。即便接下来的半个世纪仅会出现两次或者三次严重的袭击,病态的政治循环到2050年却有可能会摧毁公民自由。

这就是我们的暗淡前景,目前却遮蔽在因关塔那摩清理所激起的喧嚣争议之下。我们应当向前看,而不是向后看——这正是奥巴马总统不断告诉我们的。他的挑战是领导美国发现困扰我们未来的真正问题:如何处理有可能摧毁我们宪法传统的恐慌循环?

首先要承认恐怖分子的袭击提出了特殊的问题,然后制定出将它们考虑在内的一种特殊立法。一方面,国会应当授权总统在恐怖袭击后进行决断行为——并且采取紧急措施,以防第二波的袭击。但在另一方面，国会还应当采取特别的措施，以防总统利用短暂的恐惧推行对自由的长期限制。

这里只是纲要：我的紧急状态立法首先授予总统以广泛的非常权力——但授权期限只是一周或者两周，国会在这时要思考下一步的行动。总统的权力到时将会过期，除非国会两院的多数投票决定延续总统权力——但是，即便是此次支持的表示也仅能将总统紧急权力再延期两个月。两个月后，总统还是要回到国会要求重新授权，而这一次重新授权则应当要求60%的超级多数；再两个月后，则要求70%；而在此后每两个月的延期都要求80%。除非是最可怕的恐怖分子大屠杀，这一"超级多数的阶梯"将在一种相对较短的时期内终止非常措施。

这就是用意所在——防止紧急权力的常规化。总统不再可以基于此前"反恐战争"中所建立的先例，在当前的袭击过后还在扩展总司令的权力。国会也将反复地问自己，问这个国家，现在是否是时候让总统返回常规状态。有时候答案是肯定的，有时候是否定的；但是，反复商议这一问题的需要将把恐怖分子事件标示为一种非常规的时期，而不是执法制度化扩权的跳板。

定义紧急权力的范围是一种严肃而且敏感的事务——在《下一次袭击之前》一书内，我已经正式论述了包括这一问题在内的多项议题。[54] 但是就目前来说，最好是可以聚焦于我的核心观点"超级多数的阶梯"，并且提出一个显而易见的问题：这一设想事实上能否运作起来，在下一次危机期间制约总统的权力？或者说，一位脱轨总统将简单地粉碎由新立法所设立的路障？

为了澄清理念，假设另一次恐怖分子袭击摧毁了美国的一个城市，其规模要远远大于"9·11"事件。与此同时，我的建议已经被写入了法律，而总统反复获得了国会对紧急权力的立法批准，将数千名嫌疑分子送进了拘禁场所——总统告诉我们，所有这些都是为了侦察并且防止另一小撮恐怖分子摧毁美国的另一个大城市。

一年过去了，没有发生进一步的事件，胜利的总统回到国会，要求新的两个月延期。但是这一次，参议院否决了他——35位参议员投了反对票，左翼和右翼的公民自由论者坚决主张，回复常态的时候现在已经到来。[55] 根据该制定法的条款，总统还有两个月的时间去结束紧急状态，但是在这之后，他的权力失效了。

下一步要由总统来走：他是否会公然对抗这一里程碑式的制定法？

> 我的美国同胞们，我的决断行动已经挽救我们免于第二次袭击——但是，参议院内的少部分人却坚持要让恐怖分子再度漫步于街道。我不可能以一种法律上的技术细节而放弃我的宪法责任。65位参议员同意，紧急状态应该继续下去——而这应当足以满足任何一位理智的公民。

尽管有反对者的抗议，美国宪法并没有授权国会否决那些确保国家安全的必要措施。在决断必须做出之时,它把最终发言权交给了总司令。

紧急状态应当不折不扣地继续下去,直至我们最终赢得我们的"反恐战争"。

或者是总统将服从制定法的命令,承认现在是时候恢复美国的公民自由了?

设想你自己坐在椭圆办公室内,思考你的选择。我将比较两个场景。第一个场景描述了总统在现今条件下的决策计算;第二个场景则构筑了一种对比,在一个我所有的改革都成为现实的变革制度环境内,才可以得到这种条件。这一比较表明,我的一揽子渐进改革可能在下一次宪法危机发生时发挥很大的作用。

今天:在决定是否要对抗国会时,总统显然会考虑一系列的政治偶然因素——很可能民调显示出广泛的公众支持,或者很可能总统的政党在国会内团结起来为总统辩护;或者也很可能并非如此。

在判断了这些无法衡量的因素后,总统将转向法院的可能回应:法院是否会尊重他所主张的总统固有权力;还是会站在国会那边进行坚定的干预?

在立法规定的 2 个月紧急状态收尾期内,被拘禁者的律师将会忙碌地准备他们的法律诉状。一旦时钟指向了第 60 天的午夜,他们将冲进最近的法庭,要求释放他们的当事人。归根到底,立法的语言再清楚不过了——它说紧急状态的延期必需80位参议员,难道65名参议员不是少于80位参议员吗?

171　既然紧急状态已经结束,那么只有一种方法可以将他们的当事人关在铁窗内——而这就是对他们提起刑事检控,然后以超越合理怀疑的程度说服陪审团。

司法部将会答复,先别着急:总统具有并不取决于国会立法的宪法特权。作为总司令,总统在"反恐战争"中有权拘禁和监视有嫌疑的敌方战斗人员。[56]

结果:下级法院出现法律混乱,而政府也在拖延并且设法避免来自最高法院的最终判决。在接下来的几个月中,总统命令他的安全部队继续关押被拘禁者——与此同时,总统的法律意见办公室和媒体顾问将推动职业和大众意见走向他的方向。

如果他们获得成功,在案件最终到达联邦最高法院时,总统很可能已经处于居高临下的姿态。当然,大法官们有可能突袭总统,公开表明支持国会。但是,总统的真理时刻在这一过程中来得更早——这就是总统在参议院表决后思考其选择的时刻。在决定是否要对抗国会时,总统可能合理地赌定,最高法院将只不过是一只纸老虎——这让他可以践踏紧急状态立法。[57]

也有可能,那时那刻的政治会阻止总统铤而走险。但是在紧要关头时,虽然司法对抗会模糊总统的未来,但仅有对抗的可能性还不会制约总统。

我所设想的明天:如果总统选择对抗紧急状态立法,35

位反对参议员随即提请最高执法裁判庭进行裁决。这一裁判庭的目的就是要在危机时刻维持法治：当面对考验时，它是否会放弃它的关键职责？

根据创设裁判庭的国会立法，参议员的申诉将得到加急处理，因此，合议庭在紧急状态收尾期内就正式启动了判决程序。在第59天，最高执法裁判庭向焦躁的民众宣布了它的判决。

裁判庭内的绝大多数法官维持了这部标志性的国会立法的合宪性，宣布总统没有权力进行单方面的行动，扩展他的紧急权力。这一判决使得军方和安全部队陷入一种不确定的状态。他们知道总统仍然是他们的"总司令"，但是新的军事伦理教义也在强调，只有合法的命令才应当服从。难道裁判庭的否定判决并没有表明，紧急状态下的拘禁和监听已经成为过去时？

在案件开始涌入联邦法院后，裁判庭的意见还可以成为联邦法院的参考。这些法官将在宪法问题上具有最后的发言权，但他们在决议过程中会自然而然地认真对待裁判庭的意见。如果说今天的下级法院在国家安全议题上制造出嘈杂的多种意见，那么明天的法官将趋向于服从裁判庭的意见，让总司令恪守法治。

这就要求总统尽快将案件送至联邦最高法院，同时设法说服最高法院在总统和国会的战争中支持他。这正是和今日所流行的相反的场景，现在的执法分支想方设法地拖延终审判决的日期。而且，首席检察官也将在相对恶劣的条件下向大法官论证总统的案件，因为大部分下级法院的意见总是在反对总司令企图打破国会制约的行为。

没有什么是确定的。很可能，联邦法院会不理睬裁判庭的草率推理；或者也有可能，裁判庭将支持总统的单边主义权力主张，这有助于说服联邦法院一道加入。

但是，总统在他关键的决策时刻将会犹豫。当总统听到参议院内 65 比 35 的表决消息后，他必须迅速反应起来。如果总统没有很快宣布他对抗参议院决策的意图，他将失去政治的动力。因此，总统必须赶在裁判庭准备做出判决的数周之前做出决定。不要忘记，执法裁判庭在下达判决之前，必须听取代表参议院和总统律师的论点交锋。在总统的决策时刻，只有一件事是确定的：如果裁判庭确实传达了一种相反的判决，那么官僚和军方的回应将是摧毁性的。

在总统思考他的选择时，他将转向白宫律师寻求建议。但是总统的律师不再会给出无节制的法律理论，以支持他们的总司令。他们同样必须将裁判庭考虑在内，冷静地思考总统的权力游戏如何可能适应裁判庭所发展的法律学说模式。如果总统的行为有可能会在现行法律中刺穿一个大洞——这一点很有可能——他们将警告总统在发动宪法攻势之前三思而行。

在总统考虑律师们的意见时，他将转向其他值得信任的白宫官员——但是，这些精明的官员们不会再像今天那样任由派性立场处理问题。既然有参议院批准的新要求，他们的效忠程度将些许地受到制约，新的过程鼓励选择那种具有独立判断之声望的冷静型官员。一些总统顾问甚至会以辞职作威胁——让总统不得不面对他的替代者被参议院愤怒否决的可能性。

这些唱反调的人士不会主导白宫的合唱团。总统还将听取其他顾问的意见，他们会要求他们的总司令为了国家的利益而忽视新的标志性立法——参谋长联席会议主席很可能会是他们中的一员。但是如果总统决定否决参联会主席的建议，他也可以避免在国家安全委员会上的戏剧性场景，参联会主席在会议上谴责他的老板背叛了国家。至少总统可以告诉国防部长，让参联会主席在国家安全委员会开会时一个人留在五角大楼生闷气——这并不是一种理想的结局，但总要好过媒体情节剧的结果。

在白宫之外，总统可能更难操控公众的意见。很可能，新闻业的大军——因为新的全国新闻业基金会而恢复活力——将提供一种强有力的论坛，守护着法治，尤其是当下一次审议日已经为时不远时。

所有这些都不可能阻止一位决定孤注一掷的总统。虽然如此，制度环境的改变将降低不守法的可能性——这正是我们所希望的。而且，假如总统确实走上了由标志性立法所指向的道路，即宣布紧急状态的终止，总统将是在创造一种先例，这增加了总统在此后服从法律的可能性。

∽

  这一前后场景的对比预设着一个假定，即我已经让你们确信，我的改革目录中每一条要目的价值。但在这时，我并不期待会有众多的皈依者。我的目标是要开启一次对话，而不是终结对话——而且，如果辩论最终得出了更好的一揽子改革建议，它将得到无条件的欢迎。

  即便如此，我的故事确实包含着一种大智慧，它超出了具体建议的优劣。我在此称之为整体论（holism）的希望：我们不应当幻想可以为总统权力的多种病理找到一种万能良药。我们应当追求一揽子的改革方案，追求一种大于部分之和的整体效应。在这一揽子方案中，具体的元素将包括看起来非常不同的改革建议——比如审议日就非常不同于最高执法裁判庭，而裁判庭又完全区别于《军事伦理教义》。这并不奇怪，因为每一项动议都在回应总统制病变的一种不同的病理。即便如此，改革者也不应忘记他们的具体改革建议与统一整个工程的大主题之间的关系——制约非理性的政治，维持法律的统治。

  维持一种整体论的视角绝非一件易事，因为不同的改革建议可能导致非常不同的政治回应——尤其是来自在职总统的回应。有一些动议可能得到他的积极支持；另一些可能会遇到他的激烈反对；还有一些可能会让他无动于衷。

  先看积极的这一方面，某一位总统可能会喜欢有关参议院批准的"大协议"——放弃总统对白宫官员的单方面控制，以换取立法成功的更高可能性与执法分支内的更有效政府。同理，有关紧急权力的标志性立法也可能形成一种双赢的局面：总统可以在真正的危机时刻获得决断行动的更高权威；国会将在现代制衡体制内得到其核心角色的明文承认。

审议日很可能会吸引一位深谋远虑的总统——不仅是因为他喜欢审议日所承诺的民主公民权，而且因为他可以比可能的竞争对手更有效地利用这一新的论坛。而这一判断同样可以适用于全国新闻业基金会。

同样地，《军事伦理教义》也可能得到来自军官们的广泛支持，因为政治参与的边界得到了更精确的定义，军官由此受益良多。如果有适当的总统领导权，我们可能再一次发现自己处于一种双赢的局面。

相比之下，参谋长联席会议主席将反对他失去了在国家安全委员会中的位置。但是，这基本上是一种"华盛顿环城公路内"的议题，而且如果国防部长行事谨慎的话，他很有可能赢得总统和国会对"这一件小行政事宜"的支持。

更大的战役将围绕着新的最高执法裁判庭。大多数总统将激烈反对让法律意见办公室和白宫律师降级的改革。总统充分意识到，他们目前的法律官员具有一种无法抗拒的激励，告诉总统，法律允许总统做他们想做的任何事。鉴于这一事实，我听到犬儒主义者的疑问声：为什么会有总统同意创设新的裁判庭，而后者将以法治的名义阻止总统的主要动议？

但不要忘记一件事，总统完全可以塑造新裁判庭的未来发展。因为他会是裁判庭创设之时的在职总统，他将可以提名裁判庭内的全部 9 位法官——其中 3 组法官的任期分别为 4 年、8 年和 12 年。只要总统的人选可以得到参议院的批准，裁判庭就将是他的裁判庭，它所做出的第一轮判决将成为未来发展的奠基性先例。由继任总统任命的法官只能逐渐地置换他的选择，而且他们将有强大的制度激励去支持裁判庭先前的判决。非常简单，如果新来的法官全然否决前任的先例，他们对"法律"的表述在政府换届后就会发生翻转，新生的裁判庭将很快成为一个笑柄。因此，总统在创设裁判庭时不仅是在为他的政府立法，而且是在为未来的数十年乃至几个世纪立法。

在将权力从他现有的法律团队移走时，总统将会承担起短期风险，但创造出一种不朽遗产的可能性足以为总统提供补偿。诚然，新的裁判庭可能会在他余下的执政期内给他带来一些麻烦，但是裁判庭将成为他为子孙后代做出的伟大贡献，在他总统任内别的事早已被遗忘后，后世还将铭记这一成就。

不同的总统将会在短期挫折和长期遗产之间做出非常不同的权衡。总统越是认真对待"尽可能地保证法律得到忠实执行"的宪法命令，他就越有可能支持裁判庭。因为只有一位尊重法律的总统才会做出如此决定性的选择，这位总统就很有可能任命法治型的法官至新的裁判庭。相应地，这些法官将撰写向脱轨总统施加根本宪法制约的意见书，从而让他们的裁判庭有一个良好的开始。

良性循环的前景在招手——一位尊重法律的总统创设了一个由法治型法官组成的裁判庭,他们将为下一代法官设定舞台;后者不愿意否决早期的意见,以免破坏他们自己努力的正当性。

但是,当且仅当美国人可以勇敢面对由 21 世纪的总统制提出的大问题时,这一前景才能实现,否则所有一切都将是一场白日梦。如果没有认识到这一点,我们就将放任自流至一个不同的世界,在这里,理查德·尼克松臭名昭著的言论正在变为执法分支的组织前提,即"只要是总统的行为,就意味着它不可能是非法的"。[58]虽然法律意见办公室和白宫律师可以用总统"民主授命"的修辞掩盖这一趋向恣意的运动,我们却不应当自己骗自己:没有根本性的制度改革,我们就不可能维持一个法治的总统制。

过去,别的国家曾面对类似的挑战。想一下法国——我们的姊妹共和国——的经验。正如第一位白宫律师是富兰克林·罗斯福的一位老朋友,法国第一届国务委员会也是拿破仑的一帮密友——但是在 19 世纪的历史中,它已经成为执法分支的伟大司法机关,鼓励着全欧洲范围内的类似发展。[59]

它能不能发生在这里,在美好的旧美国?我们是否可能超越由富兰克林·罗斯福留下的摇摇欲坠的遗产,来为执法分支内的法治建立起一个新基础?

我不知道。

只有一件事是确定的:我们不会有机会,除非我们直面脱轨总统的危险。

我没有一个水晶球：我所能指出的只是风险，而不是确定的结局。美国在此前是幸运的；它有可能继续幸运下去，在未来的数十年中混在看起来尚可的制度设计中。由于一系列短暂存在的运气，我们还可以避免总统的毁灭性力量。

但是，我们的宪法传统给了我更大的希望。就在《联邦党人文集》第一篇的第一段中，亚历山大·汉密尔顿勇敢地主张，注定要由美国"决定这一重要问题，人类社会是否真的可以通过反思和选择，建立起良好的政府；还是命中注定，永远只能指望着机遇和强力，决定他们的政治宪法……由此看来，一次错误的选择……理当视为人类的普遍厄运"。[60]

两个世纪前，美国人实践了这一启蒙的希望，一个新生的民族找出了前行的道路。但是，利害关系在今天要大得多。如果我们不付诸集体行动，中止这一惊人的摧毁性力量，当代美国人的"错误选择"很可能确实会导致"人类的普遍厄运"。

注释

1. See "Letter from Chief Justice Jay and Associate Justices to President Washington (8 August 1793)", in 3 Henry Johnson, ed., *The Correspondence and Public Papers of John Jay* 1782–1793 (1890).
2. 一般可参见 Developments in the Law, "Access to Courts: The Political Question Doctrine", 122 *Harv. L. Rev.* 1193 (2009)。
3. 众议院和参议院都有自己的法律意见办公室，但这些机构在改革后的体制内将变成更重要的参与者。一种不同的设计方案，但同样希望强化国会的法律能力，参见 Adrian Vermeule, *Mechanisms of Democracy*, 233—

235(2007)。

4. 当国会没有兴趣提起法律诉讼时,总统也可能有运用裁判庭的愿望。正如第四章所示,法律意见办公室持续性地为执法部门提供权威性的法律解释,尤其是在各部门之间发生分歧时。总统可能会认为,较之于旧有的法律意见办公室,新的裁判庭是一种更正当的解决争议的论坛。See Neal Katyal, "Internal Separation of Powers: Checking Today's Most Dangerous Branch from Within", 115 *Yale L. J.* 2314, 2337-2341 (2006).

5. 在所有问题中,两种问题值得特别指出。第一个是总统依赖性的难题。在裁判庭得出最终判决之前,总统将依赖法律意见办公室和白宫律师办公室提交的法律意见。如果裁判庭否决了这些意见,总统应该被赋予改变路线的充分机会。如果官员继续支持总统的违法行为,裁判庭的判决通常来说将剥夺官员的绝对法律豁免权。但即便如此,制定法还是应当明确,执法官员可以维持他们的豁免权,只要总统是在进行着一种善意的服从。

  第二,有关国家安全的案件中还会出现保密的难题,而保护国家机密必然要求具体的措施。裁判庭有时甚至有必要传达两种版本的意见书——公开的版本将建构基本原则,而秘密版本将包括官员在具体语境内行动所需要的全部信息。

6. 不同于美国,现代宪政体制做出了系统性的努力,通过在政治外运转的司法机构来规训执法权。源自德国和法国的模式具有最广大的影响力,但是它们相互间却有着根本的区别。

  德国通过扩张其宪法法院的管辖权来规训执法分支。首先,德国法院彻底否定了"政治问题"学说,而承担起直面由执法行为所提出的宪法议题的职责,即便是在外交政策的领域内。See David Currie, *The Constitution of the Federal Republic of Germany* 170 (1994); Marcel Kau, *United States Supreme Court and Bundesverfassungsgericht: Die Bedeutung des United States Supreme Court fuer die Einrichtung und Fortentwicklung des Bundesverfassungsgerichts*, 321 (2007).

  同样,德国宪法否定了对起诉资格的美国式限制。它明文授权主要国家机构以及联邦议会的四分之一议员在立法影响具体利益之前挑战立法。参见《德国基本法》第 93 条(1)(1—4); Ernst Benda and Eckart Klein, *Lehrbuch des Verfassungsprozessrechts* 267-281 (1991); Donald Kommers, *The Constitutional Jurisprudence of the Federal Republic of Germany*,

13—14（2d ed. 1997）.

这一进路源于汉斯·凯尔森的法学理论，在其他主要民主国家具有广泛的影响力；还可参见 Alec Stone Sweet, *Governing with Judges: Constitutional Politics in Europe*, 44—45（2000）。但是，德国模式要求革命性地修正美国的司法权理念，因此我并不打算用德国模式作为改革方案的基础。

相比之下，我的方案和法国的进路具有一种可以想象的关联。法国并不是通过具有普遍管辖权的法院来实现执法分支的法治。法国人让一种专职化的执法裁判庭远离政治影响，从而实现同样的目标。法国的行政法院包括了特别选择的精英法学家与公务人员，由他们在执法动议公布前审查它们的合法性。参见 John Bell, "What Is the Function of the Conseil D'Etat in the Preparation of Legislation?", 49 *Int'l & Comp. L. Q.* 661（2000）。我所提议的最高执法裁判庭就沿袭着这一传统。

自法兰西的第三共和开始，行政法院就实现了成功运转，而且它在欧洲各地也被用作一种模式。但是，法国的人事和程序却与美国的经验相去甚远——参见 Bruno Latour, *The Making of Law: An Ethnography of the Conseil d'Etat*（2010）——而我期待着，我所提议的最高执法裁判庭发展出非常不同的运转模式。至少，行政法院的成功可以证明，我们不应未经反思即否决在执法分支内设计独立司法机关的动议。

7. 20世纪70年代中期，肯尼斯·戴维斯指出，大约有60家独立机构，他们的长官可以在一定程度上独立于总统的单方免职权。Kenneth C. Davis, *Administrative Law of the Seventies*, 14（1976）。根据一家政府网站的信息，这一判断在今天仍然真实，参见 www.usa.gov/Agencies/Federal/Independent.shtml。但是，一种更现实主义的描述应当强调这些独立机构的关键角色："美联储委员会、美国期货交易委员会、消费者产品安全委员会、联邦通讯委员会、联邦储备保险公司、联邦能源规制委员会、联邦住房金融委员会、联邦海事委员会、联邦贸易委员会……矿业安全和健康审查委员会、国家劳资关系委员会、核能规制委员会、职业安全和健康审查委员会、邮政规制委员会、证券交易委员会……"可参见 Paperwork Reduction Act, 44 U.S.C. §3502（5）（2006）的列举。

8. 参见 Humphrey's Executor v. Federal Trade Commission, 295 U.S. 202（1935）（保护联邦贸易委员会的委员，不应因与总统发生政策意见分歧而被总统解职）。

9. 参见 Morrison v. Olson, 487 U. S. 654（1988）。

10. 参见 Saikrishna Prakash, "Imperial and Imperiled: The Curious State of the Executive", 50 *Wm. & Mary L. Rev.* 1021（2008）。斯蒂芬·卡拉布雷西和克里斯托弗·柳曾经设法强化他们对一元总统的论证，展示自华盛顿开始的总统总是反对在执法分支内创设独立的权力中心，参见两位作者的 *The Unitary Executive: Presidential Power from Washington to Bush*（2008）。

  但是，他们对华盛顿总统的讨论就足以驳回他们的历史命题。就在两位作者面对华盛顿批准美国银行这一"真正令人费解"的决定时，真相时刻出现了。无论如何，他们没有否认美国银行是"由一个主管委员会所管理的，在该委员会内，仅有少部分主管是由总统选择的"，这很显然驳回了他们的基本命题。

  别担心，卡拉布雷西和柳向我们作了保证。"最多，这只能说明独立的联邦储备委员会存在着先例，但无法适用于其他的独立机构，比如联邦贸易委员会、联邦通讯委员会。"他们将冲击力控制在联邦储备委员会的努力完全不具有说服力。对于联邦党人而言，国家银行是一种关键的政策制定的工具，但是后代的政治家也可能相信，其他的独立机构是实现他们规制目标的关键手段。如果将来的一代人认为，某一其他机构——比方说联邦通讯委员会——应当独立于直接的总统监督，为什么他们无法追随华盛顿的脚步呢？

  或许是预见到这一点，卡拉布雷西和柳指出，"我们很难理解，那家为安德鲁·杰克逊撤销的银行如何可能为现代独立机构提供先例支持？"鉴于两位作者对建国者的普遍敬意，他们随意否决了由伟大的华盛顿所确立的伟大银行的先例，这只能说明他们甘愿铤而走险，挽救他们的一元论免受相反证据的打击。关于更进一步的历史扭曲，参见两位作者在第 53—54 页的讨论。

  正是这种研究让"法律人的历史"背上了恶名，而这在全书可以说比比皆是。关于共和国早期遗产的平衡呈现，参见 Jerry Mashaw, "Recovering American Administrative Law: Federalist Foundations, 1787—1801", 115 *Yale L. J.* 1256（2006）。

11. Morrison，同注 9，第 691 页。

12. 同上，第 605 页。

13. 同上，第 691 页。

14. 参见 Michael Paulsen,"The Most Dangerous Branch: Executive Power to Say What the Law Is", 83 *Geo. L. J.* 217, 321 (1994)。保尔森教授的论文构建了极端的一元执法命题——因此,我认为在此有必要分析他对这一善意义务的承认。保尔森的"善意"限定性要求表明,即便联邦最高法院接受了他所主张的极端一元主义,法院也应当对最高执法裁判庭做例外处理——正如正文的论证,这里的原因在于,当下的法律意见办公室和白宫律师办公室作为一种宪制结构,在其之上,总统无法正当地产生一种"善意"法律判断的系统来解释总统的法律和宪法义务。

15. See James Madison,"Federalist Ten", in Jacob Cooke, ed., *The Federalist* 60 (1961)。

16. 参见 Lawrence Lessig,"Fidelity in Translation", 71 *Texas L. Rev.* 1165 (1993)(论证了原初意义必要要在当代语境内进行翻译)。

17. 虽然联邦宪法第1条是国会设立行政裁判机构的权力来源,但第2条在美国历史内也提供了创设司法机关的根据。整个19世纪以及20世纪的早期,外国大使都曾召集"领事法院";参见 Frank Hinckley, *American Consular Jurisdiction in the Orient*, 197—203 (1906)。第二次世界大战后,杜鲁门总统曾在德国占领区建立起一个民用的法院系统;参见 *Madsen v. Kinsella*, 343 U.S. 341 (1952)。而在西德重新获得主权后,艾森豪威尔政府在柏林占领区设立了一家美利坚合众国特别地区法院。参见 United States v. Tiede, 86 F.R.D. 227, 261—265 (U.S. Ct. Berlin 1979)。

联邦宪法确实限制着总统和国会根据宪法第1、2条设立法院的权力。参见 *Northern Pipeline Construction Co. v. Marathon Pipe Line Co.*, 458 U.S. 50 (1982) 和 *Commodity Futures Trading Commission v. Schor*, 478 U.S. 833 (1986)。但是,只有当最高执法裁判庭占领传统法院根据宪法第3条享有的"案件和争议"管辖权时,这些限制才是可适用的。我的方案并不牵涉这些问题,因为只有当传统法院拒绝在实体上裁决争议时,最高执法裁判庭才会行使管辖权。

同样,我的方案让裁判庭有权管辖由参议员和众议员提出的诉讼,这也不会产生重要问题。根据美国宪法,国会在不同意执法官员的决策时确实无权将他们解职,从而控制执法官员——*Bowsher v. Synar*, 478 U.S. 714 (1986)。但是,这里并不涉及这类问题。我所提议的制定法仅仅是授权参议员和众议员在裁判庭提法律问题;在裁判庭成员否决国会的申诉时,国会无权惩罚他们。

18. 参见第四章。

19. *United States v. Nixon*, 418 U. S. 683（1973）.

20. 关于宪法信号的更多论述,参见 Bruce Ackerman, *We the People*：*Foundations*, 272—274（1991）.

21. 参见第一章。

22. 正文引语出自由路易斯·布朗诺牵头的一个特别委员会的报告,该报告为罗斯福的执法分支重组改革提供了基础,见 www.fas.org/sgp/crs/misc/98-606.pdf。一个回顾性的评述,参见 James Fesler,"The Brownlow Committee Fifty Years Later", 47 *Pub. Ad. Rev.* 291（1987）.

23. 联邦宪法第 2 条第 2 节明文规定,所有"大使、其他公共使节以及领事官员"的提名都要经过参议院的同意。

24. 学者们已经主导了近期的国会听证,他们仪式化地向参议院保证,白宫的"沙皇们"并未提出宪法问题,因为"每一位白宫官员,无论他的官方或非官方的头衔是什么,只要没有国会立法授予的权力,就不可能具有任何的法律权力。这当然不是说白宫官员没有也不可能有高度的影响力"。例如参见 Examining the History and Legality of Executive Branch Czars：Hearings Before the Subcomm. On the Constitution of the S. Comm. on the Judiciary, 111th Cong.（2009）（弗吉尼亚大学法学教授约翰·哈里森的陈词）。而持反对意见的学者只有一位,遗产基金会的马休·斯伯丁刺穿了形式主义者的泡沫:"如果执法权是……一种托词,目的在于逃避参议院批准与问责性的要求,那么这些官员行使着经参议院同意才可任职的内阁部长的职责,却免除了宪法性的要求……。"同上。

25. Walter Bagehot, *The English Constitution*（1867）.

26. 正是因为公共形象不佳,奥巴马才没有提名他的首席经济顾问拉里·萨默斯担任财政部长。参见 Ruth Marcus,"Summers Storm", *Washington Post*, A17（January 27, 2005）。为了避免数日的媒体攻击,奥巴马任命萨默斯担任他的经济政策委员会主任,此举将导致数年以内决策权在白宫内的集权化。

27. 为了让新政府在总统就职日后即可运转起来,总统应该有权在任期的最初 60 天内单边任命高层官员,同时在这一期间等待着参议院的批准投票。

28. 我的方案只限于在执法分支内的官员提名。终身制法官在任命时的参议院批准提出了不同的问题。进一步的讨论，可参见下文注40。

29. 在里根年代，赫尔姆斯叫停了29位外交官员的参议院批准，直至国务院同意他挑选的候选人填补其中6个职位。Joanne Omang, "Conservatives Torpedo Deal with White House on Envoys", *Washington Post*, A5 (June 28, 1985). 在克林顿治下，赫尔姆斯否决了其共和党伙伴威廉·沃尔德出任墨西哥大使的提名——但是他这一次并没有使用"搁置"，因为他当时正担任参议院外交关系委员会的主席，可以拒绝就该提名举行听证。参见 Katharine Q. Seelye, "Weld Ends Fight Over Nomination by Withdrawing", *New York Times*, A1 (September 16, 1997).

30. 国会近来通过了一部法案，其中有条款看起来禁止秘密搁置，要求它们在6日以内发表于《国会记录》和参议院日历。See Honest Leadership and Open Government Act of 2007, Pub. L. 110-81, § 502. 但是，该法案包括了多项漏洞，也没有执行机制，因此它没有太多的实际效果。See Editorial, "It Worked for the Borgias", *New York Times*, A36 (December 7, 2009).

31. "Shelby Releases Hold on Nominees", *Huffington Post* (February 9, 2010), at www.huffingtonpost.com/2010/02/09/shelby-releases-hold-on-o_n_454653.html.

32. See Catherine Fisk and Erwin Chemerinsky, *The Filibuster*, 49 *Stan. L. Rev.* 181, 201 (1997).

33. 同上，第204页。

34. See Steven Smith, *Call to Order: Floor Politics in the House and Senate*, 105-108 (1989).

35. See Walter Oleszek, "'Holds' in the Senate", *Cong. Research Serv.* 1 (2008).

36. Scott Ainsworth and Marcus Flathman, "Unanimous Consent Agreements as Leadership Tools", 20 *Legis. Stud. Q.* 177, 189-190 (1995).

37. Fisk and Chemerinsky, Supra note 32, at 203.

38. See Nolan McCarty and Rose Razaghian, "Advice and Consent: Senate Responses to Executive Branch Nominations 1885-1996", *Am. J. Pol. Sci.* 1122, 1129 (1999); Matthew Dull et. al., "Appointee Confirmation and Tenure: Politics, Policy, and Professionalism in Federal Agency Leadership, 1989-2009", 4, presented to the Annual Meeting of the American Political

Science Association, Toronto, Ontario, Canada, September 5, 2009.

39. See Paul Light, *A Government Ill Executed*, 87–88 (2008).

40. 近期的一项研究统计了自1982年1月至2003年8月的政治任命官员，发现约半数（46%）的官员任职不超过2年，近四分之一的官员任职短于1年。B. Dan Wood and Miner P. Marchbanks, "What Determines How Long Political Appointees Serve?", 18 *J. Pub. Admin. Res. & Theory* 375, 381 (2008); 还可参见 Matthew Dull and Patrick Roberts, "Continuity, Competence, and the Succession of Senate-Confirmed Agency Appointees, 1989—2009", 39 *Pres. Stud. Quart.* 432, 436 (2009) (1989年至2009年，参议院批准的任命者有四分之一的任期低于18个月，平均任期则是两年半)。

41. 参见 Anne Joseph O'Connell, "Vacant Offices: Delays in Staffing Top Agency Positions", 82 *S. Cal. L. Rev.* 913, 962–963 (2009)。在1992年老布什总统的任期末尾，职位的空缺率达到50%；而在2000年比尔·克林顿总统任职期的末尾，又再次达到这一比例。同上。

42. 在联邦法官的批准问题上，我并不赞同更进一步，以至取消议事搁置。我们在这里面对的是终身制的官员任命，因此也是一种独特的危险——即总统可以利用参议院内的勉强多数强推极左翼或极右翼的法官，一旦来到联邦法院，法官将会有三十多年的时间基于他的异端法律理论来扼杀立法。在这一语境内，60票的规则让法官任命成为一种更为两党化的事务——限制一位极端主义的总统将破坏性因素置于当下体制内的能力。参见 Bruce Ackerman, "Keep Politics Off the Bench", *Los Angeles Times*, M5 (January 5, 2003); Bruce Ackerman, "A Threat to Impartiality in the American Senate", *Financial Times*, 19 (May 16, 2005)。

一届国会总是可以废止由另一届国会所通过的制定法。但是，新的政治运动如要挑战一种作为改革制动器的联邦法院，将会酿成宪法危机。此类对抗有时候是不可避免的，但是它们绝不是多多益善。由于这一功能性的要求，法官任命的60票规则将适度制约总统任命终身制极端法官的能力。

别国的宪政体制也在法官选任上采取了超级多数的要求，尤其是那些任职于宪法法院的法官。例如，在德国，法官必须在相应的立法机关那里得到三分之二的支持。参见 Kommers，同注6，第21—22页。

43. 与此相关的复杂政治和议会运作以及限制议事搁延的早期努力，参见

Bruce Ackerman,"How Biden Could Fix the Senate", *Amer. Prospect* (March 15, 2010), at www.prospect.org/cs/articles? article=how_biden_could_fix_the_senate.

44. See Sanford Levinson, *Our Undemocratic Constitution* 51（2006）；Francis Lee and Bruce Oppenheimer, *Sizing Up the Senate*：*The Unequal Consequences of Equal Representation*（1999）.

45. 根据2009年人口普查数据进行计算，来自人口最少州的41位参议员仅代表着3300万的美国人——或者说是在共计3.7亿美国人中的10.7%。

46. 军事伦理教义还应要求退役军官自我约束，禁止对文职权威的政治攻击。定义适当的行为规范提出了第一修正案的复杂议题，而总统委员会在形成一套适当的行为规范时，应当考虑到第一修正案的问题。

47. 当国会在1947年创建国家安全委员会时，50 U.S.C.§402，艾森豪威尔总统设立了第一位司职国家安全事务的总统助理（这是国家安全顾问的正式官衔）。总统的单方面行为是基于一部国会制定法，其授权总统"任命和确定白官办公室内的雇员薪俸，而无须考虑任何其他的法律条款……"，3 U.S.C.§105（a）（1）。这一制定法还规定："由此任命的雇员应当履行总统可以指示的官方职责。"同上。在定义国家安全委员会顾问如此重要的职位时，如此随性的规定是不可以接受的。

48. "现役军官在退休后的五年以内"，不得被任命为陆军、海军或空军部长。10 U.S.C.§3013. 还可参见 U.S.C.§5013（a）和 U.S.C.§8013（a）. 国防部部长和副部长的退役等待期为7年。10 U.S.C.§§113，132。

49. 5 U.S.C.§3326. 更糟的还在于，如果出现以下三种宽松条件，这一最低限度的要求可以被免除：①在"国家紧急状态"期间；②因为职位是"竞争性的岗位"，国防部长和人事管理办公室批准了对法定要求的豁免；③如果"该职位基本薪俸的最低额得到了提升"（这发生在国防部在该职位上难以招募或者留住人员时）。

50. 这些数字包括了国防部内所有要求参议院批准的职位，例外是行政性的职位（总顾问、军事装置、审计、公共与立法事务以及民政工程）。如果我们将特别设立的职位考虑在内，这些职位的被提名者可以在得到参议院批准前任职四年，那么就是有16位退役军官出掌着44个职位。这些数字来自2010年3月15日的数据。关于要求参议院批准的任命职位清单,参见 Raymond F. Dubois,"DOD Presidential Appointments Requiring Senate Confirmation", Center for Strategic and International Studies, at csis. forumore. com/files/publication/100315_DOD_PAS. pdf。军队服务的信息,可参见国防部网站(www. defense. gov)和五角大楼的公开文件。

51. 参见第二章。

52. 同理,我反对以作为整体的参谋长联席会议取代作为个人的参联会主席,甚至保证参联会团体在国家安全委员会会议上的一席之地。这是在1986年《戈德华特–尼古拉斯法》通过前存在的情形。比较 50 U. S. C. § 211(1947)和 50 U. S. C. § 151(1986)。作为一种基本原则,文职的国防部长应有权决定如何进行军方委托。

53. Barack Obama, "Remarks by the President on National Security"(May 21, 2009), at www. whitehouse. gov/the_press_office/Remarks–by–the–President–On–National–Security–5–21–09/.

54. Bruce Ackerman, *Before the Next Attack* (2007).

55. 根据我的框架立法,一旦紧急状态延续8个月,该次紧急状态的延续就要求80%的绝对多数。但是在它的初期检验时,总统的反对者唯有结成人数更多的代表团,他们才可以审慎地停止紧急状态。我在预设场景时已经表达了这一判断,即便我所提议的制定法规定21位参议员就可以终止紧急状态,但我还设定了35位参议员投下反对票。

56. 此处并不是要描述有关总统权力的法律现状。可参见 David Barron and Martin Lederman, "The Commander in Chief at the Lowest Ebb–Framing the Problem, Doctrine, and Original Understanding", 121 *Harv. L. Rev.* 689 (2008)。关于奥巴马政府和布什所遗留的法律遗产之间的关系的简评,参见 Eli Lake, "The 9/14 Presidency", *Reason* (April 6, 2010), at reason. com/archives/2010/04/06/the-914-presidency。

57. 一般可参见 Mark Tushnet, "Constitutional Hardball", 37 *J. Marshall L. Rev.* 523(2004); Jack Balkin, "Constitutional Hardball and Constitutional Crises", 26 *Quinn. L. Rev.* 579(2008); Eric Posner and Adrian Vermeule, "Constitutional Showdowns", 156 *U. Pa. L. Rev.* 991(2008)。

58. See "Nixon's Views on Presidential Power: Excerpts from an Interview with David Frost", at www. landmarkcases. org/nixon/nixonview. html.

59. See Jacques Chevallier, *L'Elaboration Historique du Principe de Séparation de*

la Juridiction Administrative at de L'administration Active (1970); Francois Burdeau, *Histoire du Droit Administratif* (1995)。For an overview, See Peter Lindseth, "'Always Embedded' Administration?: The Historical Evolution of Administrative Justice as an Aspect of Modern Governance", in Christian Joerges, Bo Stråth, and Peter Wagner, eds., *The Economy as a Polity*, 117, 122-123 (2005).

60. See Alexander Hamilton, "Federalist 1", in Cooke, Supra n. 15, at 3.

结论
居安思危

如果美国人要面对由总统所造成的危险,宪法思想必须反思它自己的边界。大多数宪法学仍然只关注司法机关,而未能理解我们最严重的宪法问题存在于别处。较之于法院观察,即便是原旨主义的转向都是一种进步。至少,它将我们的注意力由司法机关转向了由建国者的宪法所创设的整个制度体制。

原旨主义者的政体转向标志着关键的第一步,但这还远远不够。你可以目不转睛地盯着宪法的文本,多久都可以,你可以倾注多年的精力研究建国和重建的历史,但你仍然无法理解现代美国政府的制度动力——也不可能发现位于前方的危险。

建国的遗产依然重要。最显而易见的,它所规定的权力分立,也包括它的总统选举体制,继续对现代的宪政实践有着深远的影响力。

但是,它们的作用方式可能会让制宪者们大惊失色。对于制宪者来说,选举团将制约着煽动政治领导权的兴起;而对于我们来说,它是一个定时炸弹,当这枚炸弹在一次势均力敌的总统选举后爆炸时,煽动政客就可以尽情展示他们的才华。对于制宪者而言,三权分立是要制约众议院的民粹主义倾向;但对我们而言,它却使得一位超凡魅力的总统将官僚机构政治化,践踏法律的统治。制宪者相信文职领袖可以在危机时刻指挥军队。我们却指望着一支职业化的军官部队,而且,制宪者的权力分立目前让参谋长联席会议主席可以挑战文官控制的基本原则。

历史的讽刺可以教给我们不同的教训。对于有些人来说,它们可能意味着我们从启蒙时代所继承的传统的破产,因此需要发现新形式的宪法正当性。但是现在应当可以明确,我并不认为自己是这些后现代批评者中的一员。我的目标是要在 21 世纪守护启蒙的传统。我并没有嘲弄建国者对理性政治、文官控制、法治和分权制衡的承诺。我只是建议,祖先崇拜远远无法在现代境况下维持这些启蒙价值。

如果我们要理解我们的基本问题,还不必说要设法解决问题,我们必须认识到,它们在很大程度上是 20 世纪——而不是 18 世纪——的产物。在总结概括我的论证时,我将标出每一项潜在病理元素进入美国体制的年份,从而强调这一点。相关年份将会出现在以下段落内随处可见的小括号内。我有时候也会增加第二个年份,如果新制度只是到了后一个时间点才变得真正病态;有时候我会加上一个问号,这表明问题是逐渐出现的。有了这些附加说明,现在就让我们回顾走向我们现在所在境地的曲折长路。

我的论证开始于总统初选和预选体制的决定性胜利

（1972年）。这开启了一条极端主义候选人赢得两大党提名的道路——互联网的革命（2004年）又进一步提升了这一风险。一旦候选人直接诉诸本党选民，他们就会不可避免地求助于媒体操控和民意调查专家，推销他们的信息（1969年、1976年）。而在他们获得总统职位后，在继续争取政治支持的过程中，他们会求助于同样的（伪）科学顾问，向公众包装营销非理性的政治诉求。

碎片化的政治宣传并不足以让总统有效地统治。总统还需要一支绝对效忠的白宫官员（1939年、1969年?），将他的优先议程强加给庞大的官僚机构（1981年、1993年）——同时，总统也可以用人数越来越多的政治效忠官员，实现对执法部门的殖民化（1970年?）。这些结构的政治化促进了非法事件的爆发——水门事件、伊朗门事件和反恐战争——但是，国会纠正该问题的立法努力可以说是相对无效的（1973年?）。

军队的政治化则使得宪法病理进一步恶化。在创设国防部时（1947年），"二战"后的那代人进行了坚持不懈的努力，确保文官对和平时期军队建制的领导权。但是，《戈德华特-尼古拉斯法案》（1986年）、退役军事人员对"文官"职位的殖民（1974年、1983年），以及军官越来越严重的政治派性（1980年）都腐蚀着文官控制。从华盛顿到艾森豪威尔，只有将军们在战场之上赢得伟大的胜利，他们才可以成功地将自己送进白宫。但是，官僚化的将军们如今开始在华盛顿内外行使着真实的政治权力（1989年），即便是其他的战地司令已经成功地赢得（或者是失利于）真正的战役。

这一系列的转变彻底改变了总统职位的性质。在整个19世纪，总统在工作时并没有办公官员。总统是通过内阁来统治的，里面包括独立的政治统治者，他们有时甚至是总统的公开对手。这些阁员们经常与国会大佬达成独立的交易，将总统遗忘在统治权力的边缘。年轻的伍德罗·威尔逊曾经正确地主张，美国那时正生活在一个《国会政府》的时代（1885年）。

时光不再。美国宪法目前正在统治着一个系统：总统职位已经组织化，他通过政治化的白宫进行统治，白宫主宰着内阁部长、设定了国会的议程。与此同时，总统和他的军方司令们玩着一场复杂的游戏，以努力获得他们持续的政治支持。

这一系统还将不同性格的总统送入白宫。两大党的提名候选人已经无须说服党内主要的资深政治家，他们适合于担任总统一职。虽然建制的支持通常来说是一笔财富，对于胜利的候选人来说，他的总统宝座应更多地归功于媒体顾问和运动积极分子，正是他们在漫长的总统竞选过程中始终维持了他的动力。超凡魅力来得更加重要，经验丰富的判断却不再重要；政治生涯的成就总是件好事，但在电影或者电视上的成功秀却来得更好。

超凡魅力型的总统有着经训练打磨的媒体技巧，在回应国会的抵制时，他可以向人民发出呼吁，以支持执法权的单方面行使。当总统在民调中数据飙高时，他特别有动机采取这种行动（1936年、1990年?）——而且，在总统的民调数字回落、因此破坏了总统作为民意领袖的公共资格之前，总统也有动机快速行动起来。在主张总括性单边行动的需要时，总统可以利用长期积累的先例（1933年?），它们授权为了回应真实或者想象的"战争"和"紧急状态"的单边行动。

正如总统可以破坏国会内的政治建制，总统也有新的工具破坏以联邦最高法院为首的法律建制。法律意见办公室（1934年）已经变得越来越政治化（1976年?）。而就现在（2009年）而言，白宫律师办公室内的高级职业官员（1971年、1979年）甚至比法律意见办公室规模更大、政治化程度更高。总体而言，这些崛起中的机构有权发布法律意见书，其职业品质并不亚于联邦最高法院的司法意见书。但是十有八九，他们看起来严肃的文件会为总统的骇人权力秀进行辩护，主张它们是完全合法、合宪的。

早在联邦最高法院有机会面对脱轨总统之前，这些意见书就已得到法律职业界的关注——许多主要的法学家也会站起来，为过渡期的执法宪政主义进行辩护。虽然总统的法律批判者还是会有他们的发言权，普罗大众却会在最高法院介入前处于一种混乱状态。如果总统出牌正确，大法官们在挑起制度性对决前必然会三思而后行。不要忘记，法官根本不可能对抗总统这方面所能制造的普遍公共诉求——既有超凡魅力的，也有（伪）科学的，还有法制主义的。

即便大法官们下定决心，宣布总统的夺权行为无效，总司令是否会接受他们的裁判？如果答案为否，在争取公众以及军方支持的斗争中，联邦最高法院能否获得成功？

一幅黯淡的图景——因小括号内的年份变得更加黯淡。如果建国者早在 1787 年设计他们的宪法时就已经考虑到这些病理，我们可以轻易驳回我的黑暗沉思。归根到底，美国宪法自从 1787 年起面对过一场又一场的危机，但是共和却得以成功地生存下来，生生不息。即便是美国内战的灾难也跟随着重建时刻的道德觉醒；即便是吉姆·克劳法（Jim Crow）* 的堕落最终也被民权革命的长期并且艰苦的斗争所推翻。

同样的循环模式发生在公民自由的领域。麦卡锡主义的黑暗日子并没有预示着多灾多难的衰落，而是在其后数十年中自由的伟大复兴。

因此，为什么 21 世纪会有所不同？难道我们今天不正是在亲历重生和革新的相同循环？你看，奥巴马正在纠正小布什总统任内的最恶劣滥权。

所有这些都让人倍感欣慰——直至你认真审视那些标示"最危险的分支"在 20 世纪兴起的小括号。有些发展可以追溯至罗斯福-杜鲁门时代，但是孤立地理解每一种变化是错误的做法。只有当（几乎）所有的元素开始彼此互动时，危险的制度动力才可能释放出全部的力量。许多

---

* 吉姆·克劳法是指 1876—1965 年由美国南方州和地方所制定的种族隔离法律，根据联邦最高法院在 1896 年的普莱西诉弗格森案中"隔离但平等"的宪法判决，南方各地通过了在公立学校、公共场所、公共交通、餐厅、厕所以及饮水处等领域内的黑白种族隔离。——译者注

元素在 20 世纪 70 年代就已经开始积蓄能量，但是整个病理动力要等到 20 世纪 80 年代末才真正出现，而且它将继续加速前行。

这一点应当足以刺穿我们的自满情绪。美国人在历史上确实展示出了宪法革新的非凡能力。但是由美国内战、吉姆·克劳法或麦卡锡主义触底后反弹的成功，并不意味着我们已经准备好处理由现代总统制提出的多种挑战。过去的 40 年表明了一种更黑暗的理念：水门事件、伊朗门事件和反恐战争，都向普通大众生动展示了总统制的危险。但是，这些公然违法事件的反复爆发已经促成了越来越严重的被动心态。只有水门危机制造了一场持续性的结构改革努力，国会通过了一系列标志性的立法以约束总统的滥权。这些里程碑立法被证明还不充分，但是回应这些最初的失败有两种方法：做得更好，或者什么都不做。

沉默之声震耳欲聋。在水门事件发生后，参议员弗兰克·丘奇和众议员奥蒂斯·派克利用他们在国会的听证，给这个国家提供了一次有关根本改革之需要的教育。但在今天，在回应小布什时代官方认可之酷刑的可耻行为时，我们无法看到可以与前者相提并论的行为。虽然参议员范·戈尔德愿意扮演弗兰克·丘奇的角色，但他只是由桑丘·潘沙组成的参议院内的一位堂·吉诃德。

奥巴马总统告诉我们，我们必须向前看，而不是向后看，这一点我同意。但是真相在于总统既没有向前看，也没有向后看。总统根本未能觉察我们一直在考察的危险。如果奥巴马希望降低下一位脱轨总统的风险，他所要做的远不止否决布什政府一些最恶名昭彰的执法令。奥巴马应当进行结构性的变革，让下一位总统更难否决他的否决。这方面有大量的事情可以去做：有一些要求制度上的想象力——审议日、全国新闻业基金会或者新的《军事伦理教义》；有一些则要求面对顽固的制度特权，比如最高执法裁判庭，或者是为了改变选举团的人民主权动议。

如果将太多的负担交给奥巴马或者国会的领导者，这是错误的做法。他们手上还有大量其他——看起来更紧迫——的问题。只有人民群众感知到我们的宪法传统正处在一种严重的危机时，我们的领导人才会行动起来。

这一认知在当前是全然不存在的。若有任何不同的话，今天的美国人要比一代人之前更倾向于歌颂建国之父的永恒智慧。

美国人确实关心着宪政民主的未来。在一次又一次的战争中，我们为它而战，甚至为它付出生命。但是我们拒绝向内看，拒绝反省我们自己的共和根基是否正在我们眼前腐蚀。

约四十年之前，小阿瑟·施莱辛格曾经在《帝王总统》中敲响了警钟（1973年）。但是，总统职位在今天变得更加危险。在建设性改革还能存有一种严肃的希望之前，美国人必须勇敢地面对这一事实。

宪政民主的伟大斗争不是发生在伊拉克、阿富汗或者某一个遥远的国境内。它将发生在我们的国家，而且它将是一种精神上的斗争:我们是否继续在自我陶醉的合唱中歌颂我们伟大的传统?还是说,我们会冷静地审视正在发生的现实,在一场宪政复兴的运动中担当起我们的责任?

致谢

在我过去 20 年的人生旅程中,我总是会和一系列令人烦恼的事件不期而遇,它们侵蚀着美国宪政体制的健康状况。因此,当普林斯顿大学邀请我发表塔纳讲座时,这一邀约促成我将碎片化的观察组织为一种系统的学术论证。

感谢塔纳委员会,尤其是它的主席菲利普·佩蒂特(Philip Pettit)教授,感谢他们于 2010 年 4 月在我逗留普林斯顿期间的盛情款待。我还得益于四位评论者在讲座过程中给出的批判,他们是埃里克·方纳(Eric Foner)、简·曼斯布里奇(Jane Mansbridge)、杰弗里·图利斯(Jeffrey Tulis)与阿德里安·弗穆勒(Adrian Vermeule)。他们的评论帮助我完成了本书的定稿。

更早期间,哥伦比亚大学的"共和国与帝国"研讨会给我提供了最初的机会,让我整理出一些想法。感谢琼·科恩(Jean Cohen)教授组织了这次研讨会,感谢安德鲁·阿拉托(Andrew Arato)对我讲座的评议。由彼得·詹宁斯(Peter Jennings)项目资助,我得以在全美宪法中心同杰克·基恩(Jack Keane)和 H. R. 麦克马斯特(H. R. McMaster)将军进行圆桌讨论，让我有机会验证在文官-军队关系上的一些思考。

就在我认真着手这一项目后，它很快就转变为长度可以支撑起一本书的研究。本书只有最初两章来自我在普林斯顿所作的塔纳讲座。我在这本书余下部分的努力得到了耶鲁法学院及其两任院长高洪柱（Harold Koh）和罗伯特·波斯特（Robert Post）的支持。

在研究过程中，我在耶鲁以及其他地方的同事们提出了源源不断的问题和建议。其中需要特别指出的是安妮·阿尔斯托特（Anne Alstott）、阿基亚·阿玛（Akhil Amar）、伊恩·艾尔斯（Ian Ayres）、杰克·巴尔金（Jack Balkin）、尤查·本科勒（Yochai Benkler）、塞拉·本哈比（Seyla Benhabib）、圭多·卡拉布雷西（Guido Calabresi）、迈尔·丹-科恩（Meir Dan-Cohen）、吉姆·费希金（Jim Fishkin）、吉恩·菲戴尔（Gene Fidell）、欧文·费斯（Owen Fiss）、斯蒂芬·加德鲍姆（Stephen Gardbaum）、希瑟·格肯（Heather Gerken）、克里斯蒂娜·乔尔斯（Christine Jolls）、保罗·卡恩（Paul Kahn）、道格·凯撒（Doug Kysar）、胡安·林茨（Juan Linz）、丹·马克威特斯（Dan Markovits）、米格尔·马杜罗（Miguel Maduro）、杰里·马肖（Jerry Mashaw）、戴维·马肖（David Mashaw）、特雷弗·莫里森（Trevor Morrison）、尼克·帕雷罗（Nick Parrillo）、克莱尔·普里斯特（Claire Priest）、杰德·珀迪（Jed Purdy）、苏珊·罗丝-阿克曼（Susan Rose-Ackerman）、阿齐兹·拉纳（Aziz Rana）、杰德·鲁本菲尔德（Jed Rubenfeld）、

金·施科培勒（Kim Scheppele）、彼得·沙恩（Peter Shane）、斯科特·夏皮罗（Scott Shapiro）、斯蒂芬·斯克诺内科（Stephen Skowronek）、诺曼·斯波尔丁（Norman Spaulding）、杰夫·斯通（Geoff Stone）、彼得·斯特劳斯（Peter Strauss）、帕特里克·韦尔（Patrick Weil）、吉姆·惠特曼（Jim Whitman）、约翰·威特（John Witt）。耶鲁政治理论论文工作坊与法学院教员论文工作坊为我提供了两次非常有建设性的讨论。

还要特别感谢我在耶鲁法学院的学生们，他们的研究提供了在相关议题上的许多洞见，他们是珍妮弗·贝内特（Jennifer Bennitt）、汤姆·唐纳利（Tom Donnelly）、马达夫·科斯拉（Madhav Khosla）、约翰·马勒（John Muller）、马修·珀尔（Matthew Pearl）、马丽萨·范·萨内（Marisa Van Saanen）、阿伦·沃尔杰（Aaron Voloj）。最后，我还要感谢我的秘书吉尔·托比（Jill Tobey），不仅对她在这一项目上的帮助，还包括过去15年中她的所有帮助。

索引

(条目后的数字系原书页码,见本书边码)

Abu Ghraib scandal,阿布·格莱布丑闻,103,107

Activist base, of political parties,政党的积极分子根据地,20,21,22

Addington, David,大卫·阿丁顿,92-93,111

Administrative powers,行政权力,参见 Federal bureaucracy

Afghanistan, military action in,在阿富汗的军事行动,54-56

Alito, Samuel,萨缪尔·阿利托,89-90,93

Al Qaeda,"基地"组织,167

Amendments, to the Constitution,美国宪法的修正案,136

American Bar Association,美国律师协会,90,94-95

Ashcroft, John,约翰·阿什克罗夫特,106

Attorney general,司法部长,101-102,112-113

Ayres, Ian,伊恩·艾尔斯,133

Baker, James,詹姆斯·贝克,57,58

Before the Next Attack(Ackerman),《在下一次袭击之前》(阿克曼著),169

Blind Ambition(Dean),《盲目的野心》(迪安著),111

Bloggers,博友,28

Bryan, William Jennings,威廉·詹宁斯·布莱恩,16

Brzezinski, Zbigniew,兹比格涅夫·布热津斯基,57

Bundy, McGeorge,麦克乔治·邦迪,57

Bush, George H.W.,老布什,35,50,58,90,91

Bush, George W.,小布什:positive gatekeeping and,肯定性的把关,19;polls and polling,民调,25;election of 2000 and,

2000年的总统选举，30，32；military forces and，与武装力量，52-53，53-54；emergency powers and，与紧急状态权力，74；signing statements and，与总统签署声明，90，92-93；Office of Legal Counsel and，与法律意见办公室，95，96-97，105-108；White House Counsel and，与白官律师，112；presidential powers and，与总统权力，120-121

Bush v. Gore（2000），布什诉戈尔（2000），30，32，76，77，139-140

Bybee, Jay，杰伊·拜比，105，106，108，109

Cabinet posts，内阁职位，34，152，153，157，183-184

Cadell, Pat，帕特·卡戴尔，24-25

Canon of Military Ethics, proposed，《军事伦理教义》的拟议，159-165，172，175，176，187

Carter, Jimmy，吉米·卡特，24-25，102，111-112，114

Central Intelligence Agency (CIA)，中央情报局，58

Centrist voters，中间的选民，22

Charisma, politicians and，政客与超凡魅力，20，21，23，184

Checks and balances，制约与平衡，See Separation of powers

Cheney, Dick，迪克·切尼，50，111

Church, Frank，弗兰克·丘奇，187

Citation practices, signing statements and，总统签署声明与引证惯例，93

"Citizenship news vouchers,""公民权新闻代金券，"134

Civilian control, of the military，文官对军队的控制：military forces and，与武装力量，45-49，63-64；Goldwater-Nichols Act (1986)，《戈德华特-尼古拉斯法案》（1986年），49-50，56，60，163，165，183；Colin Powell and，与科林·鲍威尔，51；Iraq War and，与伊拉克战争，52-53；National Security Council and，与国家安全委员会，56-58；Defense Department and，与国防部，58-60；views of military leadership and，与军方领导人的观点，62-63；proposed reforms and，与改革建议，159-165；Founding Fathers and，与国父们，44，182

Civil liberties，公民自由，167，168，169，170-171，186

Civil rights movement，民权运动，3，4，186

Civil service employees，职业公务员，33，34，36-37. 还可参见

Federal bureaucracy

Civil War, constitutional thought and, 宪法思想与内战, 2, 185–186

Clinton, Bill, 比尔·克林顿: polls and polling, 民调, 25; federal bureaucracy and, 与联邦官僚系统, 35–38; Colin Powell and, 与科林·鲍威尔, 51; signing statements and, 与总统签署声明, 90, 91; Office of Legal Counsel and, 与法律意见办公室, 96, 103–104; White House Counsel and, 与白宫律师办公室, 112

Clinton, Hillary, 希拉里·克林顿, 19, 20, 23

Cognitive linguistics, 认知语言学, 26

Congress, 国会: presidential powers and, 与总统权力, 5–6, 38, 71, 72, 120–121, 183–184; extremist presidency and, 与极端主义的总统, 9, 40, 80, 81; Founding Fathers and, 与国父们, 15; disputed elections and, 与有争议的选举, 29–32, 76–78; federal bureaucracy and, 与联邦官僚系统, 33, 35; extremist leadership and, 与极端主义领导, 39; Barack Obama and, 与巴拉克·奥巴马, 41; military forces and, 与武装力量, 47–48, 48–49, 50, 160; Iraq War and, 与伊拉克战争, 53; popular sovereignty and, 与人民主权, 69, 70; emergency powers and, 与紧急状态权力, 73, 168–170; signing statements and, 与总统签署声明, 95; Electoral College and, 与选举团, 138–139; Supreme Court and, 与联邦最高法院, 145; Supreme Executive Tribunal, proposed, 最高执法裁判庭（拟议中）, 146, 149–150

Congressional Government (Wilson), 《国会政府》（威尔逊著）, 184

Constitution, U.S., 美国宪法: disputed elections and, 与有争议的选举, 76–77; pace of political change and, 与政治变革的节奏, 83–84; Electoral College and, 与选举团, 136, 137

Constitutionality, of legislation, 立法的合宪性, 89–95, 148, 149–150

Constitutional law, triumphalism and, 胜利论与美国宪法, 1–12

Constitutional moments, popular sovereignty and, 宪法时刻, 与人民主权, 70–71

Constitutional thought, 美国宪法思想: triumphalism and, 胜利论, 1; progressive era and, 与进步主

索引 263

义时代, 2-3; military forces and, 与武装力量, 45; popular sovereignty and, 与人民主权, 70-71; Office of Legal Counsel and, 与法律意见办公室, 96-97, 109-110; proposed reforms and, 与改革建议, 119-121; presidential powers and, 与总统权力, 181-182

Cost-benefit analysis, 成本-收益分析, 34, 35, 123-124, 128

"Crisis of governability," "统治的危机," 5-6, 73

"Czars," presidential powers and, "沙皇," 与总统权力, 154

Dahl, Robert, 罗伯特·达尔, 120

Dean, John, 约翰·迪安, 111

Debates, 辩论, 21, 127-128

"Decisionistic presidency," "决断型总统," 91

Defense Department, 国防部, 45, 58-60, 160, 161, 162, 183. 还可参见 Military forces

Defense Intelligence Agency, 国防情报处, 59

Deliberation Day, 审议日, 127-131, 174, 175, 187

Deliberation Day (Ackerman and Fishkin), 《审议日》(阿克曼与费希金合著), 127

Deliberative polls, 审议性民调, 129, 131

Demagogic populism, 煽动民粹主义: the presidency and, 与总统, 4, 12, 125-126; political consultants and, 与政治顾问, 26; political irrationality and, 政治的非理性, 39-40, 182-183; emergency powers and, 与紧急状态的权力, 82-83

Director of national intelligence, 国家情报主任, 58, 59

Disputed elections 有争议的总统选举: *Bush v. Gore* (2000), 布什诉戈尔 (2000 年), 30, 32, 76, 77, 139-140; government legitimacy and, 与政府正当性, 76-79; Electoral College and, 与选举团, 138-139

Domestic policy goals, 国内政策目标, 37, 124-125

"Don't ask, don't tell" policy, "不要问, 也不要说" 政策, 51

Don't Think of an Elephant! (Lakoff), 《不要去想那只大象》(拉科夫著), 26

Dynamic criticism, of the presidency, 总统的动力学批判, 7-8

Education, 教育: political extremism and, 与政治极端主义, 29; military forces and, 与武装力量, 44; politicization of military forces and, 与武装力量的政治化,

61-62; service academies, 军校, 61-62, 63, 160

Ehrlichman, John, 约翰·埃利希曼, 110-111

Eisenhower, Dwight D., 德怀特·艾森豪威尔, 87

Election commissions, 选举委员会, 78

Elections, 选举: disputed elections, 有争议的总统选举, 30, 32, 76-79; losing candidates and, 与失利候选人, 30-31; pace of political change and, 与政治变革的节奏, 69-70; polls and polling, 民调, 75; political pressures and, 与政治压力, 126-127; Electoral College and, 与选举团, 136-140

Electoral College, 选举团, 79, 125, 136-140, 181, 187

Emergency powers, 紧急权力, 9, 106, 184; government legitimacy and, 与政府的正当性, 69-74, 81-83; signing statements and, 与总统签署声明, 94; proposed reforms and, 与改革建议, 125, 165-174

Ethics, military, 军事伦理, 12, 159-165, 172, 175, 176, 187

Ethics investigations, Office of Legal Counsel and, 伦理调查, 与法律意见办公室, 108-109

Executive branch, 执法分支. 参见 Presidency

Executive constitutionalism, 总统宪政主义: presidential powers and, 与总统权力, 68; presidential power grabs and, 与总统夺权, 87-89; signing statements, 总统签署声明, 89-95; Office of Legal Counsel and, 与法律意见办公室, 95-110; White House Counsel, 白宫律师办公室, 110-116

Executive orders, 总统令, 34-35, 72, 115

Extraparliamentary opposition, 议会外的反对, 30-31

Extremist leadership, 极端主义的领导: nomination process, for the presidency and, 与总统的提名过程, 17-24; polls and polling, 民调, 25; media pundits and, 与媒体评论员, 31-32; the presidency and, 与总统, 32, 38, 40, 43-44, 63-64, 79-81; federal bureaucracy and, 与联邦官僚系统, 32-38; military forces and, 与武装力量, 46; primary elections and, 与初选, 119, 123-124, 182-183

Federal bureaucracy, 联邦官僚系统: extremist leadership and, 与极端主义的领导, 32-38; presidential powers and, 与总统权力,

40, 43-44, 67, 115-116; politicization of, 的政治化, 48; presidential power grabs and, 与总统夺权, 84-85; signing statements and, 与总统签署声明, 93-94; Office of Legal Counsel and, 与法律意见办公室, 97-99, 100, 113-114; separation of powers and, 与权力分立, 119; removal powers and, 与免职权, 147; Supreme Executive Tribunal, proposed, 最高执法裁判庭（拟议）, 150-151; White House staff and, 与白官官员, 152

Federalist Papers, 《联邦党人文集》, 178

Filibusters, 议事搁延, 6, 156-157, 157-158, 159

Fishkin, Jim, 詹姆斯·费希金, 127, 128-129

Ford, Gerald, 杰拉德·福特, 102, 111

Foreign policy, 外交政策, 124, 125

Founding Fathers, 建国之父: popular perception of, 民众的感知, 1, 2; Congress and, 与国会, 15; federal bureaucracy and, 与联邦官僚系统, 32-33; military forces and, 与武装力量, 43-44; separation of powers and, 与权力分立, 67; constitutional thought and, 与宪法思想, 119-120, 185-186; parliamentary systems and, 与议会制, 122; political elites and, 与政治精英, 125-126; presidential powers and, 与总统权力, 181-182

France, democratic reforms and, 法国, 与民主改革, 178

Fringe groups, terrorism and, 边缘团体, 与恐怖主义, 166-167

Gatekeepers, 把关者, 18-20, 26-27

Gates, Robert, 罗伯特·盖茨, 55

Geneva Conventions, 《日内瓦公约》, 114

Goldsmith, Jack, 杰克·戈德史密斯, 103, 106-107, 109

Goldwater-Nichols Act (1986), 《戈德华特-尼古拉斯法案》（1986年）, 49-50, 56, 60, 163, 165, 183

Gonzales, Alberto, 阿尔伯托·冈萨雷斯, 105-106, 112, 114

Gore, Al, 阿尔·戈尔, 30, 32, 77. 还可参见 *Bush v. Gore* (2000)

Governing, extremist candidates and, 统治, 与极端主义的候选人, 24-27

"Government by emergency." "危机政府" 参见 Emergency powers

Guantanamo Bay detention center,

关塔那摩拘禁营，165

Guiding Principles, Officer of Legal Counsel and,《指导原则》，与法律意见办公室，104-105

Haldeman, H. R., H. R. 哈德曼，24，111

Hamilton, Alexander, 亚历山大·汉密尔顿，178

Hayes, Rutherford B., 卢瑟福特·海耶斯，78

Helms, Jesse, 杰西·赫尔姆斯，155-156

Historicist criticism, of the presidency, 总统的历史主义批评，7

"Holds," on presidential nominees, 对总统提名者的"搁置"，155-157

Huntington, Samuel, 塞缪尔·亨廷顿，8，45-46

Ideological extremes, 意识形态的极端. 参见 Extremist leadership

Illegal actions, the presidency and, 非法行为，与总统，5，12；administrative powers and, 与行政权力，37-38；disputed elections and, 与有争议的选举，78；War on Terror and, 与反恐战争，120-121；proposed reforms and, 与改革建议，125，186-187；Supreme Court and, 与联邦最高法院，143；Supreme Executive Tribunal, proposed, 最高执法裁判庭（拟议），150-151；White House staff and, 与白宫官员，152，183；emergency powers and, 与紧急权力，165-166

Impeachment, 弹劾，81

Imperialism, American, 美帝国主义，10

Imperial Presidency（Schlesinger），《帝王总统》（施莱辛格著）5，6，9，188

Independent agencies, federal bureaucracy and, 独立机构，与联邦官僚系统，147，148

Insurance, news media and, 保险，与新闻媒体，133-134

Intelligence services, 情报部队，58-59，161

Interactive criticism, of the presidency, 总统的互动性批评，8

Internet, 互联网，19-20，132-135

Internet news vouchers, 互联网新闻代金券，133-135

Interservice rivalries, military forces, 武装力量的军种间对立，49-50

Investigative reporting, 调查报告，132-135

Invisible primaries, 看不见的初选，18-20

Iran-Contra crisis, 伊朗门危机，5，58

Iraq Study Group, 伊拉克研究小组, 53

Iraq War, 伊拉克战争, 52-53. 还可参见 Persian Gulf War

Irrationality, political, 政治的非理性, 39-40, 125-131, 182-183

Jackson, Andrew, 安德鲁·杰克逊, 16, 71

Janowitz, Morris, 莫里斯·贾诺维茨, 63

Jefferson, Thomas, 托马斯·杰斐逊, 78

Joint Chiefs of Staff, 参谋长联席会议: civilian control of the military and, 与文官对军队的控制, 46, 162-165, 176; presidential powers and, 与总统权力, 48; interservice rivalries and, 与军种间的对立, 49-50; Bill Clinton and, 与比尔·克林顿, 51-52; political influence and, 与政治影响力, 56; disputed elections and, 与有争议的选举, 79; emergency powers and, 与紧急权力, 174

Journalism, 新闻业. 参见 News media

Judicial branch, 司法分支: Founding Fathers and, 与建国之父, 33; extremist presidency and, 与极端主义的总统, 40; presidential powers and, 与总统权力, 115-116; Supreme Executive Tribunal, proposed, 最高执法裁判庭（拟议）, 143-152; emergency powers and, 与紧急权力, 170-171, 172; constitutional thought and, 与宪法思想, 181. 还可参见 Supreme Court

Judicial review, Supreme Court and, 司法审查, 与联邦最高法院, 142

Justice Department, 司法部, 85, 112, 113-114. 还可参见 Officer of Legal Counsel, Justice Department

Kagan, Elena, 艾琳娜·卡根, 36-38

Kissinger, Henry, 亨利·基辛格, 57

Lakoff, George, 乔治·拉科夫, 26

Laws, enforcement of, 法律的执行, 148-149, 150

Legacy, presidential, 总统的遗产, 176-177

Legal authority, 法律权威: presidential powers and, 与总统权力, 9-10, 68, 148-149, 185; emergency powers and, 与紧急状态权力, 82, 165, 170-174; presidential power grabs and, 与总统夺权, 84-85; signing statements,总统签署声明,89-95; Office of Legal Counsel and,与法律意见办公室,95-110; White House Counsel,白宫律师办公室,110-116; Supreme Executive Tribunal, proposed,最高执法裁判庭(拟议),176-177

Legislation,立法:disputed elections and,与有争议的选举,78; signing statements and,与总统签署声明,89-95,115; presidential powers and,与总统权力,120; Electoral College and,与选举团,137-139; filibusters and,与议事搁延,157-158; civilian control of the military and,与文官对军队的控制,161-162; emergency powers and,与紧急状态权力,168-170

Legitimacy, of government,政府的正当性:presidential power grabs and,与总统夺权,67-69,83-85,87-89; emergency powers and,与紧急状态权力,69-74,81-83; polls and polling,民调,74-76; disputed elections and,与有争议的选举,76-79; extremist presidency and,与极端主义的总统,79-81; signing statements,总统签署声明,89-95; Office of Legal Counsel and,与法律意见办公室,95-110; White House Counsel,白宫律师办公室,110-116

Libel, news media and,诽谤,与新闻媒体,133-134

Lincoln, Abraham,亚伯拉罕·林肯,16,71,94,113

Linz, Juan,胡安·林茨,120

Lobbying, presidency and,游说,与总统,91,92

Lopez Obrador, Andres Manuel,洛佩斯·奥布雷德,31

Losing candidates,失利的候选人,30-32. 还可参见 disputed elections

MacNamara, Robert,罗伯特·麦纳马拉,52

Madison, James,詹姆斯·麦迪逊,149

Mandates, presidency and,授命,与总统:demagogic populism and,煽动民粹主义,9,16-17; primary elections and,与初选,22; administrative powers and,与行政权力,37; extremist presidency and,与极端主义的总统,37,38,41,79-81; pace of political change and,与政治变革的节奏,69-70,71

Manipulative strategies, polls and polling,民调的操控策略,25-26

Marbury v. Madison (1803),马伯里诉麦迪逊(1803年),142,

143

Margolis, David, 大卫·马格里斯, 108-109

Marshall, John, 约翰·马歇尔, 142

McCain, John, 约翰·麦凯恩, 19, 23, 31

McNamara, Robert, 罗伯特·麦克纳马拉, 52, 60

Median voter, 中间选民, 17-18, 38-39

Media pundits, 媒体评论员, 31-32, 60

Mentors, officer corps and, 导师, 与军官, 59-60, 161

Military forces, 武装力量: presidential powers and, 与总统权力, 7, 8-9, 11, 67, 116; military ethics, 军事伦理, 12, 159-165, 172, 175, 176, 187; Founding Fathers and, 与建国之父, 43-44; civilian control and, 与文官控制, 45-49, 63-64; politicization of, 的政治化, 49-56, 183; retired officers and, 与退役军官, 56-60, 161, 183; partisanship and, 与政党认同, 60-63; public opinion and, 与民意, 76; disputed elections and, 与有争议的选举, 79; emergency powers and, 与紧急状态权力, 82, 172; presidential power grabs and, 与总统夺权, 84,

85; foreign policy and, 与外交政策, 124; Supreme Executive Tribunal, proposed, 最高执法裁判庭（拟议）, 150-151

Mirroring strategies, polls and polling, 民调的镜像策略, 25

Mullen, Mike, 麦克·马伦, 54, 55

National Endowment for Journalism, proposed, 全国新闻业基金会（拟议）, 133-135, 174, 175, 187

National security advisor, 国家安全顾问, 57, 59, 153, 161, 162

National Security Council, 国家安全委员会, 45, 50, 56-58, 163-165, 174, 176

Negative gatekeeping, 否定性的把关, 18

New Deal era, 新政时代, 2-3, 113-114

News media, 新闻媒体: the presidency and, 与总统, 17, 27-29; extremist candidates and, 与极端主义的候选人, 23; demagogic populism and, 与煽动民粹主义, 26-27, 183; political irrationality and, 与政治的非理性, 39-40; crises and, 与危机, 73; proposed reforms and, 与改革建议, 131-135; emergency powers and, 与紧急状态权力,

Niche marketing,小众市场,27-28, 29

Nixon, Richard,理查德·尼克松,24, 87, 110-111, 120, 151, 177

No-confidence votes,不信任投票,29

Nomination process, for the presidency,总统的提名过程,7, 9, 17-24. 还可参见 Primary elections

Obama, Barack,巴拉克·奥巴马:presidential powers and,与总统权力,5, 40-41, 121, 187; elections and,与选举,19-20, 23, 31; military leadership and,与军队领导权,54-56; National Security Council and,与国家安全委员会,58; public opinion and,与民意,75; signing statements and,与总统签署声明,90; Office of Legal Counsel and,与法律意见办公室,108, 109; White House Counsel and,与白宫律师办公室,112, 114; terrorist attacks and,与恐怖主义袭击,166, 167-168

Office of Counsel to the President,总统的律师办公室. 参见 White House Counsel

Office of Legal Counsel, Justice Department,司法部,法律意见办公室:illegal actions and,与非法行为,6-7; presidential powers and,与总统权力,68, 87-88, 177-178, 185; signing statements and,与总统签署声明,91-92; government legitimacy and,与政府的正当性,95-110; political appointees and,与政治任命官员,114; Supreme Court and,与联邦最高法院,141, 142; Supreme Executive Tribunal, proposed,最高执法裁判庭(拟议),144-145, 147, 177; emergency powers and,与紧急状态权力,171. 还可参见 White Hou-se Counsel

Officer corps,军官. 参见 Military forces

Open primaries,开门式初选,123

Opinion-writing tasks, attorneys general and,意见起草的任务,与司法部长,112-113

"Outsider" political candidates,"建制外"的政治候选人,20-21

Parliamentary systems,议会制,30, 70, 121-122, 153-154

Participatory control, military forces and,参与式控制,与武装力量,47

Partisanship, 政党性：primary elections and, 与初选, 22; extremist presidency and, 与极端主义的总统, 41; military forces and, 与武装力量, 46, 60-63; polls and polling, 民调, 75; legal authority and, 与法律权威, 88; Office of Legal Counsel and, 与法律意见办公室, 101, 104-105; White House Counsel and, 与白宫律师办公室, 101; Deliberation Day and, 与审议日, 129-130

Persian Gulf War, 海湾战争, 50-51

Petraeus, David, 大卫·皮特雷乌斯, 53-54

Political appointees, 政治任命官员, 33-34, 97, 101, 105, 114

Political candidates, 政治候选人, 31-32

Political careers, 政治生涯, 20-21, 184

Political change, pace of, 政治变革的节奏, 69-70, 72, 73, 74, 83-84

Political consultants, 政治顾问, 9, 24-26, 29-30, 39-40, 183

Political decision-making, 政治决策：news media and, 与新闻媒体, 27; signing statements and, 与总统签署声明, 91; Office of Legal Counsel and, 与法律意见办公室, 99-100; White House Counsel and, 与白宫律师办公室, 101; emergency powers and, 与紧急状态权力, 165-166, 169-170, 173; proposed reforms and, 与改革建议, 175-178

Political elites, 政治精英, 17-19, 122-123, 125-126

Political influence, 政治影响力：military forces and, 与武装力量, 45-46, 50-56, 161; Joint Chiefs of Staff and, 与参谋长联席会议, 50-51, 163-164; presidential powers and, 与总统权力, 68-69, 69-70; polls and polling, 民调, 74-76; Office of Legal Counsel and, 与法律意见办公室, 108-109; Supreme Executive Tribunal, proposed, 最高执法裁判庭（拟议）, 145, 147

Political participation, military forces and, 政治参与, 与武装力量, 61-63

Political parties, 政党：presidential powers and, 与总统权力, 16-24, 120-121; nomination process, for the presidency and, 与总统的提名过程, 17-24; news media and, 与新闻媒体, 28, 31-32; military forces and, 与武装力量, 61, 62

Political pressures, Office of Legal

Counsel and, 政治压力, 与法律意见办公室, 103, 107

"Political question" doctrine, "政治问题"学说, 69, 76, 84, 142, 145

Politicians, pressures on, 政客的压力, 126-127

Politicization, of military forces, 武装力量的政治化, 49, 160-161

Politics of unreason, 非理性的政治. 参见 Irrationality, political

Polls and polling, 民调: the presidency and, 与总统, 24-25; government legitimacy and, 与政府的正当性, 74-76; reliability of, 的可信度, 75, 83; disputed elections and, 与有争议的选举, 79; extremist presidency and, 与极端主义的总统, 80, 81; emergency powers and, 与紧急状态权力, 82; Deliberation Day and, 与审议日, 130-131; demagogic populism and, 与煽动民粹主义, 183; public opinion and, 与民意, 184. 还可参见 Public opinion

Popular sovereignty, 人民主权, 3-4, 16-17, 69-70, 122-123, 136-137; 159

Popular Sovereignty Initiative, 人民主权动议, 136, 137-139, 187

Populism, 民粹主义. 参见 Demagogic populism

Positive gatekeeping, 肯定性的把关, 18-19

Powell, Colin, 科林·鲍威尔, 50, 58

Power centers, presidential powers and, 权力中心, 与总统权力, 153-154

Power grabs, Presidential, 总统夺权: Supreme Court and, 与联邦最高法院, 9-10, 141-142; Ronald Reagan and, 与罗纳德·里根, 34-35; Bill Clinton and, 与比尔·克林顿, 36-38; government legitimacy and, 与政府正当性, 67-69, 83-85, 87-89; resistance to, 的抗争, 84; Supreme Executive Tribunal, proposed, 最高执法裁判庭（拟议）, 144-145, 150-151; emergency powers and, 与紧急状态权力, 169-174. 还可参见 Presidential powers

Presidency, 总统: popular sovereignty and, 与人民主权, 4-5; Congress and, 与国会, 5-6, 29-32; elections and, 与选举, 16-24; nomination process for, 的提名过程, 17-24; governing and, 与统治, 24-27; news media and, 与新闻媒体, 27-29; federal bureaucracy and, 与联邦官僚系统, 32-38; parliamentary systems and, 与议会制,

索引　273

121-122. 还可参见 Presidential powers

Presidential Commission on Civil-Military Relations, proposed, 文职-军队关系总统委员会（拟议），160

"Presidential directives,""总统指示",36

Presidential powers, 总统权力, 11-12, 174-179; emergency powers and, 与紧急状态权力, 69-74, 81-83; signing statements, 与总统签署声明, 89-95; Office of Legal Counsel and, 与法律意见办公室, 109-110; White House Counsel and, 与白宫律师办公室, 110-112, 114-116; Supreme Court and, 与联邦最高法院, 141-143; Supreme Executive Tribunal, proposed, 联邦执法裁判庭（拟议），143-152; Senate confirmation requirements and, 与参议院批准的要求, 152-159; military ethics and, 与军事伦理, 159-165; terrorist attacks and, 与恐怖主义袭击, 165-174. 还可参见 Power grabs, presidential

Primary elections, 初选: nomination process, for the presidency and, 与总统候选人的提名过程, 18-22; Internet and, 与互联网, 19-20; political consultants and, 与政治顾问, 24-25; extremist leadership and, 与极端主义的领导, 39, 119; proposed reforms and, 与改革建议, 121-125; presidential powers and, 与总统权力, 182-183

Progressive era, 进步主义时代, 2-3

Propaganda, 宣传, 32

Pro Publica, 为了人民, 133

Publication, of Office of Legal Counsel opinions, 法院意见办公室意见书的出版, 93, 95-96

Public broadcasting, 公立广播, 132-133

Public Opinion, 民意: presidential powers and, 与总统权力, 9, 68-69, 116; political consultants and, 与政治顾问, 25-26; Joint Chiefs of Staff and, 与参谋长联席会议, 51, 52, 164; military forces and, 与武装力量, 54-55, 60, 62-63; crises and, 与危机, 73; signing statements and, 与总统签署声明, 95; Deliberation Day and, 与审议日, 127-131; National Endowment for Journalism, proposed, 全国新闻业基金会（拟议），133-135; Senate and, 与参议院, 158-159; emergency powers and, 与紧急状态权力, 174. 还可参见 Polls and Polling

Pundits, 评论员, 31-32, 60

Reagan, Ronald, 罗纳德·里根: constitutional thought and, 与宪法思想, 3; federal bureaucracy and, 与联邦官僚系统, 34-35; National Security Council and, 与国家安全委员会, 57-58; signing statements and, 与总统签署声明, 89-90, 91, 93; Office of Legal Counsel and, 与法律意见办公室, 96; White House Counsel and, 与白宫律师办公室, 115

Reconstruction era, 重建时代, 2, 186

Reforms, proposed, 建议的改革, 174-179; constitutional thought and, 与宪法思想, 11, 12, 119-121; primary elections and, 与初选, 121-125; politics of unreason and, 与非理性的政治, 125-131; news media and, 与新闻媒体, 131-135; Electoral College and, 与选举团, 135-140; Supreme Court and, 与联邦最高法院, 141-152; Senate confirmation requirements and, 与参议院批准的要求, 152-159; military ethics and, 与军事伦理, 159-165; emergency powers and, 与紧急状态权力, 165-174

Regulatory authority, federal bureaucracy and, 规制权, 与联邦官僚系统, 35

Rehnquist, William, 威廉·伦奎斯特, 147-148

Reich, Robert, 罗伯特·赖克, 26

Removal powers, presidential, 总统的免职权, 147-148

Republican system, 共和制, 10, 11

Retired military officers, 退役军官, 58-59, 59-60, 161, 183

"Revolt of the generals," "将军造反", 60, 161

Roosevelt, Franklin, 富兰克林·罗斯福: news media and, 与新闻媒体, 17; partisanship and, 与政党性, 22; White House staff and, 与白宫官员, 34, 152-153; White House Counsel and, 与白宫律师办公室, 110; presidential powers and, 与总统权力, 120, 178

Rosenman, Sam, 山姆·罗森曼, 110

Rumsfeld, Donald, 唐纳德·拉姆斯菲尔德, 52-53, 60, 161

Scalia, Antonin, 安东尼·斯卡利亚, 123, 124, 147

Schlesinger, Arthur, 阿瑟·施莱辛格, 5, 6, 9, 188

Schmitt, Carl, 卡尔·施米特, 82-83

Schwartzkopf, Norman, 诺曼·施瓦茨科普夫, 50-51

Schwarzenegger, Arnold, 阿诺德·施瓦辛格, 137-138

Scowcroft, Brent, 布伦特·斯考特罗夫特, 57, 58

Senate, President of, 参议院主席, 77-78, 139

Senate confirmation requirements, 参议院批准的要求: federal bureaucracy and, 与联邦官僚系统, 34; political influence, military forces and, 与军队的政治影响力, 56-57; attorney general and, 与司法部长, 101, 102; Supreme Executive Tribunal, proposed, 最高执法裁判庭（拟议）, 143-144; White House staff and, 与白宫官员, 152-159, 173, 175

Separation of powers, 权力分立: military forces and, 与武装力量, 47-48, 48-49, 60; Founding Fathers and, 与建国之父, 67, 181-182; pace of political change and, 与政治变革的节奏, 69-70, 73, 74; presidential powers and, 与总统权力, 72; federal bureaucracy and, 与联邦官僚系统, 119; Senate confirmation requirement and, 与参议院批准的要求, 152-159

Service academies, 军校, 61-62, 63, 160

Shalikashvili, John, 约翰·沙里卡什维利, 51-52

Shelby, Richard, 理查德·谢尔比, 156

Shinseki, Eric, 埃里克·新关, 52

Signing statements, 总统签署声明, 88, 89-95, 115, 146

The Soldier and the State (Huntington), 《士兵与国家》（亨廷顿著）, 8, 45

Solicitor General, 首席检察官, 97, 102-103, 113

State authority, Electoral College and, 州权, 与选举团, 136-138

Stealth extremists, 伪装的极端主义者, 21

Subsidies, for political reporting, 政治报道的资助, 132, 133

"Superloyalists." "超级效忠分子" 参见 White House staff

"Supermajoritarian escalators," "超级多数主义的阶梯", 168, 169

Supervisory control, military forces and, 军队的监管式控制, 47-49

Supreme Court, 联邦最高法院: presidential power grabs and, 与总统夺权, 9-10, 84, 89; constitutional law and, 与宪法, 15; presidential powers and, 与总统

权力，68-69，87，116，141-143，144，151，185；popular sovereignty and，与人民主权，70；emergency powers and，与紧急状态权力，73，171；public opinion and，与民意，76；Solicitor General and，与首席检察官，102-103；open primaries and，与开门式初选，123；Supreme Executive Tribunal, proposed，最高执法裁判庭（拟议），145，146

Supreme Executive Tribunal, proposed，最高执法裁判庭（拟议），143-152，171-173，175，177，187

Terrorist attacks, presidential powers and，恐怖主义袭击，与总统权力，165-174

Torture memos，酷刑备忘录，6-7，95，105-108，114.143

Triumphalism，胜利论，1-12

Truman, Harry S.，哈里·杜鲁门，45

Unilateralism，单边主义. 参见 Preside-ntial powers

Vetoes，否决，89，90，91

Virtual primaries，模拟初选，20

Waiting periods, for retired officers，退役军官的等待期，161-162

Wallison, Peter，彼得·沃利森，114-115

War on Terror，反恐战争，5，74，97，105-108，120-121，165

Warren Court，沃伦法院，3

Watergate crisis，水门事件危机，5，111，186-187

Weapons of mass destruction，大规模杀伤性武器，166-167

Weber, Max，马克斯·韦伯，81，82

West Point，西点军校，44，62

White House Counsel，白宫律师办公室：illegal actions and，与非法行为，12；presidential powers and，与总统权力，68，87-88，177-178，185；presidential powers grab and，与总统夺权，84-85；signing statements and，与总统签署声明，91；Office of Legal Counsel and，与法律意见办公室，98-99，100-101；government legitimacy and，与政府正当性，110-112，114-116；Supreme Court and，与联邦最高法院，141，142；Supreme Executive Tribunal, proposed，最高执法裁判庭（拟议），144-145，146，177；emergency powers and，与紧急状态权力，173

White House staff，白宫官员：the presidency and，与总统，9；illegal actions and，与非法行为，

12; federal bureaucracy and, 与联邦官僚系统, 34; presidential powers and, 与总统权力, 36-37, 38, 183, 184; Senate confirmation requirements and, 与参议院批准的要求, 152-159, 173, 175

Wilson, Woodrow, 伍德罗·威尔逊, 2, 17, 184

Yoo, John, 柳淳, 6-7, 95, 105-108, 109

THE DECLINE AND FALL OF THE AMERICAN REPUBLIC by Bruce Ackerman

Copyright © 2010 by the President and Fellows of Harvard College

Published by arrangement with Harvard University Press through Bardon Chinese Creative Agency Limited

Simplified Chinese translation copyright © (2024) by Tao Zhi Yao Yao Culture Co., Ltd

ALL RIGHTS RESERVED

北京市版权局著作权合同登记 图字：01-2024-4343

图书在版编目（CIP）数据

美利坚共和的衰落 /（美）布鲁斯·阿克曼（Bruce Ackerman）著；田雷译. -- 北京：中国科学技术出版社，2024.9. -- ISBN 978-7-5236-1035-0

Ⅰ. D771.221

中国国家版本馆 CIP 数据核字第 20240MR313 号

执行策划	雅理	责任编辑	刘畅
特约编辑	刘海光　陈邓娇	策划编辑	刘畅　宋竹青
版式设计	韩雪	责任印制	李晓霖
封面设计	众己·设计		

出　　版	中国科学技术出版社
发　　行	中国科学技术出版社有限公司
地　　址	北京市海淀区中关村南大街 16 号
邮　　编	100081
发行电话	010-62173865
传　　真	010-62173081
网　　址	http：//www.cspbooks.com.cn

开　　本	889mm×1194mm 1/32
字　　数	178 千字
印　　张	9
版　　次	2024 年 9 月第 1 版
印　　次	2024 年 9 月第 1 次印刷
印　　刷	北京盛通印刷股份有限公司
书　　号	ISBN 978-7-5236-1035-0/D·148
定　　价	69.00 元

（凡购买本社图书，如有缺页、倒页、脱页者，本社销售中心负责调换）